责任中国丛书

媒体的社会责任

主编 ○ 朱红文　　作者 ○ 金梦兰

山西出版传媒集团
山西人民出版社

图书在版编目（CIP）数据

媒体的社会责任／金梦兰著．—太原：山西人民出版社，2015.3

（责任中国／朱红文主编）

ISBN 978-7-203-08986-5

Ⅰ．①媒… Ⅱ．①金… Ⅲ．①媒体（新闻）-社会责任-研究-中国 Ⅳ．①G219.2

中国版本图书馆 CIP 数据核字（2015）第 046097 号

媒体的社会责任

丛书主编：	朱红文
著　　者：	金梦兰
责任编辑：	贾　娟　张小芳
装帧设计：	陈　婷
出 版 者：	山西出版传媒集团·山西人民出版社
地　　址：	太原市建设南路21号
邮　　编：	030012
发行营销：	0351-4922220　4955996　4956039
	0351-4922127（传真）　4956038（邮购）
E - mail：	sxskcb@163.com　发行部
	sxskcb@126.com　总编室
网　　址：	www.sxskcb.com
经 销 者：	山西出版传媒集团·山西人民出版社
承 印 厂：	山西出版传媒集团·山西人民印刷有限责任公司
开　　本：	787mm×1092mm　1/16
印　　张：	20.5
字　　数：	300 千字
印　　数：	1—2000 册
版　　次：	2015 年 3 月　第 1 版
印　　次：	2015 年 3 月　第 1 次印刷
书　　号：	ISBN 978-7-203-08986-5
定　　价：	45.00 元

如有印装质量问题请与本社联系调换

责任中国丛书·总序

社会主体的社会责任建构,是现代性进程中一个重要的理论和实践命题。

区别于传统社会对个体责任的重视,现代社会的责任问题首先是社会层面的"社会责任"。这是因为:一、由于技术和知识的复杂性越来越强,生产和技术控制管理的难度增加,组织和个体在社会生活中履行社会责任的必要性大大增加;二、人们在社会交往中的流动性和异质性增强,社会责任的建立和维持需要既复杂而又普遍的契约性和理性化机制;三、在全球化的时代,社会责任的承诺与履行是国际交往中增强互信、建立合作关系的重要基础。有怎样的责任承诺,在很大程度上决定了主体国际化的高度;是否善于表达社会责任,制约着主体国际化的广度。

社会责任作为一种公共性的价值追求和契约性(法理性)的制度建构,首先表现为企业对自身行为的反思与规范。1895年,世界上第一本社会学杂志——《美国社会学杂志》的创刊号,刊登了美国社会学界著名学者阿尔比恩·斯莫尔(Albion

W．Small)的一个呼吁,他强调不只是公共办事处,私人企业也应该为公众所信任,该文标志着企业社会责任观念的萌芽。1924年,美国人奥列弗·谢尔顿(Oliver Sheldon)首先提出了"企业社会责任"(Corporate Social Responsibility)一词。1953年,美国人霍华德·博文(Howard Bowen)出版了《商人的社会责任》一书。从这时起,"企业社会责任"才真正开始作为一个专有名词进入学术界及社会公众的视野。博文也因此被称为"企业社会责任之父"。

以不断深入的对"企业社会责任"的相关讨论为标志,"社会责任"的理论研究不断发展。企业社会回应(Corporate Social Responsiveness)、企业社会绩效(Corporate Social Performance)、企业责任(Corporate Responsibility)、利益相关者理论(Stakeholder Theory)、企业伦理(Corporate Ethics)、企业公民(Corporate Citizenship)等问题逐渐成为"企业社会责任"研究的基本维度,也成为其他组织界定自身社会责任时的重要参照。

当人类历史带着有限的辉煌与无限的困惑进入21世纪时,人们越来越认识到社会与自然(生态)、经济(市场)与社会、企业与社会、民族国家与全球化等等,以及与这些领域直接相关的各种知识和文化形式之间的复杂联系,意识到社会责任的问题不能归结为企业(市场)单一的社会行动主体,整个社会都必须积极参与社会责任的构建体系和行动之中。2010年11月1日,国际标准化组织(ISO)向全球发布了历时

10年时间制定的社会责任国际标准——《社会责任指南：ISO26000(第一版)》。作为世界上最大的非政府性标准化专门机构，国际标准化组织在制定标准和规则方面，具有难以替代的专业影响力和机构权威性。引人瞩目的是，ISO26000社会责任指南试图涵盖社会诸多领域而不只限于企业，参与该标准起草和制定工作的专家被分为六个组别：消费者(Consumers)、政府(Government)、产业界(Industry)、劳工(Labor)、非政府组织(NGOs)、以及服务、支持、研究、学术等(Service, Support, Research, Academics and Others)机构。因此，ISO26000可以被视为不同利益相关方在社会责任问题上的博弈与共识。这不仅是国际标准化组织标准制定史上的重大跨越——从工程技术和管理领域的标准化向社会和道德领域的标准化迈进，而且标志着社会责任问题的全球研究在一个新的高度上开始了新的起点。

从社会责任的缘起和演化来看，概括而言，"社会责任"包括三方面的内容：

首先，社会责任是一种价值。作为社会的一种"心态"、观念和精神文化，社会责任的形成是一个教化的过程，是社会行动主体在社会化过程中对自身行动能力、社会角色和历史使命的自我认同，这种价值和精神过程在超越性的理想维度(有志于做某事)和底线的法制维度(必须做某事)之间展开，由此展现出同类主体不同层次的价值观和精神追求。

其次，社会责任是一种实践和行动过程。社会责任一方面表现为社会行动主体在社会交往中履行责任承诺的行动能力,这种能力需要锻炼,空谈责任承诺而缺乏履责能力,同样是一种不负责任的表现。一旦行动主体作出承诺而无法履责,不仅主体自身会受到质疑,而且整个社会的诚信体系也会受到损害。另一方面,社会责任展现为一种社会过程,乃至演化为蓬勃而激进的社会运动。目前,自然和生态环境恶化、生产和技术控制过程中的安全事故和责任事故频出、贫富差距扩大等社会问题日益严重,各种呼吁企业、政府、社会组织、公民以及整个社会承担社会责任的社会运动蓬勃兴起。消费者运动、劳工运动、环保运动、女权运动、社会责任投资运动、可持续发展运动等。社会责任事件和社会责任运动一方面唤醒并激发了各类社会主体的责任意识,另一方面也带来对传统和现有社会秩序和规范的强烈挑战。因此,深入的社会责任理论研究,自觉的理性的社会责任文化的构建,成为迫切的社会需要。

第三,社会责任是"社会化"的责任,是各种社会主体乃至整个人类都必须积极参与和构建的社会符号和规则体系。任何主体社会责任的模糊与缺失,都会给整个社会的价值和规则体系造成腐蚀。

因此,讨论社会责任,不仅需要讨论社会责任的基本内涵,而且需要讨论社会责任的主体(谁要承担责任)、对象(为谁承担责任)、来源(责任的合理性及合法性依据)、能力(履行责任的能力)、回馈(履行或不履行责任的后果)、冲突(责任之间的矛盾)等一系列问题。

  本丛书聚焦多个不同的社会主体——政府、企业、社会组织(非政府组织/非营利组织)、高校、媒体、公民的社会责任问题。政府、企业、社会组织和公民的社会责任问题的重要性自不待言。高校是现代社会的一种独立的组织形式,是人才培养、知识创新和文化传承的"母机"。媒体构成了现代社会的重要公共领域,在思想传播、凝聚共识和舆论监督方面具有主导作用。无论是基于对现代社会运行机制的普遍性,还是基于当代中国社会转型的特殊性,对高校和媒体社会责任的讨论,都具有不可替代的价值。

  希望我们的努力能够有效地推动中国社会责任研究及其实践体系的构建。

责任中国丛书主编 朱红文

目 录

导论　信息化时代的自由与迷茫 / 1

第一节　信息技术的悖论 / 2
　　一、"信息爆炸"的背后：
　　　　我选择，但其实我选择的只是他们的选择 / 4
　　二、信息表象的背后：眼见不一定为实 / 6

第二节　信息传播的悖论 / 9
　　一、电子时空：新的平等与新的不平等 / 9
　　二、电子时空：我们是最亲密的陌生人 / 12

第三节　传媒业的悖论——事业，实业？ / 14
　　一、传媒业小史 / 15
　　二、媒体：维护公义与制造商品 / 18

第四节　以总体性的视角问责传媒 / 24
　　一、传媒责任问题在现代社会的凸显 / 24
　　二、媒体责任概念与西方媒体社会责任研究的发展 / 28
　　三、中国学界的传媒责任问题研究状况 / 37

第一章　媒体革命 / 41

第一节　媒体的历史变革与历史变革力 / 42
一、农业社会的媒体革命——语言与文字 / 43
二、工业社会的媒体革命——印刷媒体与媒体的组织化 / 46
三、电子传媒引发的信息革命 / 49

第二节　信息社会与新媒体革命 / 52
一、新媒体的产生与信息社会的来临 / 52
二、信息化生存 / 54

第三节　新媒体形态及其所产生的理论课题 / 60
一、新媒体的特点与发展趋势 / 60
二、新媒体的功能扩展与责任增生 / 67
三、新媒体环境对传统认识论的冲击 / 75

第二章　媒体的品质与社会角色 / 81

第一节　关于几种代表性的媒体理论的探讨 / 82
一、关于媒体体系的理论 / 82
二、关于媒体功能的理论 / 87
三、关于媒体社会影响的理论 / 90

第二节　媒体的品质与公信力 / 94
一、媒体品质的演进及其对媒体伦理观的影响 / 94
二、当前中国媒体的品质与公信力问题 / 100
三、对媒体公信力的解读与重新建构 / 103

第三节　媒体的社会角色：坚守与重构 / 107

一、传媒角色之于传媒功能、传媒责任 / 107

二、市场化进程中媒体角色的分化与整合 / 112

三、社会责任视角下媒体角色规范的建构 / 117

第三章 媒体的社会责任定位 / 123

第一节 媒体社会责任的宏观框架 / 124

一、企业社会责任理论的演进 / 124

二、企业社会责任研究的几种主要视角 / 128

三、ISO26000 对社会责任问题的全面回答 / 132

四、道德规范模式下的中国企业社会责任掠影 / 135

第二节 ISO26000 框架下媒体社会责任的突显 / 138

一、西方媒体社会责任研究的进展 / 139

二、ISO26000 框架对媒体社会责任研究的影响 / 145

三、利益相关者视角 / 151

第三节 媒体的社会责任定位 / 161

一、媒体社会责任的内涵 / 161

二、媒体社会责任的边界 / 169

三、媒体社会责任的尺度 / 173

第四章 大众媒体与现代社会价值观的重塑 / 183

第一节 现代性价值理念的内在矛盾与大众媒体的价值整合功能 / 184

一、"现代性"的源起与发展 / 184

二、现代性价值理念的逻辑与内在矛盾 / 187

三、中国的现代化与媒体的价值观传播 / 194

第二节　大众媒体在现实群体分化中的价值诉求 / 201
　　一、大众媒体与自由的诉求 / 202
　　二、大众媒体与民主的诉求 / 212
　　三、大众媒体与正义的诉求 / 219

第三节　大众传播与公共领域的建构 / 225
　　一、公共领域的形成与发展 / 226
　　二、媒体文化系统中的公众主体特征 / 232
　　三、批判的工具与工具的批判 / 238

第五章　风险社会中的媒体责任 / 243

第一节　风险社会的责任伦理问题 / 244
　　一、风险社会理论概述 / 245
　　二、风险社会对责任伦理的冲击 / 251
　　三、风险社会的责任伦理建构 / 256

第二节　风险社会中的媒体安全 / 260
　　一、风险社会与媒体传播的关系 / 260
　　二、风险媒体化与风险传播的悖论 / 267
　　三、风险传播中的媒体社会责任 / 272

第三节　转型中国的社会风险与新媒体作用的发挥 / 280
　　一、转型中国的社会风险与社会责任工程 / 281
　　二、公共危机管理中的新媒体角色 / 286
　　三、公共危机的网络治理 / 295

参考文献 / 301

导论：信息化时代的自由与迷茫

看得见的世界不再真实，看不见的世界不再是梦想。

——叶芝①

早在20世纪70年代，"信息社会"便作为新时代的界碑引领人类社会踏入又一自觉的文明进程②。然而，这一界碑所标识的世界图景却直到今天才相对清晰地展现在我们面前。显然，这是一个技术文明大放异彩的年代，40多年来，信息化的进程持续加速，庞大的信息技术产业链遍及全球，而信息爆炸所产生的洪流正以前所未有的力量改变着人类社会的结构和形态，同时也悄然无声地重构了我们每个人的感知结构和思维模式。我们既是这股力量的历史发动者，也是在这股力量激荡之下的身不由己的历史过客。尤其是20世纪80年代之后，很多国家都先后进入高度信息化的阶段，数字化的大众传媒越发丰富多彩，个人电脑逐渐普及，而电脑、互联网和多媒体又在各自的媒体功能相互融合的基础上

---

① 叶芝（William Butler Yeats, 1865—1939），爱尔兰诗人，剧作家。
② 20世纪60年代末70年代初，在日本、美国等发达国家最早提出了信息社会这个概念。20世纪70年代，美国未来学家D.贝尔的《后工业社会的来临》（1973年）以及A.托夫勒的《第三次浪潮》（1980年）等著作的出版则使信息社会一词在全球范围内产生了普遍的影响。

发展成为一种新的媒体系统。这种"新媒体"大幅度地征服了时间和空间,它们以迅捷的传播方式把各种世界图景投射给不同肤色、不同种族、不同文化、不同地域的人群,从而使得人类在身心上获得了前所未有的自由。当然,这前所未有的自由背后也隐伏着同样前所未有的迷茫。因为,我们虽然在更高的程度上获得了新的解放,但代价却是在更高的程度上遭遇新的异化。

第一节　信息技术的悖论

今天,人类的技术文明正散发出格外璀璨的光芒,璀璨到令人莫名兴奋的同时又未免惶惑不安。为了更好地控制技术向着有益于人的方向发展,我们经常提醒自己说,技术是一把双刃剑。然而,今天的问题却不仅仅是我们如何能够控制技术,趋利避害,而且包括我们如何能够不受控于技术,免于新的奴役。

戴维·申克在《信息烟尘》一书中曾举过一个意味深长的例子:在一次演讲中,以研究"技术压力"著称的菲利普·尼科尔松(P.Nicholson)要求听众进行一个两难选择——假设必须在如下两个选项中做出决定,即或者放弃你的一根手指,或者今后再也不使用电脑,你会怎么办?调查结果出人意料:参与调查的人中三分之一的人选择了前者——放弃一根手指![1]新技术体验的魔力让全人类尤其是众多的年轻人深陷其中,为了获得这种体验,有人甘愿断指,也有人不惜卖肾(当下的中国真实地发生过为买苹果

---

[1] 戴维·申克:《信息烟尘》,黄锫坚译,江西教育出版社2002年版,第29页。

电子产品而不惜卖肾的事情)。

这说明了什么？技术虽然只是一种工具，但这种工具已经逐渐显露出其作为人的本质力量的性质。马克思曾经指出,对工业和技术不能仅仅从其表面效用方面来理解；相反,只因为它们是人的本质力量的展示,它们才获得其价值。它们"创造着具有丰富的全面而深刻感觉的人","是人的一切感觉和特性的彻底解放"。[①]但是,技术所带来的这种解放往往是"屈从"的、"片面"的。因为,社会经济发展的需要是技术发展的直接动因,而人类文明的发展却往往只是技术发展的一个末期之果。所以,技术与社会经济的联系之密切程度远胜于它与人类文明的联系。技术一旦为人所发明,便如同是一个具有某种自主性的"他者",它通常按照自己的特性发挥作用,依据自己的轨道来产生影响,而这种作用和影响是不以发明或者使用它的主体的利益为念的。

日本学者林雄二郎把信息等同于"有影响力的告知",不言而喻的是,这种有影响力的告知在信息技术时代,已然深刻地影响到了人类生存的最本质层面。日本社会学家丸山(Magoroh Maruyama)曾经从社会学的角度研究了追随计算机时代成长起来的日本年轻人,他把他们称之为计算机儿童第五代：他们迄今还在发展上一代人所不具备的某些未知的认知官能,发展了结合速度与同时性的各种时间知觉模式。通过对人们的日常生活的全面渗透,信息技术将信息以各种形式"告知"不同时空中所有可能的受众,其影响力最大限度地依附于政治、经济、文化等各个领域的权威形象。

[①]《马克思恩格斯全集》,第42卷,人民出版社1985年版,第124—127页。

一、"信息爆炸"的背后:我选择,但其实我选择的只是他们的选择

为了更好地生存下去,人们所做的事情总是把信息转化为能量,或者是把能量转化为信息。美国学者H.弗来德里克曾经作过这样一个推算:如果把公元元年人们掌握的信息量设定为单位1,那么,在公元1500年,信息量实现了第一次倍增;在公元1750年,信息量实现了第二次倍增,花费250年;在公元1900年,信息量实现了第三次倍增,花费150年;进入20世纪后的第四次信息量倍增,花费仅50年。其后,倍增速度骤然加快,到20世纪50年代,10年内就实现了倍增;接着在60年代和70年代,时间周期进一步缩短为7年和5年。所以,我们才会经常说:这是一个信息爆炸的时代。

毋庸讳言,信息传播是人类社会存续的先决条件之一。就个体而言,每个人甚至于每种动物,都需要通过信息来获得自身在这个世界中的坐标,及时了解环境的变化,并据此不断调节自己的行为以适应新的变化,从而在心理上认知并在实践中把握这个世界;就人类社会而言,信息传播使得人类的社会关系得以确立和发展;信息传播使得人类的文化传统得以积累和传承;信息传播使得人类的情感与智能得以丰富和提高……似乎信息对于人类以及人类社会发展的正面价值怎样形容都不为过——这正是我们的信息化时代被广泛认同的对信息的高度推崇态度的理论依据。然而,这种在我们的信息化时代被广泛认同的对信息的高度推崇态度,恰恰适用于在我们的时代未被"信息化"以前。

现代信息技术极大地增加了信息的数量,提高了信息的可得性:各种遥感遥测技术促进了大量信息的生产;数字化技术可以高质量地长久存储所有形式的信息;光纤通信技术几乎是实时地传递着海量的多媒体信息;超文本链接技术和检索技术则使人们获取信息的行动变得轻而易举。甚至于经常是信息在猎取我们,而不是我们在猎取信息。所以,生存在信息社会,我们首先面临的问题不是如何获得信息,而是如何缓解"信息爆炸"带来的冲击,那些时刻等待被刷新的、令人目不暇接的、数量巨大的信息,冲击着我们感受力的同时,也考验着我们的判断力。

你难道不曾被五花八门的信息迷乱双眼吗?你真的了解自己是否需要这些信息以及这些信息对于自己有着怎样的意义吗?在这个崇拜信息并且"信息爆炸"的信息化了的时代,信息却正变成渐欲迷人眼的"乱花",成为信息的受众是每个人的命运,我们的感官被各大主流的信息传播媒体所浸淫:每日更新的报刊、24小时不间断的广播、卫星直播的电视、无所不在的网络——这样一个世界似乎充满了机会、魅力和选择,以至于我们总是害怕自己错过了什么,遗漏了什么,忽略了什么,而最后却还是难免错过、遗漏和忽略。因为我们根本不知道自己捕捉到的是什么以及对自己意味着什么。

事实上,过多的信息令我们患上了信息消化不良症,在这样一个时代,我们有能力获取想得到的各种信息,却没能力拒绝不想得到的各种信息,因此,我们背负上了信息判断和选择的巨大包袱,如果你想卸下这个包袱,那就只好听凭别人为你做出选择,当然,此时你还是需要进行选择,那就是选择让谁来为你选择的问题。于是,有些时候或者说是大多数时候,我们都不得不接受某些媒体的信息诱导,我选择,但其实不是我的选择,我所选择的只是他们的选择。

"在信息社会,没有控制的和没有组织的信息不再是一种资源。它倒反而成为信息工作者的敌人。"[1]大众媒体虽然在感性的信息传递方面丰富多彩,但其观点和分析范围未免狭隘之虞,那些数量众多的、常常破碎的、社会中立性的信息从我们的媒体中倾泻出来,缺乏明智的产物和背景,制造着难以忍受的喧嚣和混乱,这是一种典型的信息污染。

当信息像潮水般涌来、选择的可能性爆炸式增长的时候,人们很可能放弃自己的责任,听凭诸如电视广告或者"专家"等为自己做主,也可能会因为一个细微因素而更改自己的主张。这可能导致人们丧失自己的意志、个性和理想,特别是丧失自己的自主性,丧失反思和批判的能力,成为信息爆炸的奴隶,被信息洪流所异化。无论如何,对于那个最初你所需要的东西,你已经失去了真正自主选择的能力,而一旦我们失去了自主判断和选择的能力,那些扑面而来的信息最终就极有可能成为我们的路障而不是路标。

这里,由信息选择引发的一个值得我们思考的问题是:诱导我们做出选择的媒体,又应该为我们的选择负何种责任呢?

二、信息表象的背后:眼见不一定为实

信息(information)的拉丁词源是"informare",意为"赋予思想以形式者"。在《牛津字典》中,"信息就是谈论的事情、新闻和知识";在《韦氏字典》中,"信息就是在观察或研究过程中获得的数据、新闻和知识"。在广义上,我们可以把信息区分为自然界的信息和人类社会的信息,但词典中对信息概念的解释大都偏指人类社会信息,而本书中所涉及的信息概念也主要指人类社会的信息。

---

[1] 约翰·奈斯比特:《大趋势——改变我们生活的十个新趋向》,孙道章等译,新华出版社1984年版,第32页。

人类社会信息的分类也是多种多样：按信息所涉及的领域可分为军事信息、政治信息、经济信息、文化信息等；按信息的形态可分为数字信息、图像信息、文字信息、声音信息等；按信息的作用可分为有用信息、无用信息、干扰信息；在形式上，信息可能是商人的广告，可能是政客的招牌，也可能是文化人的声名……当然，人类社会信息的一大特征就是其既充分展现了人类文化、语言符号系统的复杂性，又随着信息技术与社会结构关系的变化，充分加剧了这种复杂性。在信息时代，我们的心灵正湮没在乱象丛生的信息之中。

信息在表象上虽然千变万化，但作为信息的受众，在信息的伦理属性上，我们总是冀求信息属性的真实、客观与公正。然而对于媒体而言，正确并不是正义，因为正义总是有立场的。并且，出于政治、经济或其他方面的需要，媒体所传播的信息可以锐化，可以模糊，甚至可以"PS"。随着信息技术的突破性进展与高密度应用，真实与虚幻之间的分界线已经越来越模糊，信息的传播者开始成为组织化的工具，大部分信息都是组织化的媒体有针对性的传播，尤其是那些组织化了的信息传播。

这个世界已经更多地被人们的欲望和信念悄然塑造，自然成为我们的工程，社会成为我们的工程，人类自身也成为我们的工程。只是，我们塑造这个世界的能力越强，迷失于这个世界的程度也越深。我们可以在信息高速公路上自由穿梭，但如若一个人看不见他所走的方向，他就不可能自由。

按照西方早期媒体社会学学者的注射模式观①，媒体的作用有如皮下注射，在以现代性为特征的原子化的群众社会中，个人几乎无力抵抗传播媒体的说服力，它轻松地刺入人们的肌肤，进而注入人们的头脑，改变人们的思想和行为。这种观点虽说低估了个体应对信息冲击的能力，但不可否认的是，相比于传播者而言，传播对象往往是脆弱而孤立的。在一个共同体中，哪里有两方，哪里就总是有第三方——共同体本身。是消费者的自由投票权建立起巨大的新闻界，并支撑着不同的思想文化为了市场而被制造出来，并按不同比例混合进行大规模的生产。意见的表达不仅仅是"我认为……"这样的宣示，它更是一种社会力量，并且被有意塑造成这样。"对媒体影响潜意识的温顺的接受，使媒体成为囚禁其使用者的无墙的监狱。"②

这里的问题是，组织化的媒体作为公器，到底是作为谁之公器握在谁的手中呢？

---

①该理论观点是在第一次世界大战后，本能主义心理学、孤立的受众观以及第一次世界大战中宣传战威力大显的背景下诞生的，是传播学上第一个用来描述传播效果的理论。核心内容是：传播媒介拥有不可抵抗的强大力量，大众传媒所针对的受众如遭皮下注射或枪弹射击，毫无反抗能力。1960年，传播学者戴维·伯罗（David Belo）在他的研究著作中称之为"皮下注射论"；1971年，威尔伯·施拉姆则把它称为"枪弹论"（有的译为"魔弹论"）。与其相对的是"免疫论"，认为魔弹论过分夸大了媒介的力量，受众具有独立辨析能力，两种理论都有正反案例来支撑观点和反驳对方。在今天的新数字媒体环境下，学者们多在两种观点复合的基础上采纳了更为复杂的受众观。

②马歇尔·麦克卢汉：《理解媒介——论人的延伸》，何道宽译，商务印书馆2000年版，第49页。

第二节　信息传播的悖论

传播包括人际传播、大众传播、自身传播和组织传播四种类型,当今最主要的是利用报纸、刊物、图书、广播、电视、通讯社、互联网等实体机构,进行组织、策划、制作后进行传播的机构,也就是大众传播,又称大众传媒。

从传播史的角度来看,在信息技术诞生前的两百多万年间,人类交流只有通过口头语言和身体语言这两种方式。大约六千多年前,书面语言的出现使得交流能够超越时空,文明的步伐也由此开始大踏步地前进。大约500年前,印刷技术的应用使得信息交流的范围迅速扩展,而最近的100多年里,电影、录像、录音、无线电广播、电视等技术的发展,更是将声音、影像与文字融为一体,信息交流进入了真正的大众化传播的时代。但这个时代似乎既可以是一个最好的时代,也可以是一个最坏的时代。

一、电子时空:新的平等与新的不平等

20世纪末,"IT"产业在很大程度上维系了像美国和日本这样的发达国家的持续繁荣,也推进了像中国、印度这样的发展中国家的高速发展,当然,在庞大的信息技术产业链的背后,也产生了众多被新一轮技术革命的狂潮扫荡到社会边缘的人,产生了人类社会中新的不平等基因——信息鸿沟,而当我们在某一时刻雀跃着跳出这一鸿沟时,又郁闷地发现:自己身处在一个令人又爱又恨、感觉无限亲密却又无比疏离的电子时空。

从积极的意义上说，互联网这一电子时空赋予了人们前所未有的自由。个人第一次有机会从国家权力、资本力量，以至于社会习俗力量的控制中解放出来。具体而言：第一，信息化使信息的生产和发布成本极大地降低，无论是政治、经济还是文化的习惯势力，对信息的操控力都极大地削弱，个人在互联网上享有更充分的言论自由和获取信息的自由；第二，大众传媒正演变为个性化的双向交流媒体，个性化意味着个人的个性人格的自主性得到了充分承认，这表现在互联网的个性化的信息服务、物质产品生产的个性化、消费的个性化等方面；第三，人类活动的时间限制在更高程度上得以突破。数据库、移动通信、视频点播信息技术既极大地缩短了信息活动所需要的时间，又使人们能够更加灵活、更加自由地支配自己的时间，获得更大的时间自主权；第四，信息化使得空间距离不再成为信息传递的障碍，人们不再受固定空间的制约，这既使得传统意义上的中心区域的相对信息优越地位大大下降，又在相当程度上节约了空间以及相应的材料和能源。

以上都是虚拟世界带给我们的好处。但光明的背后总有阴影相伴。如同曼纽尔·卡斯特对工业资本主义的评价，人类历史上的每一次技术革命也都同样在创造财富的同时，引发贫穷；摇撼制度的同时，转化文化；刺激创新和希望的同时，也滋长了更深刻的贪婪和绝望。

一方面，进入信息化时代，迅速扩展的大众传播媒体使人类生活更加丰富多彩，社会沟通与交流的渠道更加多元并且更加通畅，从而，民主政治建设得以推进，文化知识得以普及，教育事业亦得以大踏步前进，原先高不可攀的权力金字塔和知识金字塔正在横向拉伸，更多的普通人已经不必再对其仰视羡慕了；另一方面，大众传媒的权力空间化趋势也可能蒙蔽舆论，制造谎言，内容商品化趋势则易于迎合低级趣味,毒害受众尤其是青少年的身心健康。在这个问题上,一些学者,如麦克·卢汉,对大众传播持乐观的看法。他认为,在一个现代的电子社会里,大众传播媒介拥有把人类重新联合起来的力量。而另一些人则用怀疑的眼光去看待控制了传播媒体、操纵和压制不同意见的那些人的特权。

随着信息时代的发展,信息资源比以往任何时候都更具威力,但由于经济、政治、技术等多方面的原因,信息化的程度很不平衡,数字鸿沟却有所扩大,甚至日益恶化。由于掌握信息资源不平衡导致的数字鸿沟,催生了大量的信息穷人。他们不过是信息社会的边缘化群体。我们所有人都生活在同一个时空之下,但显然我们所能认知到的却绝不是同一个时空。无论是从信息技术和信息应用水平上来看,还是从信息网络普及的程度上来看,不同国家、不同地区、不同领域、不同群体以及不同个人都具有相当大的差距,城乡、区域和行业的信息差距有扩大趋势,这成为影响社会公平及其协调发展的新因素。

况且,在这个电子时空中,知识作为一种经济的推动力,其自身则受到经济的反作用力。知识更新的速度加快,我们常常需要拼命奔跑,才能得以保持在原地。为了适应竞争日益激烈的时代,人们面临着巨大的知识更新压力。在信息化的中后期,一般的社会成员为了能够有效地使用和简单地维护信息化的各种设施,都必须掌握一定的知识,投入大量的脑力劳动。每个人都在担心:我的知识结构是否陈旧过时了?我现有的知识结构是否能胜任新的岗位?我是否需要参加新的培训进行新的进修?事实上,在进入信息时代不久,激烈的知识竞争已经导致各个国家在某些行业和部门中的剧烈经济转型,从而使很多人都迎来了持续的职业危机以及巨大的经济损失。特别是随着生产的信息化、智能化、自动化,结构性失业日趋严重,智能机器人、信息工具已经夺取了许多普通劳动者的饭碗,在相当程度上,信息穷人已经为这个飞速发展的社会所排斥。

此外,在电子时空中,我们经常能够感觉到自身存在的破碎感。我们感受不到时间本身的流逝,我们感受到的只是我们自身的流逝——在一些无关紧要的印象碎片中流逝。新闻越来越杂,话题越来越爆,碎片越来越多,然而,一切又都是来也匆匆去也匆匆,似乎稍一走神世界就又变换了一副陌生的面孔。

二、电子时空:我们是最亲密的陌生人

在电子时空中,我们经常依靠彼此生活,但彼此却又似乎毫无关系。

马克思和恩格斯曾经指出:"单个人随着自己的活动扩大为世界历史性的活动,越来越受到对他们来说是异己的力量的支配(他们把这种压迫想象为所谓宇宙精神等等的圈套),受到日益扩大的、归根结底表现为世界市场的力量的支配。"[①]基于信息网络技术,人们创造了一个复杂的信息系统,创造了一个网络社会结构。但是,个人怎样适应这么庞大的世界市场,怎样驾驭这么复杂的社会关系网络?怎样在这个庞大而复杂的交互系统中保持自己的个性、自主性、人格和尊严?这是一个我们必须要应对的现实问题。

媒体化的生存模式会造成现实人际间的疏离。

诚然,在全球化的信息时代,借助各种信息工具和社交网站,人们的交往范围确实前所未有地扩大了,并且,从乐观的角度讲,

[①]《马克思恩格斯选集》,第1卷,人民出版社1995年版,第89页。

信息传播的时间效度和空间效度都日趋接近于人类感官甚至是想象力的界限。借助信息技术和手段开展的虚拟交往,作为人类交往的新模式,有助于人际交往的自由拓展,也有利于个体意志的自由表达。在文明社会里,人们总是会有一种相当普遍的欲望:即希望探知超越个人观察范围的经验、思想和情感世界,因为人这种动物总是愿意对一些并非与自己直接相关的事情"表示兴趣"。而今,为我们的兴趣而被不断挖掘的信息可以纵穿古今,也可以横贯宇宙。个人与世界范围内的他人、社会密切地联系在一起。我们有能力看到更多别人的生活,也包括更多生活在别处的可能,从而,我们对自己与这个世界的关系的认识也越来越丰富、越来越全面。

但是,对个体而言,如果过度沉溺于电子时空中的"虚拟交往",在心理上、情感上对虚拟世界产生过分的依赖,就会在人际关系方面产生诸多问题。首先,人们终日与电脑、手机等个人终端打交道,无论是工作中、旅途上甚至是聚会时,由此,我们可能更多地失去了在现实中与人交流的机会,也更多地失去了在心灵深处最值得珍视的情感,包括亲情、友情、爱情……"我就在你的对面,而你的眼睛里却只容得下一块电子屏幕。"其次,长期沉溺于"虚拟交往"的人很容易产生紧张、孤僻、冷漠等负面心理特征及其他社会方面的问题。一些人对现实生活极度失望,从而厌恶现实,逃避现实,投身到虚拟的世界之中,在虚拟的亲情、友情与爱情中寻求安慰,且不说是否会受骗上当以致破财惹灾,真正严重的问题是,这样下去,只会令自己与现实生活更加格格不入。

已经有越来越多的"虚拟生存者"迷失在由无数网虫构成的茫茫网络世界里,有越来越多的在喧嚣闹市中倍感孤独的精神流浪者。反过来,这些人也往往不再为这个社会所接纳,他们的出现可有可无,他们不再为其他人所认同,他们的存在荒谬化了。最后,人毕竟是一种社会性的动物,长期的历史发展使得面对面的亲身接触成为人们习惯的交往方式,人与人之间的感情和信任正是在这种直接交往中得以慢慢培养起来的。而在信息社会中,传统上人们一起生活、学习、工作的社区、学校、办公楼,正在因电子社区、远程教学、弹性工作等的普及而渐失往日在人类社会生活中的地位,人们面对面交往的机会大为减少。

无论如何,冷漠而疏离的电子时空是无法取代真实温暖的人际交往环境的。正如曼纽尔·卡斯特指出的,我们的社会逐渐依循网络与自我之间的两极对立而建造(交互开放沟通/自闭唯我):"功能与意义之间的结构性精神分裂症,社会沟通压力日益沉重,视他者为陌生人,最后变成威胁。"[①]

技术体现着社会自我转化的能力,因而,每一次深刻的社会变动或重大的历史变迁的背后,都离不开技术架构的强力支撑。今天这个历史时期里,具有策略决定性的技术是信息技术,而我们的社会能否掌握好这一技术则在相当程度上决定着我们这个社会以及这个社会中每一个体的命运。

第三节　传媒业的悖论——事业,实业?

人类从前现代的手写文明、现代的印刷文明进入到后现代的媒体文明中。媒体是重要的传播工具,媒体的存在体现于传播,而

[①]【美】曼纽尔·卡斯特:《网络社会的崛起》,夏铸九等译,社会科学文献出版社2006年版,第3页。

传播的活动又造就了世界。媒体对社会的稳定和发展起到极为重要的作用。因而,可以说,传媒业的存在和发展对现代世界中的任何国家和地区而言都是必不可少的。

一、传媒业小史

传媒业,亦即媒体的组织化形式。

传媒业起始于欧洲的新闻事业。我们可以大致把传媒业的发展分为以下四个阶段:(1)15世纪,印刷技术在西方的问世为新闻业的产生奠定了客观基础。新闻业最早产生于16世纪的威尼斯,在那里,由于经济特别是海上贸易的发展,出现了一些人,他们专门收集贸易信息,如货品的价格、船期情况等,然后把收集到的这些信息进行整理且汇编成册,以此来牟利。这些人就成为后来的新闻工作者的先驱。(2)17世纪,由于印刷术的发展和早期自由主义思想在新兴资产阶级对抗封建君主专制斗争中的胜利,报业在西方开始出现并且发展壮大,以报社为主要形式的新闻机构由此产生。此间,约翰·弥尔顿的小册子《论出版自由》有力地冲击了封建王室的书刊检查制度,此后,英国的政治小册子风行于世,17世纪下半叶,则出现了"信使报"、"消息报"等信息量更大、辐射面更广的出版物。此后一百多年里,随着出版管制审查制度的废除和出版自由制度的形成,报业发展起来,不过,直至19世纪30年代廉价报纸问世之前,报纸一直为社会中上层人士所独享。(3)19世纪中期以后,价格低廉、内容浅显的廉价报纸的出现,使得更多中下层人民成为报纸的新客户,这使得报业呈现出前所未有的繁荣局面。与此同时,控制多种报纸、多家报社的报团也随着资本主义竞争的脚步悄然崭露头角。而当电报被发明以后,又出现了通讯社这一新的媒体组织。(4)20世纪以后,随着信息技术的发展,媒体组织异彩纷呈,陆续出现了广播电台、电视台、互联网站等机构。①

在中国,晚清时期,西方传教士将近代报刊引入中国,而中国人所办的近代意义的报刊则随着晚清社会的衰败与抗争力量的兴起而兴起。甲午战争前,包括代表官方正统的书籍刊刻、邸报编发和各种层次的民间报房出版的京报、小报、辕门抄等私营报纸有了很大发展,但仍未脱离古代大众传媒的范畴。甲午战争之后,中华民族危机加深,资产阶级维新改良人士纷纷创办新式报刊,开始了近代大众传媒事业。在清末民初的大动荡时期,中国传媒业参与瓦解着传统的社会结构和秩序,同时也参与再造了新的社会结构和秩序,在中国近代的社会历史变迁中扮演着不可或缺的角色。在国家和私人领域外,传媒建构了有别于传统社会的公共空间,近代性质的传媒文化使中国文化向世俗化、民间化和大众化拓展,从而使"忧患"、"抗争"意识社会化、大众化,为进一步的政治行动做好了准备。此外,借助传媒,中国社会出现了如记者、编辑、自由撰稿人、出版人等多种职业和身份的现代知识分子,而现代知识分子的形成,使中国社会演进更加主动也更加理性。

从辛亥革命到中华人民共和国成立,独立、民主、富强的理念主导着传媒领域的话语权。这个阶段的传媒以显性和隐性的方式影响着中国社会的本质转型。在政党尚未建立或政党弱小、分散的情况下,传媒以独立身份或整合各种政治力量促使社会进步;在国共两党武装斗争为主的时期,中国共产党领导和影响的传媒因赢得民心而赢得了合法性,并最终赢得了战场上的胜利。

---

① 【美】J.赫伯特·阿特休尔:《权力的媒介》,黄煜、裘志康译,华夏出版社1989年版。

导 论
信息化时代的自由与迷茫

在新中国迅速发展的年代里,大众传媒作为党的喉舌参与引领了多次思想解放的潮流。如1978年的真理标准大讨论,就是由中央党校内部刊物《理论动态》发表了《实践是检验真理的唯一标准》文章作为开端。改革开放以来,社会结构发生了很大变化,出现了许多新的阶层,各种性质的社会群体共生并存,利益多元化格局逐步显现。代表党和国家意识形态和主流文化的传媒,在为经济基础服务的同时,也成为这些群体利益表达和民主协商的渠道。在缓和和化解各种社会矛盾和冲突中,中国传媒为改革开放的发展提供了有力保障。[1]

20世纪90年代以来,中国社会处于转型时期,传媒业也在这一大背景下经历了一场不可谓不痛苦的变革,由政府统管的事业向独立经营的企业过渡,虽然充满危机,但也焕发出了新的生机。总之,中国传媒业不仅反映和记载着中国近代以来每一次使得社会思潮、社会结构、社会秩序、社会制度发生巨变的事件,而且作为动力之一推动着这些事件的发生。

对媒体业而言,当前是一个激烈竞争与深度融合并存的时代,不管是新媒体还是传统媒体,一切都要从"新"开始,新形式、新内容、新方法、新体制,站在原地就意味着要被一往无前的技术洪流所抛却。信息技术的不断发展使得数字媒介迅速发展,传统的实体书店、超市、书报亭模式在部分地区已日渐式微,数字出版和无纸化出版逐渐变为媒介现实的主流形式。显然,网络造成了报刊等纸质媒体的艰难处境,这些传统的传媒行业被迫开始寻找自己新的发展空间。2012年12月26日,美国的《新闻周刊》(Newsweek)

---

[1] 李宏、张桂珍:《大众传媒与中国社会变迁》,"当代世界社会主义的理论与实践——民族、民生、民主"中国科学社会主义学会当代世界社会主义专业委员会2012年会及学术研讨会论文集,2012年版。

出版了最后一期纸质杂志,从此以后,这本影响了美国乃至全球半个多世纪的新闻杂志将只有数字版,而且改名为"Newsweek Global"。①而据 2011 年中国新闻出版产业分析报告显示,2011 年中国数字出版实现营收 1377.9 亿元,较 2010 年增长 31%,已连续几年超过全行业增长速度。②

在竞争态势下,新旧媒体、不同市场主体乃至媒介和其他相关行业开始走向合作。传统报业、出版业、广播电视等传统主流媒体开始增强忧患意识,呈现数字化、多样化的变革。当然,在社会转型与变迁之中,新媒体事件带给我们的绝不仅是技术形态层次的转变与提升,而更多的是社会层面的影响与变革意义,这体现在传播的内容、方式等诸多方面,例如,人类的传播行为随着网络、手机、移动设备等新媒介的不断涌现而发生了革命性的变化。社交媒体的广泛运用使得传播效果的集群性效应更加明显,但同时,用户兴趣与话题的即时转换却又使得传播效果变得难以确定地多样化、立体化。

二、媒体:维护公义与制造商品

对于现代人而言,如果没有报纸、杂志、书籍、广播、电视和电影这些大众传播媒体,生活甚至是无法想象的。虽然大众传播媒体依据其所在的政治、经济体制的类型、社会发展的阶段而发挥着不同的作用,虽然媒体对许多人意味着各种各样不同的东西,提供着各种各样不同的功能,但我们首先必须要认识到的一点

---

① 侯睿之,蔡沁铭. 纸版《新闻周刊》蜕变.[EB/OL]. http://www.qikan.org/Article/8352.html,2013-1-14/2013-2-28

② 2011 中国新闻出版产业分析报告. [EB/OL]. http://wenku.baidu.com/view/cfe60e255901020207409c29.html, 2012-07-23/2013-2-28

是,今天,无论是在世界上的哪一个国家,媒体组织都成为一股不可忽视的重要力量。

然而对于这股力量的性质,我们到底应该作如是观呢?显然,媒体业的性质也是双重的。有些人为了利益相聚,有些人为了理念相聚。媒体作为一个组织系统则既是为了利益而相聚,也是为了理念而相聚。一方面,媒体拥有自己的经营目标,有固定的资源和严格的期限,致力于争夺受众、争夺广告商;另一方面,与单纯的营利企业不同,它们必须对社会和公众承担和履行一定的责任和义务。媒体的商业实践和公共生活实践存在的本质差异,使之同时追求着两种截然不同的目标,而这又决定了媒体业天生具有两种截然不同的性质。

1.社会之良知,公众之公器

媒体的技术和工具属性决定着信息的物理形式、时空范围、速度快慢和量的规模;而媒体的社会组织属性则使媒体能够自主地生产和传播信息,决定着信息的内容。所以,它不仅是信息传播的工具,具有感受性、意向性,也是信息生产加工的主体,具有能动性。媒体便如同社会的感官,也如同社会的心灵。从某种意义上说,媒体把物质的世界转化成了人类的精神食粮,无论是使用象形文字还是使用以太光纤,它们不仅改变了社会的关系结构,也改变了人自身的经验结构。尤其是新技术条件下的电子媒体,既能够重新排列我们获知有关他人行为的方式,也能够在一定程度上改变决定人们行为的社会环境,从而使人们的经验和行为能够超越其所处的社会情境。

现代信息技术下的媒体业对于推进全人类文明、促进人类身心解放显然功不可没。如同20世纪传播学界的思想巨匠马歇尔·麦克卢汉(Marshall McLuhan)所说:"在机械技术时代,我们取得了身体在空间意义上的延伸。今天,经过一个多世纪的电力技术的发展,我们的中枢神经系统又在全球范围得到了延伸,就我们这个行星而言,时间意义和空间意义都消失殆尽。我们正迅速进入人的延伸的最后阶段——意识的技术模拟阶段,在这一阶段,知识的创造性过程将被集体的、共同的延伸至整个人类社会,就像已经通过各种各样的技术延伸了我们的感官和神经一般。"麦克卢汉是技术乐观主义的代表,在这里,我们撇下其乐观主义态度不提,他对新媒体变革力的预测之准确是不能不让我们动容的。

1849年,为了驳斥对《新莱茵报》的控告,马克思在法庭上陈词指出:"报刊按其使命来说,是社会的捍卫者,是针对当权者的孜孜不倦的揭露者,是无处不在的耳目,是热情维护自己自由的人民精神的千呼万应的喉舌。"1850年,马克思和恩格斯在他们合写的一篇文章中提出:"以前,报纸是作为社会舆论的纸币流通的。"显然,无论是"人民的喉舌"还是"社会舆论的纸币",都不言而喻地强调了新闻舆论作为社会之公器的重要性。[1]随着信息传播技术的快速发展,信息获取、信息交流与沟通的渠道空前广泛、便捷、及时,这种意义上的喉舌的传播或纸币的流通已不限于报纸,而是从报纸发展到广播、电视、网络、数字化媒体,速度更快、范围更广、影响力也更大。

信息化,同工业化、机械化、自动化一样,意味社会变化的趋势。信息化的社会既标志着社会的信息化,也标志着社会的公众化。公众最主要的特征就是它造就的舆论。大众传播既在公众中扩散某些信念,又在公众中产生共享某些信念的意识,促成更加广泛的意识形态视角。从这个意义上说,媒体接近于它曾经所自

---

[1]《马克思恩格斯论新闻》,新华出版社1985年版,第264页。

命的"公器"。此外,信息技术的广泛应用、各种电子新媒体的出现,无疑改变和重新塑造了社会结构,改变了政治参与的结构与模式,促进了民众主体意识的觉醒,推动了管理方式的变革,导致了集权管理模式向分权模式的转变。这些无不推动着整个人类以及人类社会的发展。

当然,在民智与民心尚未摆脱桎梏,民主尚未充分得到完善之前的社会阶段,公器为谁之公器,"公"的内涵、外延、程度、层次,"器"的手柄、动力、目标方向等都还依然是一系列需要追问的问题。阿特休尔在《权力的媒介》一书中认为新闻媒体是作为权力的工具而运转的,并提出媒体与其资金提供者的关系:新闻媒体受各种利益集团的操控,包括官方形式,商业形式,利益形式,非正式形式。[①]无论如何,媒体作为社会公器,其权力是公众给予的,它的活动,在更大程度上应受到公共性和公益性的制约。

2.社会制造的商品,制造商品的社会

传媒业既为公众而生,又以公众为生。新闻媒体作为社会正义的守护者,具有强烈的公共性;但与此同时,现代媒体也是一个产业,其自身的商业性不可忽视。而大众传媒的勃兴也使得现代文化呈现出强烈的商业文化的特质,美国广告评论家莱斯莉·塞文表达了对这种商业文化的隐忧:"当商业文化将我们自己的经历又重新贩卖给我们的时候,被赞助的生活就会变得单调乏味。当这些经历在我们的内心重新组合,将商业价值、节奏和期待与个人最熟悉的思想过程融合在一起时,尤为如此。电视评论家常说,电视没有给观众传递商品,而观众本身就是真正的商品,一件由

[①]【美】J.赫伯特·阿特休尔:《权力的媒介》,黄煜、裘志康译,华夏出版社1989年版,第9页。

电视传递给广告商的商品。"①

在消费主义时代,大众媒体和受众都有被商品化的趋势。加拿大学者斯密塞(Dalls Smythe)在他的传播政治经济学中,提出了"受众商品论"这一核心概念,曾引起广泛争论。他认为,大众媒体利用不同的媒介产品将受众集合并打包出售,其主要商品不是它的媒体内容,而是媒体内容带来的效果或目的,即受众力,受众力的衡量尺度是受众数量多少和质量高低所形成的购买力的强弱。

一方面,借助媒体的光辉普照,我们的眼睛穿越时空,看到了多极的世界、看到了多层的社会、看到了多样的人生。"开放、平等、协作、分享"的互联网文化和精神正催动着人类走向更加民主、文明、富强的道路。但另一方面,部分传媒业逐渐为经济利益所主导,沦为疯狂追逐利润的商业机器,纷纷建立追求快速回报、甚至一夜暴富的商业模式,在巨额利润的驱动下,传媒产业不再将创新与对用户和公众的服务放在首位。例如:一些网站作为信息把关者,却只看网站点击率而不管信息的良莠不齐,结果使得很多不道德的恶搞作品在网络中迅速蔓延;在各种新闻网站、专业网站以及各种网页上植入广告,为赚取广告费和赞助费全然不顾网民的感受。还有网络上备受青少年青睐的电子游戏,虽则创造了新经济神话,但也成为青少年走向堕落的引诱者。这些游戏虽然花样翻新,却越来越偏向暴力、色情,完全不顾涉世不深的青少年的身心健康。

此外,由于新媒体环境下的伦理和法制都尚未健全,人们以为网络世界无国界、无约束、无法律,网络侵权事件和网络暴力事件时有发生。受某种共同情感或利益驱使,网民们可以方便地通过

---

① 莱斯莉·塞文:《被贿赂的心灵》,转引自乔尔·鲁蒂诺、安东尼·格雷博什:《媒体与信息伦理学》,霍政欣等译,北京大学出版社 2009 年版,第 101 页。

网络聚集而结成一股联盟的力量。加之网络的方便快捷、匿名环境与信息发布审查机制的缺乏,这股力量作为网络中的多数派,有时会有意无意地对少数派实行"专政",压制少数派的立场、利益和权利,甚至严重侵害到他人的正当权利。人们在网络上的群情激奋诉诸的是一时的情绪而不是理性的判断。网络上不乏热情,缺的是理性。

总之,信息化时代的信息无论从质与量、形式与内容上,还是从时空效度与社会效应上都发生了急剧的变革,它的多重双面性造就了当今人类社会在人类个体与总体关系上的多重悖论,比如,公正与自由的悖论、效率与效益的悖论、文化趋同与存异的悖论等等。恰如詹姆斯·伯尔乐所言,"一场大规模的概念重建进程正伴随着技术革命逐步展开。这个概念重建进程既产生了大量的新词汇,也产生了新的概念体系——为新政权、新构架、新义务服务的新理念、新立法、新的理性辩护;负担与利益得到重新分配,是非得到重新厘定。一方面是新的伦理困惑与困境的不断产生,另一方面是旧有的伦理困惑与困境所产生的新的版本。"[①]所以,信息化时代更加呼唤媒体的责任担当,媒体要维持其在公众世界中的公器地位,要解决责任与义务的现实纠葛,更要成为理想世界的良知。这些正是本书所要力图澄明的问题。

[①] James Boyle, Shamans, Software, and Spleens (1996). Laws and the construction of the information society. Cambridge, MA: Harvard university press, pp.ix–ff

第四节　以总体性的视角问责传媒

按照德国哲学家汉斯·尤纳斯提出的责任伦理观点,在现代技术社会,人类的群体行为已经发生了质的变化。随着人类影响范围的扩大和技术预测与控制能力的提高,伦理学的对象不再是具体的个人行为,而是以因果链条影响到遥远未来的社会化集体行为,伦理学的中心不再是个体行为规范,而是组织责任的认识和实践。现代社会要求的责任伦理应该是一种预防性或者说前瞻性的责任,要求我们以长远性与整体性为道德标准的行为指导,尽可能减少甚或消除未来发展中的危险因素。与传统的伦理相比,它在空间上拓展到人以外的自然;在时间上延伸到未来人类及未来世界的尊严与权力;在责任主体方面更强调人类的整体行为,特别是政治行为。

今天的大众传媒正在逐渐超越信息交流这一最初的功能,开始形成一股强大的力量,影响人们的政治生活、社会价值观,重构人们的日常生活,甚至情感世界和意识形态,大量新的公共伦理问题迅速产生。由此,我们需要站在与现代责任伦理维度相适应的人类总体性视角上,重新审视并努力建构现代媒体的社会责任。

一、传媒责任问题在现代社会的凸显

首先,现代信息社会是一个媒体化的社会。传媒自古以来就对人类总体发展与社会总体发展具有深刻影响力,而在现代信息社会,这种影响力已经大到不言而喻。个人怎样表现自己的生活,他们自己就是怎样。而当今人们表现自己生活的最普遍的、效力最大的工具就是媒介,几乎我们每个人都已经进入到了媒体化生存的状态。同时,由于时刻在媒体的包围中体验着异己的人生状态,个人传统的伦理和价值观念开始动摇,善与恶、是与非、美与丑之间的界限与衡量标准愈发混沌不清,人们在伦理相对主义和怀疑论的阴影中对未来也充满了忧虑。按照唐娜·哈拉维(Donna J·Haraway)的观点,我们已经步入了一个所谓"赛博客"(cyborg)时代,或者说是一个"人机合体"的时代,在这样的时代中,没有什么是不可逾越的,没有恒定的界线,没有颠扑不破的原则。

其次,现代信息社会呈现出如波德里亚所说的消费社会的特征。根据波德里亚的观点,人们真实的消费欲望已经随着生产的终结而终结,在消费社会里,一切物品都变身为符号,从而归属于一个由技术所锻造的符号系统。"事实上,沟通、购买、销售、对财富及物品符码的占有,构成了当代社会语汇和行为的编码,整个社会都在物质和消费层面上获得沟通和交谈。这种消费结构,使得个体的需求及享受成为关键词:这里起作用的不再是欲望,甚至也不是品味或特殊爱好,而是被一种扩散了的牵挂挑动起来的普遍好奇——这便是娱乐道德,其中充满了自娱的绝对命令,即深入开发能使自我兴奋、享受、满意的一切可能性。"[1]在这样的消费社会中,物质过剩而精神贫乏成为常态,人们感到痛苦的不是他们用笑声代替了思考,而是他们不知道自己为什么笑以及为什么不再思考。

最后,现代信息社会同时也是一个风险社会。传统上的安全稳

---

[1] 波德里亚:《消费社会》,刘成富、全志刚译,南京大学出版社2000年版,第73页。

定的环境已经成为田园诗式的梦幻,生活在这个时代的人们时刻处于快速变动并从而具有不确定性的一系列社会事件的包围之中。通过大众媒体,我们能够见证更广阔时空背景下的危机,通过防范、悲悯或捐助等形式与危机遭遇者建立了更广泛也更深入的联系,我们听到、看到更多危机事件的同时,也卷入与制造着更多的危机事件。著名社会学家贝克曾说:"风险社会同时也是知识、媒体、科学的社会。"贝克认为,社会存在在本质上是一种关系性的存在,在现代社会中,这种关系集中体现为责任关系。但这种责任关系往往成为一种"有组织的不负责任"。因为,社会制度与经济商业利益之间具有共谋的关系:为了维护某些阶层的利益,它们可以转移、遮蔽和弱化风险及其危害,造成有组织的不负责任,使得风险及其危害合法化。①媒体在社会风险的呈现、理解与解决中具有重要的地位和作用。大众媒体发展的横向规模和纵深趋势都表明,它对国际政治、经济、社会、文化等各领域的辐射正在日益加强,对人们思想、工作、生活等各方面的影响也正日益深入。尤其是在风险社会中,如果媒体在某些风险事件中处理不当,那么它很可能会成为风险事件的助推器。

此外,许多风险都不是个人直接体验到的。对于超出经验范围内的事件,公众一般通过大众媒体获得信息。因而,媒介不仅能够传递关于"风险"的定义,而且能够在无形中构建风险。对于那些超出公众直接经验范围的事件,其是否是风险事件以及风险等级的高低,就直接决定于媒体的信息量、媒体显示的重要程度、信息的准确度、信息的戏剧化程度等等媒体传播的因素,这时的媒体声音就成为影响舆论及事件走向的关键因素。此外,原本微弱的

---

① 李怀涛、陈治国:"贝克风险社会理论评析",《贵州社会科学》2010年第11期。

利益诉求一经大众传媒的渲染,也可能会聚合成公众力量,进而引发公众行动,产生巨大的社会反响。例如,1987年,在巴西的戈亚尼亚曾经发生了一起辐射事故,这起事故经媒体渲染性的报道之后,被强烈放大。在事故报道的一周之内,超过10万人排起长队自愿使用盖革计数器对外部辐射进行检测。两周后,消费者对可能含有辐射的农产品的担忧,使得戈亚尼亚所在的戈亚斯州的农产品批发价骤降50%。这种次级风险后果显然应该归咎于媒体的报道产生了波及效应。

斯菲尔德和默顿在《大众传播的社会作用》一书中曾说过:"大众媒体是一种既可以为善服务又可以为恶服务的强大工具,而总的来说,如果不加以适当的控制,它为恶的可能性更大。"一方面,大众媒体的影响力与日俱增,日益渗透到社会组织和社会生活的各个领域。传媒作为社会现实的建构力量,以文本的形式组织相应的内容,并以其显文本或潜文本的方式影响公众解读,把不易觉察的东西变成从文化上能够加以辨识的东西。它能够改变我们对世界的认知途径和体验方式,改变我们的思维方式,利用它的影响力改变我们的意见,并影响社会变化。另一方面,大众媒体飞速发展,无论是社会组织还是公众,从信息交流到文化沟通,都对大众媒体产生了高度依赖。"新闻媒体是社会公器,是全体公民窥视社会和自然环境的共同管道和从事公共事务讨论的公共论坛,在现代国家的公共领域中具有头等重要的地位。"①

基于传媒对于社会的巨大影响力,我们需要重新对其进行问责,使它充分承担相应的社会责任。

---

① 【德】哈贝马斯:《公共领域的结构转型》,曹卫东等译,学林出版社1999年版,第56页。

二、媒体责任概念与西方媒体社会责任研究的发展

1. 责任与社会责任概念

责任是个非常复杂的概念，对什么负责？向谁负责？谁负责任？这类问题在法律上一般规定的比较清楚，但在伦理学中却一直是一个剪不断理还乱的很纠结的问题。

从词源上看，责任（responsibility）一词来自拉丁文的 respondeo。最早被用来描述统治者的自我权力，即"对他行使权力的每一行动的公众责任"。根据《韦氏字典》的解释，responsibility 主要有两层含义：一是尽职的品质和状态，二是担负的责任之事。一般而言，责任是指应该做的事，与义务含义相近。西方学者对责任内涵的理解虽然见仁见智，但他们大都承认，责任观念既有其群体性基础，又有其内在性本质。责任是人类群体性或社会性的产物，责任源自人际间的社会依存性，是特定社会之于个体思想、行为的规定性，责任主体通过与群体、社会以及生态环境之间的互动，将这种规定性内化，并最终体现于自身的思想和行为实践之中。

汉语中的"责任"一词最早见于《后汉书·杨震传》中"崇高之位，忧重责任深也"，与职位相联。《汉语大辞典》对责任的解释是多义的，其含义有：（1）使人担当起某种职务和职责；（2）分内应做的事；（3）做不好分内应做的事，因而应该承担的过失。简言之，任职、分内事、因过失而受惩罚是责任的三层基本含义。可见，除了中文有因过失而受惩罚这一层意思以外，中英文中关于责任的解释基本含义是一致的。只是汉语中的责任概念更多偏向于责任作为一种外在规定性，更强调其法律、道德意涵。

据此，我们为责任和社会责任笼统地下一个定义：责任，指由一个人的资格（包括作为人的资格和作为角色的资格）所赋予、并

与此相适应的从事某些活动、完成某些任务以及承担相应后果的法律的和道德要求。其基本含义有两层：一是指分内应该做好的事，如履行职责、尽到责任、完成任务等。二是指如果没有做好自己的工作，而应承担的不利后果或强制性义务，如担负责任、承担后果等。

责任按照其内在的属性可以分为：角色责任、能力责任、义务责任和原因责任。角色责任指相同角色共性的责任范畴，可以简单理解为"在角色共性规则下应该做、必须做的事情"；能力责任指的是，超出共性角色责任要求的责任表现，具有明显的评价性，可以理解为"努力并结合能力做的事情"；义务责任指的是，没有在角色责任限定范围的责任，可以理解为"可做、可不做的事情"；原因责任指的是，原因直接导致的责任，由于存在各种原因，这些原因可以承担相应的角色责任、能力责任和义务责任。

社会责任则是指一个组织对社会应负的责任。社会责任通常都是需要组织承担的高于组织自己目标的社会义务。一般来说，如果一个企业不仅承担了法律上和经济上的义务，而且以一种有利于社会的方式进行经营和管理，追求对社会有利的长期目标，那么，我们就可以说该企业承担了它的社会责任。社会责任是社会法和经济法中规定的个体对社会整体承担的责任，是由角色义务责任和法律责任构成的二元结构体系。社会责任是从组织所处的社会关系中所产生的，无论组织以及组织成员是否主观上意识到，在客观上，其都必然要对社会负有使命和职责。

社会责任又可分为"积极责任"和"消极责任"。积极责任也叫做预期的社会责任，它要求个体采取积极行动，促成有利于社会（不特定多数人）后果的产生，或防止坏的结果的产生。消极责任则只是在个体的行为对社会产生有害后果时,要求予以补救。①

2. 媒体社会责任论的提出与发展

媒体社会责任论起源于西方。19 世纪,大众传媒发展壮大并逐步成熟起来,人们的世界观不再像 17 世纪那样简单纯粹,充满乐观主义的预期,以往对人性、理性以及真理等问题的看法都要接受重新的审视。报刊的社会功能越发重要,大众传播越发具有垄断性和可控制性。社会矛盾以及大众传播的新变化,使得报刊的自由主义理论对于指导现实开始力不从心。从 1859 年密尔发表《论自由》到 1947 年哈钦斯委员会发表《一个自由而负责的新闻界》,传媒的自由主义理论在这 80 多年间逐渐衰落,在这个过程中,起到决定性作用的因素主要有两个:一个是传媒的互相攻讦以及煽情性的报道甚嚣尘上,严重削弱了传媒的客观主义理想;另一个原因是随着传媒业在技术和规模上的革命性进展,原有的自由主义理论已经无法应对新局面下产生的新问题。

在 20 世纪初的西方世界,报界由于日益依赖广告、越来越具有企业性质而受到多方面的批评和挑战。这些批评包括:日益变得垄断的通讯社和日报中"金钱权势"的腐败;公共舆论中存在的未得到新闻界正确反映的严重的非理性;第一次世界大战后大众媒体的价值失落及相应的文化危机。以上这些情况要求新闻工作者对媒体的社会责任问题更为敏感。要解决矛盾,必须要有新的理论产生。就是在这样一种背景之下,传媒的社会责任理论应运而生,并且日渐占据主导地位。②或者说,这一理论的产生更多地

---

① 燕道成:《传媒责任伦理研究》,中南大学博士学位论文 2010 年版,第 1 页;叶浩生:"责任内涵的跨文化比较及其整合",南京师大学报(社会科学版),2009 年第 6 期;360 百科词条"责任"、"社会责任"等文中对责任和社会责任概念的解释。

② 黄建新:《传媒:自由与责任》,上海交通大学出版社 2010 年版,第 110 页。

表明一种趋势,而不是一个学术研究问题的意义。

最早有关媒体社会责任的概念出现于20世纪20年代的美国,1923年,美国报纸主编协会制定《报业法规》,提出报纸的责任问题。1924年,美国报纸主编协会主席C.约斯特著《新闻学原理》一书,指出报业要对社会"负责",并认为在必要的情况下,可以运用法律限制出版自由。第二次世界大战后,社会责任论则得到了欧美各国学者的倡导。1942年,《时代》杂志创办人亨利·卢斯邀请罗伯特·哈钦斯领导组建新闻自由委员会,该委员会由12位当时美国最有权威的一流学者组成,在时代公司的资助下,新闻自由委员会针对当时资本主义新闻界存在的高度垄断化、虚假新闻、践踏社会公德、暴露个人隐私等问题,展开了一系列对美国新闻自由的现状和前景的调查分析。1946年,经过三年的调查研究之后,哈钦斯领导的自由委员会共同起草了一份长达133页的研究报告《一个自由而负责任的新闻界》。并于1947年陆续出版了一个总报告《一个自由而负责的新闻界》和六个分报告,在其中明确提出了媒体社会责任的概念。①后迅速成为西方有关媒体研究的重要理论。委员会的报告标志着社会责任论的正式提出,由此确立了大众传播社会责任论的基础。

1949年,英国皇家报刊委员会也提出报告,强调报业的社会责任。在这里,"社会责任"概念提出的初衷并非遏制新闻自由,而是要对新闻自由进行修正和发展,希望通过在新闻行业内部主动

---

① 新闻自由委员会:《一个自由而负责的新闻界》,展江译,中国人民大学出版社2004年版。新闻自由委员会对于媒体社会责任的观点主要基于对媒体主要功能的看法。他们把媒体的主要功能归结为以下五点:(1)对当日事件赋予真实、全面和智慧的报道;(2)提供交流评论和批评的论坛;(3)供社会各阶层和群体互相传递意见与态度的工具;(4)阐明社会目标与价值观的方法;(5)将新闻界提供的信息流、思想流和感情流送达到每一个社会成员的途径。

建立起责任机制的方式来实现媒介的自律，引导新闻自由的方向，在新闻自由与政府的行政干预之间寻找到一个平衡点，而不是通过政府去干涉新闻自由。无论如何，虽然西方大众传播学界对责任的理解和界说有所不同，但其基本前提却始终如一："自由基于限制，权利来自义务"，即自由传播是其基本精神。

1956年，美国"传播学之父"威尔伯·施拉姆联合弗雷德里克·赛伯特、西奥多·彼德森三位教授出版了《新闻出版的四种理论》（或《报刊的四种理论》Four Theories of the Press）一书，该书以新闻自由委员会的报告《一个自由而负责任的新闻界》为基础，辟专章对社会责任理论的基本观点进行了系统的阐述，认为这一理论的大前提是：自由是伴随着义务的；而享有我们政府特权地位的报刊，就对社会承担当代社会的公众通讯工具的某种主要职能。这一理论明确地指出，社会责任理论要解决的核心问题是"谁来监督媒介"的问题。也就是说，该责任理论一方面大力倡导大众媒介的责任观，另一方面也明确了公众乃至政府在必要时可以干预媒介，媒介同样应受公众和政府的监督和制约。该书于20世纪后期成为西方新闻思潮的主要代表，对世界各国的新闻界都产生了广泛的影响。

3.媒体社会责任论（Social responsibility theory of thepress）的基本观点

（1）社会责任的内涵

在社会责任论提出之后的几十年中，出于多样性的观点价值取向，西方大众传播学界对于"媒体责任"内涵的理解和界说一直莫衷一是。例如，西方传媒理论家路易斯·霍奇斯（Louis W. Hodges）认为，大众媒体应承担三种责任：指定式责任（Assigned Responsibility）、契约式责任（Contracted Responsibility）、自愿式责任

(Self-Imposed Responsibility)。这三种责任的界定来源于对人与人之间的社会关系的划分。与霍奇斯的观点不同,丹尼·埃利奥特(Danny·Elliott)从媒体的职责功能出发,认为由于媒体对社会产生着不可估量的影响,所以,责任与大众媒体之间存在着不可分割的联系,只要媒体试图对社会产生影响,那么,它就天然地负有社会责任。所谓的"责任",是一种职责,或可称之为义务,它是由职业道德的要求所决定的。而决定大众媒体责任的因素有三种:媒体在社会中所具有的功能、媒体机构在其所服务的社区中应发挥的作用、大众媒体从业者个人的自我价值体系。

美国新闻与大众传播理论界的先驱约翰·梅里尔(John·CMerrill)则提出了多元化的个人责任观。在《负责的新闻业》一书中,在由政府法定的责任、由大众媒体机构自身的专业标准界定的责任、由新闻从业者个人界定的多元化责任这三种大众传播的责任理论中,梅里尔赞同责任应该是多元化的,应该由新闻从业者个人自由决定,这种自由不违背美国社会所信奉的个人主义的自由信念。①也就是说,责任原则不违背自由原则,而是建立在尊重个人自由选择的基础上的。

(2)媒体的社会功能

媒体责任基于媒体功能。在媒体的社会功能问题上,社会责任论同传统的自由主义理论的看法大体相同,如《报刊的四种理论》概括指出,传媒主要具有以下六项功能:为政治制度服务,提供有关公共事务的消息、信息和讨论;启发公众,使他们能够实行自治;作为监督政府的一个哨兵,以保障个人权利;主要通过广告

---

① 【美】赫伯特·阿特休尔:《从弥尔顿到麦克卢汉》,纽约霍普金斯大学出版社1990年版,第30—60页。

的媒介,沟通商品和服务的买卖双方,为经济制度服务;供给娱乐;维持财政的自给自足,使报刊能够不受特殊利益集团的压迫。

但是,社会责任理论在接受报刊有为政治制度服务、启发公众和保卫个人自由等作用的同时,又认为报刊在执行这些任务时是有所欠缺的。首先,报刊为经济制度服务这一任务不能置于促进民主和启发公众的作用之上;其次,报刊在发挥其供给娱乐的作用时,应保证这种娱乐必须是"好的"娱乐;最后,报刊作为一个机构需要保持财政上的自给自足,但不排除某些个别的通讯工具在必要的情况下独立于市场来运作。①

(3)媒体自由与媒体责任

社会责任理论认为,传统的自由主义媒体理论已经不能满足现代社会发展对媒体提出的要求,于是对自由主义媒体理论提出了许多重要的补充和修正。首先,社会责任理论认为应当明确提出公众的自由高于媒体的自由,社会必须保护公众知晓权、个人隐私不受侵犯、名誉不受损害;其次,社会责任论指出,自由主义媒体理论鼓吹的自由概念是"消极的自由",即"不受外界限制的自由",或者说是"免于……的自由";而社会责任理论追求的是"积极的自由",即"具有行动所必需的手段和设备",或者说是"有做……的自由";最后,社会责任论主张政府对传媒进行干预。它认为,政府不应该是报刊自由的旁观者,如果报刊不主动地负起责任,政府将以权力作为最后手段,强制它改正,没有任何东西能阻止政府干预大众传播。正如施拉姆曾指出的,大众传播事业的责任问题,乃是媒体、政府与大众三种力量间的微妙平衡关系。基

---

①【美】韦尔伯·斯拉姆等:《报刊的四种理论》,中国人民大学新闻系译,新华出版社1980年版,第85—86页。

于三者之间的链接关系，社会责任论提出了一个理想的责任模型，即通过新闻界内部的自律、政府的权力干预和公众的积极监督这三个方面来实现传媒的社会责任。①

社会责任论列举了现代社会对于大众传媒的五项具体要求：第一，必须准确，不能说谎。要对事情做真实的、概括的、明智的报道，并赋予其意义。第二，应该成为一个交换评论和批评的论坛，即成为公共讨论的公共传递者，并设法表达一切重要的观点。第三，要正确地描绘每个社会集团，真实地呈现社会各个典型成员集团的图画，并顾及正反两面，不可褊狭。第四，要负责介绍和阐明社会的目标和美德；尊重公认的美德，同时传承传统的美德。第五，使人们便于获得当天的信息，促进开放消息的来源，保障公众被告知真相的基本权利。②

4. 媒体问责制度的逐步形成与媒体社会责任研究的新趋势

20世纪下半叶，随着互联网作为一种新兴媒体诞生之后，互联网打破了新闻传播的地理限制，世界范围内的新闻传播格局发生了新的变化。当互联网作为新兴媒体对传统的印刷和电子媒体（报纸、广播、电视）造成巨大的冲击波，形成新的新闻和文化信息传播局面时，媒体的社会责任理论也连带受到冲击。新媒体改变了西方传统社会责任论的理论前提，给学界带来了新的研究课题。对世界传播的新格局进行深入全面的考察，是新理论产生的前提。

问责（accountability）概念的引入标志着西方媒体社会责任研究开始从理论层面转向实践层面。问责与责任相关，但又不同，责

---

① 李品："浅析传媒社会责任的理想与现实"，《新闻传播》2012年第3期。
② 【美】韦尔伯·斯拉姆等：《报刊的四种理论》，中国人民大学新闻系译，新华出版社1980年版，第102—108页。

任是一个理论概念,而问责才是与实践相关的概念。引入问责概念有利于更好地分析处于特定场域中的媒介责任原则。20世纪90年代,欧洲国家对于媒体问责制度体系的形成做出了较大的努力。行业组织"欧洲新闻中心"开始以媒体问责制的概念,对各国的探索做有规范意义的梳理和总结。但欧洲以外的国家,很长时间内还是把"媒体问责制"与新闻自律等同起来。同时,媒体的问责制的概念被广泛使用,但在文献中的定义仍然存在不足,缺乏实践当中主体互动关系的理解。媒体的问责制应被更广泛地理解为既定媒体和特定个人或团体等媒体信息接收者之间有效的互动。

新世纪以来,西方新闻传播学界对媒体问责制产生了一些新的认识。麦奎尔根据媒介责任的不同来源及其特征差异,将媒介责任区分为四种类型:任务型、契约型、自我约束型和否定型。这些责任分别从三个层面,即法律层面、社会层面和道德层面向媒体问责,而问责的形式分为强制模式和非对抗性模式。当前,西方媒介责任评价机制建构的重点有所转移,开始从媒介责任理论的抽象研究转向媒介问责机制的实践标准的探讨,从消极的问责形式转向积极的问责方式。依据组织媒介与社会的关系,政治问责、市场问责、专业问责和公众问责是当前被综合运用的四种媒介治理制度。

总体上说,当下西方媒体社会责任的研究主要集中于:(1)对社会责任理论本身及社会责任观念发展流变的研究;(2)媒体社会责任理论运用到实践中产生的影响、面临的困境的探讨;(3)某个特定媒体如报纸、电视、网络、手机等履行社会责任实践的研究;(4)媒体的经济效益与社会效益的制衡研究。比较而言,对媒体的社会责任的系统研究和动态研究不多。

三、中国学界的传媒责任问题研究状况

1. 我国早期的传媒责任观

新中国建立之前,在中国民族资本主义短暂繁荣的时期,经济的繁荣推动了传媒事业的发展,这一方面表现为新的报刊、通讯社的不断涌现,另一方面则表现为传媒从业人员队伍的不断扩大。当时,随着媒介影响的日益扩大和媒介环境的日益恶化,一些新闻学者结合国外传媒理论和自身办报实际,曾对传媒责任进行过探讨。如徐宝璜在《新闻学》一书中的《访员应守之金科玉律》和《访员之资格》就有过相关论述:"新闻纸既为社会之公共机关,故其记者亦为社会之公人,责任匪轻。处之宜慎,遇事当求其真。发言应本乎正,本独立之精神,作神圣之事业。"①总的来说,这一时期传媒责任观的主要特征是强调媒介"自律"和媒介从业人员自身的内在修养。

新中国建立之后的 30 多年间,在计划经济体制内,媒体一直作为党与政府的一个职能部门,媒体"社会责任"的话题似乎无从谈起。而随着市场经济的步伐,20 世纪 80 年代起,"事业单位企业化管理"的新闻改革大幕开启,中国媒体在市场的旋涡中逐步呈现出作为企业组织"经济人"的逐利特质,并且,随着传媒影响力的与日俱增,无论是政府还是民间,也无论是学者还是商人,每个群体、每个个体的生存与发展都与媒体建立了越来越紧密的关系,而传媒研究也自然而然地逐渐成为一门显学。2009 年 10 月 9 日,在世界媒体峰会开幕式上,胡锦涛把媒介的社会责任概括为

---

① 徐宝璜:《新闻学·新闻纸与社会之需要》,见《徐宝璜新闻学论集》,北京大学出版社 2008 年版,第 135 页。

"促进新闻信息真实、准确、全面、客观传播",这应该看做是中国最高官方层面对媒介社会责任的权威定义。

2.我国当前媒体社会责任问题研究的主要关注点

20世纪90年代至今,媒体综合实力得到快速提升。但是在商业利益的冲击下,也出现了"有偿新闻、虚假报道、不良广告、低俗之风"等西方媒体曾经出现过的问题。从目前我国的媒介生态环境来看,我们所面临的局面与20世纪四五十年代的西方社会有许多相似的地方。这也是我们目前有关传媒社会责任的问题不断被关注的主要原因。

迄今为止,中国传媒社会责任研究的主要关注点可以大致概括为以下几个:(1)关注国外社会责任理论发展状况,对国外媒体理论进行评述和探讨,尤以观照国内的媒体理论研究;(2)以某个具体的社会现象、社会事件或社会问题为切入点,探讨媒体社会责任的缺失,说明媒体社会责任的重要性或应该承担的社会责任;(3)以某个特定形态的媒体作为研究对象,如报纸、广播、电视、网络等媒体,调查研究其社会责任状况,从中发现问题,分析问题,针对特定问题提出相关的对策和措施;(4)以整个媒体业为对象,研究其经济效益与社会效益之间的平衡问题。而围绕这些关注点,学者们的研究立场也有所不同,有的以对西方媒体社会责任论的理解为背景,包括西方媒体社会责任论的历史、现实、成效、困境等问题;有的在中西对照的语境下寻找解决中国媒体发展问题的途径;也有人针对中国社会转型期政治、经济与社会文化的特有问题,探索中国媒体业的社会责任问题。

而以上述关注点为核心,国内媒体社会责任研究又主要通过以下几个方面展开论述:(1)关于媒体的权利和责任的关系问题。中国人民大学博士生导师陈力丹教授认为,权利和责任应相统一,这是社会责任论的核心观点。将新闻自由视为一种权利的同时,也意味着应承担责任和义务。他认为应将新闻自由带回到对道德权利认识的起点上,重新加以审视。(2)关于媒体、公民和政府三者的关系问题。大多数学者是从中国国情出发来探讨两者之间的关系。社会学者、中央电视台编导周翼虎指出,在权力和道义资源严重不均等的压力型体制下,新闻媒体成为协助中央政府推动改革的重要工具。中国的新闻媒体一直在承担两个配合性功能:一是共识营造,二是舆论监督。在权力关系上,新闻媒体既属于国家直接指挥的行政部门,又属于文化事业系统的大众传播机构;在道义立场上,新闻媒体具有二重性,既是政府的喉舌,又是人民的喉舌,必须充分反映社情民意。湘潭大学樊昌志教授等人从政府、公民、媒体三者之间的关系入手来进行研究。他们认为,新闻自由应依赖于媒体、公众、政府三方在权利和义务的具体关系中,都有所承担才能实现。(3)关于媒体与经济关系的研究。媒体产业化随着中国社会主义市场经济的不断深入而进入加速发展时期。如何制作出好的产品最大限度地吸引受众的注意,如何处理经济利益与社会效益之间的关系,实现两者和谐统一都成为学者研究媒体社会责任的主要内容。很多学者指出,不仅要注意保持传媒经济利益和社会责任两方面的平衡关系,还要注意保持传媒经济利益和社会效益两种功能之间的相互制约。①

可以说,目前国内在媒体社会责任方面的研究正如火如荼。但是,在研究当中仍存在着一些需要认真探讨和深入反思之处:(1)缺乏系统研究。目前国内的研究,由于缺乏全局的研究文献,尚没有对媒体社会责任概念进行系统全面的研究,大多是针对某一具

---

① 程焱:"新形势下媒体的社会责任研究",安徽医科大学硕士学位论文2012年版,第6—9页。

体现象或特定媒体的局部研究,这些研究由于缺乏系统性而表现出明显的局限性。(2)缺乏实证研究。虽然我们普遍认识到媒体应该承担社会责任,但对于媒体到底应该承担哪些社会责任,承担到什么程度,以何种方式来承担,以何种方式来评估,还缺乏比较完备的解释和具体可操作的建议。

总之,中国媒体的社会责任研究目前还只能算是起步阶段,随着新媒体对社会生活影响的持续扩大,针对新媒体的社会责任理论的研究仍有待深入和发展,所以,媒体工作者与媒体理论研究者仍然任重而道远,并且在这条研究道路上大有可为。

第一章　媒体革命

>　　我们是传播的动物,传播渗透到我们所做的一切事情中。它是形成人类关系的材料。它是流经人类全部历史的水流,不断延伸我们的感觉和我们的信息渠道。由于我们已实现从月球进行宽波段通信联络,我们目前正在寻求同其他世界的其他生物进行交谈。传播是各种各样技能中最富有人性的。
>
>　　　　　　　　　　　　——施拉姆《传播学概论》[1]

　　媒体的最基本的功能,即实现信息的交流与共享。个人生活在自然环境或社会环境当中,要保证其生存与发展,就必须及时了解环境的变化,并据此不断调节自己的行为以适应新的变化。这种信息需求是人类生存和发展的必然要求。

　　正是这种本能的信息需求推动着媒体自身的革命性变化。媒体革命至少包括以下几个历史性的飞跃:

　　(1)组织意义上的媒体的诞生,即媒体业的诞生,这使得媒体的内容更为丰富、受众更为广泛。这一革命的技术背景是印刷机

---

[1] 威尔伯·施拉姆、威廉·波特:《传播学概论》,李启、周立方译,新华出版社1984年版,第13页。

的出现,印刷时代的西方,思想面貌大为改观,进而引发了政治、文化上的重大变革。

(2)信息流通在规模和速度上获得革命性突破,信息的成批复制和远距离传输变为现实,人类知识经验的积累和文化传承的效率和质量产生了新的飞跃。这一革命的技术背景是电子技术的发展。电子技术最重要的贡献之一就是实现了信息的远距离传输。

(3)多媒体融合的互联网新媒体革命。20世纪70年代,电子技术的不断突破催生了信息社会。在信息社会中,生活在地球上的全人类融为一个整体,部分和整体相互依存,即如麦克卢汉所说:"在电子时代,我们身披全人类,人类就是我们的肌肤。"[①]

第一节 媒体的历史变革与历史变革力

革命即破坏与创新。媒体在历史的变革中充分展现出了其对历史的强大破坏性力量和创新性力量。按照施拉姆的观点:"大众传播在其整个历史过程中,一直有效地与特权进行斗争。15世纪印刷术发展的意义,并不限于把传播从漫长世纪的口头第一手传播移向大规模的书面第二手传播,而更重要的是,将知识扩展到一小撮权贵之外。很快,印刷媒介成为政治及社会变革的工具。没有印刷媒介,欧洲和北美的革命就会难以想象;没有印刷媒介,公

[①] 马歇尔·麦克卢汉:《理解媒介——论人的延伸》,何道宽译,商务印书馆2000年版,第99页。

第一章 媒体革命

立学校发展的可能性就会很小,甚至完全不可能。19世纪,大众传播进一步发展,越过了那些最有权势、能独享教育的上层人物,向广大民众提供知识和教育。政治民主、经济良机、公费教育、工业革命与大众传播共同结合起来,使几个大陆的人类生活及社会发生了巨大的变化。现在,新的电子传播技术的发展,又将传播重心往回移向那种可以看见、可以听到传播者的传播。"①而在《帝国与传播》一书中,英尼斯首次把媒介与社会看成一个整体,把口头传播、文字传播与社会的变迁联系在一起,对于媒介和社会的变革之间的关系进行梳理和研究;其后,传播学家麦克卢汉又进一步将这一联系拓展到了广播、电视等非网络电子媒介上面,按照麦克卢汉的观点,正是拼音字母、印刷术和电子媒介这三种媒介传播技术的诞生和应用,使人类历史文明进行了三次革命式的跃迁。这些技术的产生和广泛应用,不仅极大影响了人类的感官能力,而且引起社会结构与社会生产组织模式的变革,并且最终决定性地影响到整个人类历史文明的进程。伴随着媒体的革命性变革,人类社会的社会形态逐步完成了由农业社会、工业社会向信息社会的形态转换。

一、农业社会的媒体革命——语言与文字

西方学者一般把17世纪工业革命前的社会历史时期划为农业社会时期,媒体演化在这一时期实现了从口语传播时代到文字传播时代的变革。语言标志着真正意义上的人类的产生,文字则使人类文明有了飞跃式的发展。语言和文字是农业社会最重要的

---

① 威尔伯·施拉姆:《大众传播媒介与社会发展》,金燕宁等译,华夏出版社1990年版,第95页。

传播媒体。

1.语言——文明曙光的初萌

人类从开口说话到动手写字经历了一个漫长的历史时期。语言能力是人类区别于动物的标志之一,或者说,正是口语传播的发展逐渐使人类摆脱了"与狼共舞"的野蛮状态,并组成原始社会。直到今天,口语依然是人类最基本、最常用和最灵活的交流手段。

首先,语言体现了媒体实现信息的交流与共享这一最基本的功能。信息需求是人类生存和发展的必然要求,而语言的产生使这种要求得到相当的满足。以口语传播为主的时代几乎与原始社会并行。在原始社会,社会生产力低下,个人的生存能力也较薄弱。部落社会条件下生存的人群规模很小,社会交往活动也比较简单,口语语言已经足够使人们的群体行动得以更好地协调。借助语言,人们能够更有效地组织在一起,或相互协作进行农耕、渔猎等社会生产,或共同抵御个人力量根本无法抗拒的自然灾害。并发展了人类的社会性。

其次,语言与思维是不可分割地联系在一起的,美国传播学家德弗勒认为,思维的规则与说话的规则相同,思维也就是内向操作语言。而思维,特别是抽象思维,是人类与动物的最本质的区别。虽然作为口语的语言最初仅仅是一种将声音与周围事物或环境联系起来的符号,但在人类认识世界和改造世界的社会实践中,它的抽象能力逐渐提高,进而发展为一种能够表达复杂含义的声音符号系统。这一系统极大地促进了人类思维的发达,使人类具有了作为高级生物的独特地位。

最后,语言本身就是一种世界观。人类有了语言,实际上是对世界有了一种特殊的态度。语言并非是一种生活在世界上的人类所适用的装备,相反,语言中的真理是:人拥有世界。"语言是我们在世存在的基本模式,也是包罗万象的构造模式",我们在语言中领会、了解,通过语言交流、思考和表达。显然,语言所述说的内容就是这种语言的使用者对世界的种种感受和经验,不同的语言表征的是不同的世界观。因此也可以说,语言是一种独特的生活过程,在这一过程中,世界得以显现。人类驾驭了语言,也就拥有了一个动物所没有的丰富的"语义世界"。

但是,口语受到空间和实践的巨大限制,当社会发展到一定程度时,单纯的口语传播便无法满足社会发展的客观需要了。为了适应越来越复杂的社会关系和越来越大的社会生活环境,出现了像烽火、结绳记事这样一些功能上已经接近文字的早期媒体工具。

2.文字——文明旭日的东升

文字是在结绳符号、原始图画的基础上发展而来的。根据柏拉图的看法,文字这种传媒是观念和思考的人为替代工具,对于思想而言,既是毒品,又是良药。无论它是毒品还是良药,可以肯定的是,它把人类带入了一个更加文明的阶段。英国历史学家巴勒克拉夫在《泰晤士世界历史地图集》中指出:"公元前3000年左右的文字发明,是文明发展中的根本性的重大事件。它使人们能够把行政文献保存下来,把消息传到遥远的地方,也就使中央政府能够把大量的人口组织起来,它还提供了记载知识并使之世代相传的手段。"①

文字发明对于人类以及人类社会发展变革的重要意义可以概括为以下几点:

首先,文字的产生使人类传播在时间和空间方面都发生了重大变革。相较于口语,文字更利于突破人脑有限的记忆力,把信息

---

①【英】杰弗里·巴勒克拉夫主编:《泰晤士世界历史地图集》,三联书店1982年版。

长久地保留下来,从而人类经验与文化的传承有了更加可靠、更加易于长久保存的载体;文字打破了口语的距离限制,能够把信息传播到遥远的地方,从而扩大了人类交流的空间,社会交往范围的扩大,直接导致了人类社会关系的进一步复杂化;由于文字的出现,人类历史能够以确切可靠的资料和文献数据的形式得以再现,人类得以摆脱神话时代的幼稚传说的影响。

其次,文字变革对于社会的政治、经济、文化产生了重大影响,有效地促进了人类社会的进步。在政治上,文字使大规模的行政统治成为可能,法律政令、官僚系统都可以有效地组织起来;在经济上,文字促进了社会生产,并使不同地点、不同地域间的经济交往变得简单方便,商品经济因此而获得较大发展;在文化上,文字的贡献尤为突出,人类的精神遗产得以保存和延续,文明因此而得到持续性的发展。

语言主宰了原始社会,文字则在拥有国家的阶级社会中称王。但这二者也存在着共同的缺陷,对于语言来说,其传播受到空间和时间上的限制;对于文字来说,其传播速度与规模则受到低成效高成本的手抄传播以及普遍的社会文化水平低下等因素的制约。随着工业社会的来临,社会信息系统进一步复杂化,口头语言和手工抄写的文字已无法满足大范围文化交流和文明进展的需要。

二、工业社会的媒体革命——印刷媒体与媒体的组织化

近代,由于印刷术与电子技术的诞生与发展,作为媒体业开端的新闻业发展起来,媒体发展进入了大众传媒时代。西欧各国也随之步入工业化社会。

1.印刷媒体时代

造纸术和印刷术是中华民族为世界文明做出的两大贡献。这

第一章
媒体革命

两大贡献虽然未能直接推动中国社会从农业文明向工业文明发展,而当这两大发明广泛流传到东亚和西方各国之后,却成为欧洲文明进程加速的直接推动因。15世纪40年代,德国工匠古登堡在中国活字印刷和油墨技术的基础上创造了金属活字排版印刷,并把造酒用的压榨机改装成了印刷机。此后,印刷技术不断革新,迅速跨越了人力生产而进入机械动力和电力生产的阶段,印刷时代的来临如同欧洲工业革命的一段奏鸣曲。

当媒体发展变革到印刷时代,人类社会由之产生了下述几个主要的变化:

首先,印刷媒体实现了文字信息的大量生产和大量复制,催生了近代报刊,以往基本上属于特权阶层专享的文字传播权能向新兴的资产阶级扩展。近代的启蒙思想获得广泛传播,民主、自由的观念深入人心。其次,印刷媒体的发展普遍提高了近代社会的教育水平,提高了人们的读写能力,而人们读写能力的提高又反过来促使印刷媒体自身在社会生活和社会变革中扮演越来越重要的角色。最后,印刷媒体的发展要求催生了新闻自由(press freedom)思想,而这一思想后来则演化成为现代社会的自由民主思想的一大基石。此外,对于宗教而言,印刷媒体的发展使得更多的人能够直接接触圣经,能够不通过教会和教会人士而自己解读教义,从而打通了"直接接近上帝"的道路。正是在这一背景下,马丁·路德宗教改革的梦想才最终变为现实。

早在1820年,黑格尔就曾说过,报纸是现代人晨起诵读的世俗经文。进入20世纪之后,印刷媒体高度普及,书籍、报纸、杂志等出版物已经成为人们每天获取信息、学习知识和进行娱乐的主要通道。在世界范围内的现代化进程中,书籍、报刊等印刷媒介在政治、经济、文化、教育等领域所起到的革命性作用已经镌刻在历史的丰碑上,在特定的历史阶段,正是它们使得各种进步思想汇成一股洪流,涤荡着人们的心灵,使得自由、民主和解放的目标距离普通民众越来越近。

2.组织媒体的产生

工业社会较之农业社会而言,内部的紧密性更强,人际交往的范围更广,社会联系的频率要求更高,社会信息系统也更为复杂。因此,对信息的需求程度在工业社会也更高。

16世纪的欧洲是海上贸易的竞技场。在当时的威尼斯,出现了一些专门从事收集贸易信息的人,他们以贩卖这些信息为生,从而成为今天新闻工作者的先驱。随后,以报社为主要形式的新闻机构产生。报业在工业技术的推动下平民化,价格低廉而内容通俗的报纸更多地进入了寻常百姓家,19世纪末20世纪初,出于报业激烈竞争的结果,报团这一控制多家报纸和报社的垄断性媒体组织形式出现。而当电报问世后,通讯社也作为一种新的媒体组织形式应运而生。到了20世纪,又出现了广播电台、电视台等机构。当今世界的著名媒体包括CNN(即美国有线新闻网,美国)、ABC(即美国广播公司,美国)、CBS(即哥伦比亚广播公司,美国)、FNC(即福克斯新闻网,又译作"霍士新闻网",美国)、NBC(即全国广播公司,美国)、VOA(即美国之音,美国)、BBC(即英国广播公司,英国)、Yahoo(即雅虎,美国)、Google(搜索网站,美国)、DW-WORLD.DE(即德国之声,德国)等等。

新闻业产生的直接后果是媒体从单纯的技术媒体转化为组织媒体,从此获得了信息传播的自主权。在新闻业产生以前,媒体主要指的是传播的工具和技术。直到新闻业产生之后,媒体才具有了新的外延——作为传播的社会组织而存在。而今,当我们谈到媒体的时候,更多的是对后者的指称。从技术媒体到组织媒体的变革使得媒体的性质、功能、媒体的社会角色以及媒体与社会的关系模式都从根本上发生了改变。

作为一种组织的媒体对社会而言意义重大。组织媒体的核心任务就是主动地生产和传播信息。在所有的信息中,最为重要的,是能够反映各种变化的信息。组织媒体通过对这些信息的传播,使人们能够及时了解周围的变化,适时做出调整。这种监视环境的功能,一方面可以警戒外来威胁;另一方面满足了社会各种常规性活动(政治、经济、生活)的信息需要。此外,组织媒体往往还通过自身的言论发起社会行为,特别在革命时期,它是推波助澜的重要力量。

大众媒体这个名词,在1878年出版的英文牛津大词典第一卷中,还没有这个词,但1928年出版的最后一卷中就收进了这个词,美国成年人平均把醒着的几乎四分之一的时间用在这些媒体上,而且这个数字还在继续增加。占用我们个人能自己支配的如此多的时间,这是值得深思的。

三、电子传媒引发的信息革命

1837年,美国人塞缪尔·摩尔斯发明了第一台实用电报机。1844年,美国第一条电报线开通。当时,摩尔斯从华盛顿向巴尔的摩发出了世界上第一封电报,电报的内容是:"上帝啊,你究竟创造了什么!"①这是人类通过电子技术创造的一个传播的奇迹。

在电报出现以前,信息的交流与物质的流通、人的流通是等速度的。到了19世纪,多范围的跨国经济、大规模的殖民体系都已建立,不同地区间的联系更为紧密,人口的流动性也大为增加,因

---

① 该语句出自《圣经》。

此,信息传播要求更快的速度和更高的效率。电报的产生初步满足了这些要求。此后,随着电话、电视以及卫星通信的依次问世,信息传播的范围和速度出现了质的飞跃。

正如美国文化史学家斯蒂芬·克恩(Stephen Kern)详尽描述的那样,1880年至1918年间,人类的空间感觉和时间感觉发生了根本性的变化。在这段时间里,仿佛技术的、艺术的和科学的成就有意识地汇聚在一起,要冲破践行已久的社会认识中的时间结构和空间结构,并转而进入更为广阔的实验领域,以尝试和实践新的视觉方式、其他的空间形式,尤其是新的、更加民主的社会关系和政治关系。此前被视为无法克服的空间距离障碍,在这一时期由于电报、收音机和电话的发明和不断的技术升级而不再成为问题。城市的电气化第一次人为地否定了白天和黑夜的分界。电影放映机不仅使图片的移动成为可能,而且可以将已经录下的动作随意放缓、加速甚至倒放等,这些都是全新的视觉方式。

技术史学家已经详细描述了现代技术如何首次克服了空间和时间,电报、电话、收音机还有电影制片技术,就像先前出现的铁路一样,不仅有助于缩短地理距离,而且传递出其他社会屏障也能得以克服这样的认识。19世纪末20世纪初,贵族以及中产阶级世界的等级结构都开始摇摇欲坠。肆意穿越各种协定边界的可能性——它就存在于技术的中介能力中——明确例证了变化的潜力,或者说是例证了现存权力结构对于"水平化"技术的敏感性。

迷醉于时间的另一种方式是发现世界范围内的同时性。它假想出一种时间感,根据这种时间感,个体能够同时处于任何地方,并参与别处发生的任何事情。现在无处不在,而我们可以同各处的人们进行交流。我要传达的是这样一个事实:对于别处正在发生的事情,有关其他地方、其他事件、其他人的信息的求知欲,还没有受到像今天这样长期的过度饱和的威胁。①

工具的进化是社会进化最根本的驱动力。凭借技术工具和设备,人类的视觉和听觉都突破了自然的局限。类似地,信息技术,尤其是计算机技术,对人类智力水平的提升和扩展,在现实的所有技术成就中遥遥领先。从人类整体来讲,电子媒介的有效应用使得社会组织的弹性与活力大大增加,经济、政治、文化的全球化已成为不可逆转之势;从个体人来讲,人们的交往不再受空间局限,人们可支配的自主时间比以往增多,由而,个人生活获得了更高的自由度;从媒体本身的发展来讲,大众传媒的性质在电子媒介尤其是互联网出现之后也发生了剧烈变革。网络社会中,大众本身成为媒体的生产者和消费者:大众可以生产百科全书,大众可以参与媒体制作,包括文字、视频博客、电子杂志等,大众也可以参与到自己的社区并自娱自乐。此外,当千百年后的人们研究我们这个时代时,他们将可以凭借先进的电子媒介手段直接聆听和观察我们的音容笑貌。人类文化的传承将因之而更加丰富,感觉更加直观,依据更加可靠。

然而,当电子技术的发展最终导致人工智能与互联网的诞生,并最终使人类进入信息社会之后,诸多风险与不确定性也随之而来。信息快速传播的碎片化、交互传播的民主化、个性传播的极化等问题,都是"前网络时代"不曾遇到的课题。

---

① 赫尔嘉·诺沃特尼:《时间:现代与后现代经验》,金梦兰、张网成译,北京师范大学出版社2011年版,第16页。

第二节　信息社会与新媒体革命

美国未来学家阿尔温·托夫勒（Alvin Toffler）认为,在信息革命的推动下,当今的人类社会已经进入了新时代——信息社会,他把从工业社会到信息社会的变革称为人类社会的第三次浪潮:"尽管我们还没有清楚地认识它,但我们正在从头开始建设一个卓越的新文明。这就是第三次浪潮的含义。人类到现在已经经历了两次巨大的变革浪潮。这两次浪潮都淹没了早先的文明和文化,都是以前人所不能想象的生活方式,替代了原来的生活方式。第一次浪潮的变化,是历时数千年的农业革命。第二次浪潮的变革,是工业文明的兴起,至今不过是三百年。今天的历史发展甚至更快,第三次浪潮的变革可能只要几十年就会完成。我们正好生长在这急剧转变的时刻,因而在生活中感受到第三次浪潮的全面冲击。"[①]

一、新媒体的产生与信息社会的来临

所谓信息社会,是指"信息成为与物质和能源同等重要甚至比之更加重要的资源,整个社会的政治、经济和文化以信息为核心价值而得到发展的社会"。由于信息与媒体的紧密关系,媒体在信息社会中的地位更是殊为重要。

[①]【美】阿尔温·托夫勒:《第三次浪潮》,朱志焱等译,新华出版社1996年版,第4页。

第一章 媒体革命

在信息社会中,处于主导地位的媒体是"新媒体"。新媒体是相对于铅字出版和报纸、广播电视等传统媒体而言的。"新媒体"永远是一个相对的概念,每一种媒体在它产生和普及的初期都曾对社会产生过广泛的影响。这里,我们所谈论的新媒体主要指伴随卫星通信、数字化、多媒体和计算机网络等技术的发展而出现的新型传播媒体,包括跨国卫星广播电视,多频道有线电视,文字、音响的电子出版以及作为信息高速公路之雏形的互联网络等等,而尤指融各种媒体功能和特色于一身的互联网络。

事实上,正是新媒体的产生与发展推动人类进入了信息社会。信息社会这个概念,是20世纪60年代末70年代初日本、美国等发达国家最早提出的。D.贝尔的《后工业社会的来临》(1973年)以及A.托夫勒的《第三次浪潮》(1980年)这两部著作则使信息社会这个概念产生了全球范围的普遍影响。托夫勒的观点与贝尔的观点大致相同,他们都认为,电子传播科技、遗传工程、太阳能等新的高科技的发展,必然会极大地改变现存的社会结构和社会生活,创造出一种新的人类文明。在这种文明中,技术化、合理化得到了推进,而推动社会发展的最重要因素不再是体力劳动或能源,而是信息。现实的社会发展也证实了这种类型的信息社会的到来。早在1980年,美国就有半数的劳动力属于信息产业的从业者。根据经济合作和开发组织(OECD)的调查,到1982年,几乎在所有的发达国家,信息产业的劳动力都达到了总劳动力的三分之一以上。进入90年代以后,世界各国都加大了建设信息社会的力度。中国也实施了一系列重大措施来发展信息产业。

当然,信息社会并不是突然降临的,它指称的是一种以信息为核心要素的新型社会结构关系,是随着社会信息化程度的加深而逐步形成的。"二战"以后,社会信息化的进程经历了两个发展阶段:(1)从 20 世纪 50 年代到 80 年代中期,一方面,报刊、广播、电视等大众传播媒体得到高度普及,另一方面,个人媒体也日趋多样化,电话、录音、摄影等都得到了相当高的普及程度。(2)从 20 世纪 80 年代末至今,广播电视等大众传媒进入数字化多频道和卫星跨国传播的时代;个人电脑得到普及并成为个人进行综合信息处理的便捷工具;个人电脑不仅能处理文字、数值之类的信息,而且还能处理声音、图形、电视图像等各种不同形式的信息。以计算机、互联网络和多媒体为代表的新媒体的发展,使不同媒体的功能出现了融合的新趋势。

二、信息化生存

1.全球信息化对人类社会生活的影响

个人在整个社会历史长河中不过是寄蜉蝣于天地,渺沧海之一粟,对我们而言,要洞观整个社会历史的全貌是不可能实现的。然而,信息化的生存模式似乎极大地补偿了我们的先天不足,人类的感官能力正借助铺天盖地的数字光纤而无限地延伸开来,在这能够给人以强烈感官冲击的新世界中,几乎没有什么人自愿地封闭在无喜无忧的混沌世界中,所以,虽然我们很少能够明确地意识到传媒对于人类社会和人类自身的革命性改造,但这并不影响我们直观地感受到传媒变革对我们自身的日常生活与社会行为的潜在影响。即时通讯,没有经济疆界,新型的服务型社会,休闲新时代,不断变化的工作方式,新兴的"自己动手"风潮……这一切崭新的变化都离不开媒体的新变化,或者说是离不开新媒体革命。

新媒体的发展对社会的影响,集中体现在全球信息化上。法国数据处理与自由委员会报告早已指出,信息就是力量,拥有储存和处理某种数据的能力,也意味着对别国的政治、技术的优越地位。新媒体的发展形成了全球性的信息传播系统,信息流动的速度大幅提高,信息流动的走向更加自由,而信息产生的影响也更加剧烈,新媒体造就了一个信息化的世界。那么,全球信息化又为人类社会和人类生活带来了哪些变化呢?

(1)全球信息化推动了经济全球化。在全球性信息系统发达的今天,随着经济信息的全球性传播的实现,全球经济一体化关系越来越密切,体现在生产、流通和消费各个领域中。对比上个世纪初的资本主义世界经济危机和上个世纪末的东南亚金融危机,我们就可以清楚地看到这一点。

(2)全球信息化推动了政治全球化。政治全球化表现为地理政治向全球政治的变化。在今天开放的信息系统中,本国的事件往往会产生广泛的国际影响,而外国的事件也往往在国内引起强烈的反映。任何一个小小的地区纷争都可能在它发生的瞬间波及全球。因而,国家的地理位置、国与国之间的边界距离的远近等都不再是国际政治中的决定性变量。此外,诸如人口、资源、环境等一些需要达成世界共识的政治议题也推动了政治全球化的进程。

(3)全球信息化推动了全球文化的交融、碰撞和冲突。今天,卫星传输、交通和旅游事业的发达,使我们对地球上几乎所有的国家都不再有陌生感。通过大众传媒,我们随时可以接触到异国文化,随时可以欣赏到异域风情,不同的思想可以凭借网络百家争鸣,人类智慧的结晶开始在真正意义上为全人类所享有。另一方面,从某种意义上说,人类媒介发展的偏向影响着人类文明的走向。媒介在将信息转化为知识体系的同时,也生成一种引导着世界文化发展趋向的文化机制。借助媒体,不同的人群以至每个人都在进行着无止境的比较游戏,在比较中,普遍化的东西更加普遍,特殊性的东西也愈益特殊。世界文化在拒绝同质化的道路上丢失了越来越多的异质特征。

"电子时代一个主要的侧面是,它确立的全球网络颇具中枢神经系统的性质。我们的中枢神经系统不仅是一种电子网络,它还构成了一个统一的经验场,正如生物学家所指出的,大脑是各种印象和经验相互作用的地方,印象和经验在此相互交换、相互转换,使我们能作为整体对世界作出反映。自然,当电力技术开始发挥作用之后,工业和社会中极其繁多、极其广阔的活动,迅速地取得了统一的姿态,然而,这一有机统一的相互作用过程——它是电磁现象在种类繁多的专门化的行动领域和器官中激发出来的,它与机械化社会中的组织截然相反。"[①]

互联网络兴起之后,虚拟世界与现实世界的交错创生了一个无网不在的网络社会。网络社会可以说是信息社会发展的高级阶段。曼纽尔·卡斯特在《网络社会的崛起》一书中概括了网络社会的特点:战略决策性的经济活动全球化;组织形式的网络化;工作的弹性与不稳定性与劳动的个人化;普遍的、相互关联的、多样化的媒体系统建构起来的真正虚拟的文化;生活的物质基础——空间与时间的变化。在数字化网络平台上,世界正在走向无中心化状态。处处皆不是中心,处处又都可能成为中心。在数字技术支撑下的现代媒体,高度介入了人们的生活,不仅从外在导向上影响现代人类文化的发展,而且从根本上变革了文化的内在结构,进而引起人们生活方式的改变,影响人们的生活态度。事实上,每一个人都在被媒体化。

[①] 马歇尔·麦克卢汉:《理解媒介——论人的延伸》,何道宽译,商务印书馆2000年版,第428页。

2.新媒体的热点使用及其影响:以自媒体"微博客"为例

"自媒体"是普通民众利用以数字技术为核心的网络新技术进行自主发布信息的新媒体。在现代社会中,博客、微博客、播客、网络社区、论坛、BBS等网络媒介形式都属于自媒体。①当下,微博客是最流行的一种自媒体表现形式。

微博客这一概念源自英文单词 micro- blogging 或 microblog,是个人日志的书写,是博客的一种变体。百度百科的解释是:微博,即微博客(MicroBlog)的简称,是一个基于用户关系的信息分享、传播以及获取平台,用户可以通过WEB、WAP以及各种客户端组建个人社区,以140字左右的文字更新信息,并实现即时分享。它最大的特点就是集成化和开放化,用户可以通过手机、IM软件和外部API接口等途径发布消息。每个人都期待这个世界上有一个人能与自己有真正的呼应,微博的普及则昭示了这种期待。

(1)微博的基本功能。

微博主要由下面几个功能构成:

follow,相当于"自媒体"信息"订阅"。传统上,新闻传播的链条是:新闻事件当事人——记者的采访——媒体的发布——读者的搜索。而现在通过微博,记者、媒体等传播中介都可以直接越过,可以直接同当事人沟通,随时随地获取最新鲜信息。

retweet,即"转发"功能,可以通过微博传播并点评一个消息,被转发的次数通常可以用来衡量该条信息的传播价值,我们可以借此在微博上更直观地捕捉到新闻热点或舆论焦点。

write,即写作,有通常是140字以内的字数限制。为获得最优传播效果,需要精练、清晰、明确的写作风格。这时候,微博写作者

---

① 吉卫华、杜丽婷:"从微博看自媒体时代信息把关的变化",《东南传播》2010年第12期。

既是记者,也是编辑,需要判断哪些信息才有最有价值的亮点。

tweet,即发布。微博作为一个手机应用,可以在任何有信号的地方随时发布更新信息。所谓 anytime ,anywhere。

comment,即评论。

此外,微博具有收藏、分类、关注话题、搜索、热门话题榜等衍生功能。

(2)微博等自媒体引发的管理难题

首先,自媒体上的信息渠道的多元性增强,而信息内容的真实性和准确性却难有保障,因而,如何识别谣言与陷阱,保证新闻的真实性是第一大难题;其次,微博上通常采用匿名消息源的方式发布,微博内容受到关注、转发、讨论、传播的大多会演变为热点的公共事件,但这种公共性是与私密性相叠加的,如何保护隐私,避免侵权与纠纷是一个很重要的问题;最后,是如何维护虚拟空间传媒的公信力问题。和传统社会不同,微博平台上不乏客观、公正、理性的新闻陈述或新闻评论,但也存在大量个人情绪的宣泄甚至恶意的谣言与诽谤信息,它可以适度释放社会的紧张情绪,也可以引起群体极化现象。当然,只要微博的商业模式依然基于广告,则商业势力仍不可避免会对其产生直接或间接的影响。如 360 和 QQ 开战时网络水军的泛滥。

(3)新媒体对传媒工作者工作方式的改变

在新媒体的冲击之下,不仅传统媒体的形态发生了深刻变化,媒体人这一职业的传统工作方式也受到了挑战,甚至很多人担心互联网会让记者这个工种逐渐消逝。在新媒体时代,记者这个角色不会消失,只是在传统职能的基础上还需要提供更多的增值服务,向深度报道记者转换。这些增值服务应该包括:保障媒体的公信力,与相关当事人和机构进行核实,媒体内部审稿确保真实;保障新闻的客观性,展示事件的全貌和来龙去脉,平衡报道;提供专业的分析工具,获得独到的观点,启迪读者。深度报道记者的未来,将依赖以下三种能力:网络工具的使用,包括微博、翻墙、搜索引擎等,必须娴熟,方能保持不掉队;采访突破能力、写作能力依然是安身立命之本;应该有专业的分析工具,如在传播学、社会学、法律、历史、经济学等方面有一技之长。

(4)媒体人微博责任的探讨

任何一个微博都拥有关注数、粉丝数和微博数三个数据。一个微博的粉丝数是关注数的几十倍甚至上百倍,就说明这个微博客已经拥有了广泛用户群和一定的影响力,属于明星级微博。

媒体人开设微博已经成为极为普遍的、引人注目的现象,大多数的媒体机构和媒体人拥有的粉丝数都远远大于他们对外的关注数,而他们所发的微博数也要高于普通微博。这些为数众多的媒体人微博对信息的充分传播和共享,对言论自由的保护,对媒体品牌价值的提升,对传统媒体和新媒体的相互沟通等诸多方面都起到了积极作用。但同时,它们所引发的麻烦和争议也一直不断。针对员工微博出现的各种问题,近年来,路透社、BBC、CNN、纽约时报等多家国际媒体先后出台了员工使用社会化媒体的管理规范,力图对员工使用微博等社会化媒体的行为加以规制,但对这些管理规范的有效性与合法性的争议也一直不断。①

---

①詹新惠、刘耕:"微博中媒体与媒体人的责任",《青年记者》2011年第3期下。

第三节 新媒体形态及其所产生的理论课题

传播媒体或称"传媒"、"媒介"、"媒体",指传播信息资讯的载体,也可以说是各种传播工具的总称。1943年,美国图书馆协会的《战后公共图书馆的准则》一书中,首次将 media 作为专门术语来使用,指代包括信息传播过程中从传播者到接受者之间携带和传递信息的一切形式的物质工具,如印刷品(杂志、报纸)、广播、电影、电视、互联网、手机等等。媒体作为大众传播的一种必不可少的途径,时时刻刻都在发生着蜕变。从技术媒体或者说是作为物质形态的传播载体的意义上讲,报刊等纸质媒体的出现保证了信息的基本完整和客观,广播电媒等视听媒体的出现保持了信息的鲜活生动,互联网的出现则实现了传播者与受众的实时交流与互动,并极大地满足了媒体使用者对媒体内容的个性化要求。信息传播载体的改良与信息传递方式的变化使得媒体步入了新的时代。

从某种意义上说,历史事件的传播过程与人类文明的承递过程,同时就是各种形态的媒体共同创造历史的过程,正是通过媒体对事件的选择与建构,使得一代又一代人的集体记忆生成历史的片段,一个又一个传奇的人生经历转化为人类共享的精神盛宴。

一、新媒体的特点与发展趋势

传统媒体与新媒体是一组相对存在且外延随媒体技术与组织

形式的发展而不断更新的概念,在现阶段,传统媒体通常指的是以传统的大众传播方式,即通过某种机械装置定期向社会公众发布信息或提供教育娱乐的交流活动的媒体,包括电视、报刊、广播三种传统媒体,有时又称为"平面媒体"或"旧媒体"。2006年,中国互联网实验室发布的《中国新媒体发展研究报告》认为:"新媒体是基于计算机技术、通信技术、数字广播技术,通过互联网、无线通信网、数字广播网和卫星等渠道,以电脑、电视、手机、个人数字助理(PDA)、视频音乐播放器(MP4)等设备为终端的媒体。"[①]按照媒体形态的历史演进,也有人把新闻媒体的发展划分为不同的阶段——以纸为媒体的传统报纸、以电波为媒体的广播和基于电视图像传播的电视,它们分别被称为第一媒体、第二媒体和第三媒体。因特网被称为第四媒体,是将它作为继报刊、广播、电视之后发展起来的,并与传统大众媒体并存的新的媒体。或者简单地说,可以把媒体分为四类:第一媒体:纸质(文字);第二媒体:声波;第三媒体:图像;第四媒体:互联网。1998年5月,联合国秘书长安南在联合国新闻委员会上提出,在加强传统的文字和声像传播手段的同时,应利用最先进的第四媒体——互联网(Internet),亦即网

[①] 中国互联网实验室发布的《中国新媒体发展研究报告》。依据国内学者的相关研究,新媒体的分类方式主要有以下几种方式:在理论层面上,新媒体包括全新的媒介、革新的媒介、衍生的媒介、外来的媒介;从技术层面上讲,新媒体被阐释为"TMT",即高科技、媒体内容和通信传输的结合。按照我国学者陆地的观点,新媒体之新主要体现在媒介终端和媒介功能两个方面的创新。所以,当前的新媒体主要有三种类型:(1)旧媒体+新终端组成的新媒体。如利用传统电视传播技术接收的手机报纸、网络报纸、网络电台、户外电视大屏幕等;(2)旧终端+新功能组成的新媒体,如互联网电视机;(3)新终端+新功能组成的新媒体。如以电脑为终端载体、以互联网络为传输技术手段的网络媒体,以手机为终端载体、卫星或基站或星站结合为传收技术手段的手机媒体。[参见陆地.浅论新媒体发展的新趋势[J].中国广播,2011(12)]

络媒体。①自那时开始,网络媒体便异军突起,占领了新媒体时代的主阵地,各种传统媒体的数字化步伐加快,而基于数字技术的新的传播工具也层出不穷。现今,也有人将融合了各种媒体功能的智能手机称为第五媒体。

1. 新媒体的代表形态

在现代传媒技术中,互联网无疑是影响最深也最广的信息平台,就目前的发展趋势来看,我们大体上仍可以把网络媒体作为新媒体的代表。据 2014 年《第 33 次中国互联网络发展状况统计报告》数据显示,截至 2013 年 12 月,我国网民规模达 6.18 亿,全年共计新增网民 5358 万人。互联网普及率为 45.8%,较 2012 年底提升 3.7 个百分点,整体网民规模增速保持放缓的态势;尤其在新型即时通信工具和生活类应用的推动下,手机上网对日常生活的渗透进一步加大,在满足网民多元化生活需求的同时提升了手机网民的上网黏性。随着互联网普及率的逐渐饱和,中国互联网的发展主题已经从"普及率提升"转换到"使用程度加深"。②

网络媒体具有以下几个特点:

---

① 国际电话电报咨询委员会 CCITT(Consultative Committee on International Telephone and Telegraph,国际电信联盟 ITU 的一个分会)对媒体做过另一种形式上的区分。他们把媒体分成 5 类:(1)感觉媒体(Perception Medium):指直接作用于人的感觉器官,使人产生直接感觉的媒体。如引起听觉反应的声音,引起视觉反应的图像等。(2)表示媒体(representation Medium):指传输感觉媒体的中介媒体,即用于数据交换的编码。如图像编码(JPEG、MPEG 等)、文本编码(ASCII 码、GB2312 等)和声音编码等。(3)表现媒体(Presentation Medium):指进行信息输入和输出的媒体。如键盘、鼠标、扫描仪、话筒、摄像机等为输入媒体;显示器、打印机、喇叭等为输出媒体。(4)存储媒体(Storage Medium):指用于存储表示媒体的物理介质。如硬盘、软盘、磁盘、光盘、ROM 及 RAM 等。(5)传输媒体(Transmission Medium):指传输表示媒体的物理介质。如电缆、光缆等。

② 参考中国互联网络信息中心(CNNIC)于 2014 年 1 月 16 日在北京发布的《第 33 次中国互联网络发展状况统计报告》。

（1）无网不在的全球性信息传播。通过网络，新闻和信息的索取、社会交往和商务活动都得以实现，网络世界的人可以随时随地获取来自世界各地的新闻资料，人类信息交流的范围扩展到了整个世界，而人们的认知、判断和行为会潜移默化地受到更多变量的影响。互联网的出现改变了传统媒体（如电视直播）聚集公众注意力的方式，公众将更多地不在同时同地与其他公众共同参与同一事件，公众注意力将基于互联网平台发生异地集中的转化或是同地却分散的转化。

（2）信息来源的多元化。除了传统的出版商、电视台、杂志社，还有在数字化出版大潮获得极大优势的技术服务商，如已正式开始与作者签约出版图书的亚马逊。如今，互联网正以惊人的速度发展，包括新闻网站、专业信息网站、公司网站、组织机构网站、个人微博和电子邮件等在内的网站持续更新各种信息。传播主体越来越多元化，也导致舆论导向上的多元性和不可控制性，公众可能因而摆脱社会政治意识形态或者任何一种单一势力的思想桎梏，在更大程度上实现从媒体机构到社会公众之间的非中介化的信息传播。

（3）受众参与的高度化。相较于传统媒体的精英文化单向传播的特点，新媒体信息传播的方式具有双向性。在新媒体时代，用户的参与性、互动性、选择性大大提高。互联网是一个互动的媒体，在互动的传播系统中，受众具有主动性，不仅可以自主选择信息，而且可以通过多种简便的方式发表新闻和言论，进行信息反馈。随着手机、PAD、Kindle等便捷移动阅读设备的日渐普及，普通用户可以随时随地查看新闻、回复评论、即时参与各种讨论，以网络存在的方式表现或者增强自己的存在感，正演化成为更多人的日常生活的一部分。

（4）信息传播在时间上的迅捷和灵活性。一方面，网上信息的刷新率极高，上网者可以通过搜索引擎随时就某一感兴趣的领域获得最新消息，加之移动手机与互联网的整合更使得信息资讯的即时化特点得以充分展现。而由于信息获取的便利性，独家新闻已很难获得，媒体传播内容的同质化现象严重，这使得媒体间的竞争由新闻资讯表层报道进一步拓展到新闻资讯的深层解析。另一方面，互联网提供了强大的信息历史存储功能，公众可以在自己方便的时间，方便地获取想要得到的大量信息。

2.新媒体技术的发展趋势

从信息网络技术的层面上来讲，作为数字网络的计算机和互联网所形成的是一个多语义的系统。它主要的品质是把所有已知的媒体整合到一个集中的多媒体系统中。因此在新媒体环境下，媒体组织往往不是严密的整体网络，而是松散的网络群体，媒体本身再也不能被有限的固定属性所描述，传统的媒体理论已经不适合新数字媒体。互联网、手机等新媒体的海量信息、即时传播、互动表达等传播特色，使传统媒体的优势地位逐渐弱化。综合对比了国内多位学者的研究思路和观点之后，笔者把新媒体技术的发展趋势概括为以下几个方面：

（1）全媒体化

"全媒体"：即综合运用各种表现形式，如文、图、声、光、电，来全方位、立体地展示传播内容，同时通过文字、声像、网络、通信等传播手段来传输的一种新的传播形态。[①]这是一种经过新旧媒体形态激烈碰撞与深度融合产生的新的、开放的、兼容并蓄的媒介传播形态和运营模式。

---

① 罗鑫：“什么是全媒体”，《中国记者》2010年第3期。

全媒体化同时意味着三件事:第一,多媒体化。Web通过漫游软件于上个世纪90年代实现了麦克卢汉于20世纪60年代初提出的设想:只需一台个人电脑,就可以远距离获取包括文本的、声音的、音乐的、影像的各种多媒体节目和服务。多媒体技术为人们进行信息的收集、处理和传输提供了空前便利的条件,有助于提高传播活动的质量和效率;无论是追求有互联网功能的电视新媒体,还是本身已经实现多媒体功能的网络和手机新媒体,抑或是目前正在探索与发现之中的各类户外媒体,多媒体化都是他们共同的追求,共同的发展趋势。第二,多功能化。多功能化,也就是媒体功能融合的趋势。三网融合、三屏聚合都是这一趋势的集中体现。在目前的以一当多的多功能化竞赛中,网络和手机新媒体已走在电视新媒体的前面。第三,互动化。网络和手机新媒体的互动性自不必赘言,而透过五花八门的机顶盒和数字电视机我们也可以看出,电视新媒体的互动化也在艰苦追赶之中。在全媒体化的趋势下,媒体与受众一改传统的单向信息流通关系,受众的参与意识更强、分享热情更高、个性化表现更充分。

(2)自媒体化

"自媒体"(We Media)是近年来新闻传播学界针对最新技术发展而提出的一个新概念。"We Media(自媒体)是普通化经由数字科技强化、与全球知识体系相连之后,一种开始理解普通大众如何提供与分享他们本身的事实、他们本身的新闻的途径。"[1]这也切合了美国《连线》杂志对新媒体的定义:所有人对所有人的传播。即传播活动从机构向个人过渡,个人正在成为"新数字时代民

---

[1] 出自谢因波曼与克里斯威理斯联合发表的《"We Media(自媒体)"研究报告》,由美国新闻学会的媒体中心于2003年出版。

主社会"的公民。

"自媒体"中的"自"至少有两层含义：一是"自己"，公民从"旁观者"转变为"当事人"，从传播的"客体"变为"主体"，媒介从集体使用向个人使用过渡，信息内容的个性化需求不断增长。手机新媒体信息形态的多媒体化就体现了这一需求。手机新媒体已开始真正成为用户个人的媒体——个人拥有、个人制作、个人传播、个人使用和个人消费；二是"自由"，"自媒体"意味着每个人都有表达的渠道和机会，媒体资源的丰富将改变少数媒体组织垄断资源的状况，公民拥有更大的话语空间和自主性，拥有更大的"自由度"。随着"自媒体"时代的到来，个人成为独立的传播主体，作为个人的主体同样拥有了新闻发布和传播消息的权利，正是这一个个单独的"一"组成了"We(我们)"。社会的声音日益多元，并且多元的声音有了多种表达的渠道。当然，这也同时意味着专业表达和评论的不足和缺失。

（3）身媒体化

"顾名思义，身媒体化就是媒体的人体化和人体的媒体化两个相互推动的过程的统一。媒体的人体化是指，新媒体日益小巧、无线、可移动和智能化，已经变成随身和贴身之物，甚至成为身体和生活不可或缺的有机组成部分；人体的媒体化是指，作为个体，人不仅是信息的消费者，也是信息的承载者、制作者、传播者。"[①]麦克卢汉所说的"媒体是人的延伸"大体上也暗含了上述意味。

无论是媒体人化还是人化媒体，从技术层面来思考，都是人类社会生活以及交往方式的一种演进。新媒体对人类自身、人类生活和交往方式的嵌入，进而影响并改变着人类的生存方式。我们

[①] 陆地："浅论新媒体发展的新趋势"，《中国广播》2011年第12期。

可以对这样一种趋势进行正反两方面的思考:一方面,以手机等多功能合一的便携媒体为代表的新媒体,不仅仅是一种媒体,而且在很大程度上已经或正在成为大部分现代人生活中甚至是身体上不可或缺的一部分。中国互联网络信息中心(CNNIC)发布的《中国移动互联网发展状况调查报告》显示,截至2011年12月底,中国手机网民规模达到3.56亿,同比增长17.5%,其中,智能手机网民规模达到1.9亿,渗透率达到53.4%;截至2013年12月,我国手机网民规模达5亿,较2012年底增加8009万人,网民中使用手机上网的人群占比由2012年底的74.5%提升至81.0%,手机网民规模继续保持稳定增长。手机上网进一步提升了网民的上网黏性,这种状况显然具有满足公众的信息需求、丰富公众的精神文化生活等多方面的正能量,但另一方面,人们也越来越成为媒体的附属物,人们的心理、意识更倾向于被媒体所操控,不知不觉间遗忘甚至丧失了自我的主体意识,当被多数媒体所渲染的娱乐式、游戏式的生活向着我们的感官铺天盖地而来时,大部分人没有时间深刻反省自己的需要,或把他人的需要当作自己想要的人生,或无谓地打发、浪费自己的时间,任自己的心灵湮没在无意义的感官冲击中。

综上,我们已经有充分理由得出结论:较之传统媒体,新媒体具有突出的优势,但它所引发的一系列社会伦理问题更加不容忽视。

二、新媒体的功能扩展与责任增生

如果说媒体是人的延伸,那么,现代新媒体则首先是在最大程度上延伸了媒介主体的传播能力。网络等新媒体的出现和普及,极大地提升了人类个体传播的能力,使得媒体功能有了进一步的拓展,同时,人性中的各种复杂元素也纷繁地作用于这些新的媒体形态,包括人本身的理性诉求、对公平正义和幸福的追求,也包括人的诸多非理性因素,甚至一些恶意的破坏因素。所以,新媒体有时候体现出哈贝马斯所说的公共领域的一些积极建构特性,有时候又成为各种谣言、各种群体极化现象的集散地。归根结底,许多新媒体现象的真正成因都源自媒体人的理性建构力量与非理性解构力量,这就对媒体责任的履行提出了更高要求。或者说,能力与责任必须要相互匹配才能获得正向的传播效果,传播能力与传播责任的双向拓展,是媒体发展的内在要求。

1.传统意义上的媒体功能

关于传媒的功能,中外学者有着不同的观点。其中,具有代表性的观点包括:(1)政治学传播学的先驱哈罗德·拉斯威尔的"三功能说",他把传媒的基本社会功能概括为三个方面,即环境监视、社会协调和社会遗产传承;他还认为,有三种专家在实现这些功能方面是非常重要的:外交官、使馆官员和驻外记者是专门研究环境的代表性人物。编辑、新闻工作者和演说家是内部反应的起关联作用的人。家庭和学校里的教育者传送社会遗产。(2)美国学者查尔斯·赖特在《大众传播:功能的探讨》一书中从社会学的角度勾画对传播的看法时,在拉斯威尔的三个范畴之外又增加了第四个功能——娱乐(赖特把第二个范畴,即协调称为解释和规定,把第三个范畴,即文化传承用社会学名称称之为"社会化"),从而提出了"四功能说":环境监视、解释与规定、社会化功能、提供娱乐;(3)传播学集大成者威尔伯·施拉姆,综合了拉斯韦尔和赖特的观点,认为传媒具有政治、经济和社会三个方面的功能,政治功能包括监视、协调等,经济功能包括资源以及买卖信息及信息解释、开创经济行为等,他认为,采用电子媒体所成就的一件事，就是在世界上参与建立了史无前例的宏大的知识产业。一般社会功能包括接受或拒绝关于社会规范的信息、行使社会控制、传递社会规范、娱乐等。①

在我国，关于媒体的社会功能问题，早期思想家梁启超曾提出过"督导政府、向导国民"的阐释，徐宝璜则概括了"供给新闻、代表舆论、创造舆论、灌输知识、提倡道德"几大功能。在《大众传播学总论》一书中，张隆栋把传媒在国家发展中的社会功能概括为六个基本方面：守望环境的功能、社会整合的功能、决策参与的功能、社会动员的功能、科学和教育功能以及娱乐和服务的功能。综合以上观点，媒体主要有以下5项功能：监测社会环境、协调社会关系、传承文化、提供娱乐、教育市民大众。②

2.新媒体的功能扩展与责任增生

责任是个具体的而非抽象的概念，传媒的社会责任是传媒功能的延伸。根据传媒社会责任理论，由传媒的政治、文化、娱乐、教育等相关社会功能所延伸出来的社会责任主要有：传播责任、安全责任、监督责任、道德责任和文化责任。而除了传统意义上的媒体功能责任之外，在网络媒体时代，由于网络社会自身的自由性、开放性和虚拟性等特点，网络媒体更应注意承担好以下责任：（1）正确地引导社会舆论；（2）积极担当传播与传承先进文化的角色；（3）真实、客观、准确、全面地反映社会现实；（4）监督新闻舆论；（5）充分尊重他人的知识产权。网络媒体的社会责任更多地表现为自律性、广泛性和实践性等特质。

新媒体作为工业技术发展的主要成果和推动者之一，其所产

---

①施拉姆：《传播学概论》，第二章第二节"传播的社会功能"。
②此处参考张隆栋的观点，见张隆栋：《大众传播学总论》，中国人民大学出版社1998年版。

生的影响同工业技术文明本身密不可分。在进入21世纪的十几年间,电子媒体在数量和分布密度上都获得了爆炸性的增长,这无疑削弱了传统的文化、地域、职业等社会性束缚,同时推进了媒介主体与对象的个性化过程。个人消费选择增加、公民权利增加,这些都迫使人们不得不重新界定个体力量与集体力量的关系。无论如何,一个不争的事实正摆在我们面前,那就是:媒体的社会整合与社会控制功能正日益增强。社会责任在新媒体中的延伸,是对新媒体开放性特质和有序发展的根本保护,因为,延伸的能力只有受到延伸的责任的约束,才能保障社会平衡,在稳定的平衡中构建一个强大而有序的新媒体世界。

3.新媒体传播中的能力与责任延伸的不平衡性

网络谣言现象与群体极化现象的加剧,是媒体传播能力与媒体社会责任发展不平衡的典型体现。

(1)网络谣言现象

网络的盛行带来了很多便利,也带来了各种形式的网络谣言的侵扰,于是,如何监控网络谣言,防患于未然,成为世界各国政府面临的共同问题。网络谣言是指通过网络介质(例如邮箱、聊天软件、社交网站、网络论坛等)而传播的没有事实依据的话语。这些谣言通常把谎言包装成"事实",将猜测翻转成"存在",主要涉及突发事件、公共领域、名人要员、颠覆传统、离经叛道等内容。其传播具有突发性,并且流传速度极快,如果任其横行,将严重扰乱社会秩序,危害社会诚信。

随着人的传播能力的延伸,谣言在网络等新媒体中出现了不断增长的显著趋势。2010年5月7日,美国皮尤研究中心发布的一项调查表明,有32%的美国青少年曾经有过被人在网上散播谣言、未经允许公布私人电子邮件、收到威胁性信息、未经允许上载令人难堪照片等欺凌和骚扰的经历。近年来,发生在我国的许多公共事件,特别是重大公共事件的发展,均伴有新媒体环境中大量谣言的出现,从"女干部携巨款潜逃加拿大"到"艾滋病患者滴血传播艾滋病",再到"女大学生求职被割肾",这些耸人听闻的信息最后都被证明是不折不扣的谣言。谣言问题瓦解着新媒体作为开放论坛的公共性与理性,极易引发混乱,挑起对立情绪,并且常因后期的复杂求证过程而浪费大量个人与公共资源。

谣言作为人类重要的传播现象之一古已有之,网络等新媒体中日益增多的谣言现象,有着复杂的成因,除恶意造谣外,社会生活的不确定性、社会信息管理的滞后、长期累积形成的公信力缺失、商业利益的驱动、社会矛盾的发展等等,都成为谣言不断增多的重要原因。而基于新媒体环境本身来分析,则谣言现象的激增主要同人的传播能力的增长相关。一方面,新媒体发展的自媒体化趋势使得传播主体多元化增长,结果就是信息与意见更为多元,而谣言进入传播的渠道也更为多元。另一方面,新媒体的全球化即时传播能力使得谣言传播的速度和广度达到前所未有的程度,谣言的负面社会影响辐射状快速传播,很可能引起社会波动。同时,不断增多的谣言转发、评论,出现了的信用度积累,即所谓三人成虎,这进一步降低了人们对谣言真实性的质疑。也就是说,当人们开始习惯施展更为强大的传播能力时,却往往未能同步实现对各种责任的延伸。

(2)群体极化现象

美国学者凯斯·桑斯坦在《网络共和国——网络社会中的民主问题》一书中提出了群体极化现象:毫无疑问,群体极化正发生在网络上。网络对于许多人而言,正是极端主义的温床,因为志同道合的人可以在网上轻易且频繁地沟通,但听不到其他人的意见,最终将走向极端,造成分裂的结果。①简言之,群体极化就是指一个群体内部情绪与意见不断循环加强并走向极端的现象,其爆发形态就成为网络群体性事件。同谣言现象一样,群体极化也不是网络等新媒体的特有现象,只不过在网络等新媒体环境下,更容易形成意见和情绪相近的群体。

群体极化本身原是一种中性现象,但在很多情况下,群体极化存在相当的失控可能,因而会产生难以估量的破坏性社会后果。在当下的中国,人们借助网络等新媒体,围绕一些敏感性的公共议题能够快速形成讨论群体,人们在交流中很容易出现愤怒情绪的循环加强,从而在一定程度上形成群体极化现象。这样的群体有着如古斯塔夫·勒庞(Gustave Le Bon)所概括的群体的特征:"有意识人格的消失,无意识人格的得势,思想和感情因暗示和相互传染作用而转向一个共同的方向,以及立刻把暗示的观念转化为行动的倾向,是组成群体的个人所表现出来的主要特点。"②勒庞用情绪化、感染性、遵从性、责任转移四项因素对群体现象(即他所说的"乌合之众")作了进一步解释,勒庞所论"乌合之众"的集体心理为网络群体极化现象的研究提供了极好的参照。显然缺乏理性判断力和责任意识,使得这样的群体更容易在有蓄谋的恶意煽动下走向盲目趋从,所以,只有强调理性规范行为的意义,建立起理性的利益整合机制,协调关系、化解矛盾、凝聚人心,将社会矛盾的解决纳入有序的轨道,并同时加强网络文明建设和法制建设,强调个人承担自身责任,才能降低网络等新媒体中群体极化

---

① 凯斯·桑斯坦:《网络共和国——网络社会中的民主问题》,上海人民出版社2003年版,第50页。
② 古斯塔夫·勒庞:《乌合之众——大众心理研究》,冯克利译,中央编译出版社2011年版,第22页。

现象出现的可能性。

4.平衡对策

传播能力的自由延伸是人类获得更高程度解放的标志之一,但在社会网络系统中,一个人自由的充分保障必定是他人责任与义务的充分履行的结果。自由需要责任的守护。要更好地平衡新媒体发展中的能力与责任,责任教育和责任规制必不可少。

(1)责任教育

社会责任其实是存在于主客体之间的一种社会关系,缺乏责任的社会关系往往都是畸形的、不稳固的。责任教育就是为了达到一种内部约束即媒介主体自律的效果。自律即在自主性基础上,主体能对其行为进行自我限制或自我约束。而自律机制的形成离不开主体的自我道德修养,离不开主体人格的不断完善,当然也就最终离不开自治领域中的各种责任教育。

媒体责任教育主要包括道德教育、职业规范教育。传播伦理中的道德同其他道德规范一样,是调整各种关系的社会规范,同时也是一个民族文化在长期发展进程中形成的一种集体价值观和无意识的心理积淀。由于网络传播主体的匿名性和平等化,传播主体自我道德控制的力量就显得尤为重要。这种道德为传播主体在进行传播行为时的自由设定了一个自觉的限度,这个限度的下限应该是不因自己行使信息传播的自由权利,而对他人造成不应有的损害或是妨害到他人行使这种自由的权利。因为,信息传播自由不是某些少数人的权利,而应该是人人平等的。对媒体的专门从业人员而言,职业道德素质更是必备的品质。

全媒体背景下,掌握新媒体技术似乎比掌握一般意义上的新闻报道和编辑基本功更为重要,作品的技术表现力甚或压倒了传播真、善、美的主体精神和本原责任,工具理性得到高扬,实践理性就会受到抑制。新闻职业道德已经到了迫切需要解决的地步,要通过学校、行业、社会各方面的联动,对传媒从业人员进行职前、入职、职后各个环节的教育,增强其专业主义意识、道德自律精神和社会责任感。

当然,媒体自律还需要行业监督体系的健全。我国虽然建立了如中国广播电视协会、中华全国新闻工作者协会、中国报业协会等传媒行业的自律组织,也确立了如《中国报业自律公约》、《中国广播电视播音员主持人自律公约》等一些相关行规,但目前仍显得形式高于内容,还需制定真正符合现实状况的、可操作的行业规范,对媒体进行更有效的监督,让新闻人真正担当起守望者的角色。

(2)责任规制

互联网传播的无中心与交互性特点,往往使传统信息发布中把关、议程设置等规范化行为变得无的放矢。为了将责任具体落实,除了以责任教育形成内部约束,还需以责任规制形成外部约束。新闻媒体只能在法律法规允许的范围内行使权力。对于媒体的侵权行为,应该有相关的法律来追究其责任。例如网络实名制、网络信息发布责任追究机制、网络信息发布责任连带制、网络信息分级制等都是已在部分国家实践过并被证明行之有效的新媒体法规。此外,制定信息技术的使用规范也应列入议题,因为,信息技术不仅是一种技术,也是一种文化,它本身也应该成为网络伦理调节的主要对象。

从构建新媒体基本责任规范体系角度考察当下我国相关立法,我们可以发现,当前我国涉及到新闻媒体的法律还不够健全,存在一些法律规定的空白点,无法体现对相应责任的具体规范要求。仅有的一些有关于网络等新媒体的规定,一是比较笼统,二是颇为零散,这对网络普法和网络执法都造成了困难。建议进一步出台国家层面的系统法律,细化规定,进一步增强相关法律的适用性和可操作性,以切实规范人们的行为。

总之,要实现传播能力与传播责任的相互平衡就要不断提升媒体责任教育和媒体责任规制的广度和深度。

三、新媒体环境对传统认识论的冲击

如卡西尔所言,人是符号的动物。在人类文明发展过程中,媒体作为一种符号表达机制,日益从中介性的工具形式向渗透性的关系机制转变,不同的媒体以其特殊的方式强化或弱化主体某些方面的精神特质与意识功能,从而影响人的认识构成,造成不同媒介环境下不同的媒介文化特质。从认识论的层面上来说,新媒体环境正在逐步解构传统的认识论构架,并推动着新型的认识论构架的形成。

1.以媒体反思为基础的关系型思维代替传统主－客体二分的对象性思维

在新媒体参与营造的虚拟环境与现实环境共生的社会系统中,人们既要认识实际生活中面对的各种事物,又要认识由人类智力与物质形态共同衍生出来的想象性、虚拟性、理念性、代码性的事物,媒体本身成为认识活动的一大对象化系统。我们需要超越传统的主－客体二分的物理时空和感性关系,通过认识的反思性达到对媒体自身的认识,这是在媒体环境主导下的认识论的一次深刻变革。在"关系"(Relate)层面,通过全球化的网络关系,个人与理想中的自我、他人和文化联系起来,伴随全球化的传播格局的建立,主体体验正在进入无国界时代。

(1)新媒体环境对主体间性的创设

首先,当代媒体技术的变革,尤其是网络媒体技术对社会生活的全方位渗透,深刻地改变了人类的社会交往模式,主体在社会交往中实际运用的媒体技术将直接创设和规定交往和认识过程的主体间性。"主体在何种意义上把自身的主体属性投射到交往活动中和交往对象上;又在何种意义上把交往对象的主体当成主体,当成自己对象化的复现,当成言说、倾诉并期待聆听、理解和回馈的对象,莫不与彼此实施于交往中的媒体系统、媒体技术相关。"[①]其次,作为认识过程中的主体,传统的受众角色通常被定义为被动的信息接受者或消费者,是单纯的信息传播的对象,而今,通过遍及全球的高速电子信息网络,媒体控制、知识塑造和知识传播权力的重新转移和分配,受众接近、介入和使用媒介的权力得到了强化,受众主体往往同时扮演着搜寻者、咨询者、浏览者、反馈者、对话者、交谈者等多种角色。最后,受众主体正在对新媒介的体验中完成一种媒介主体与人类主体的"主体间性"的建构。人们通过经验和情感的交换和共享,实现个体之间的对话,实现分享、参与、联系、协作,形成共同体,进入到相互关系和共同事务中去,同时,媒介的含义也从"传播工具"升华为"人类社会关系的纽带",我们与世界在媒介的介入下形成了"传媒性关系",我们、传媒与世界三位一体。

(2)新媒体环境对认知维度的拓展

首先,凭借不同的媒体和媒体技术,主体对客体的观照面大大拓展,客体对象不再局限于原生的自然、实践的造物,还包括人化的自然、精神的造物、各类模拟的客体、虚拟的环境世界。传统认识论不曾或极少涉及的客体形态大量出场,原先已得到较充分认

[①] 胡潇:"媒介研究的认识论呼唤",《哲学动态》2011年第12期。

知的客体也通常以更全面、更系统、更典型、更深刻的状态进入主体的认知领域。"人进行思考,用的是符号而不是物体,这种思想过程也超越了具体的经验世界,进入概念的关系。在这个概念的世界中,时间和空间均已放大……时间的世界超越了记忆中的物体的范围,空间的世界超越了熟悉的地方的范围。"①这就要求我们在认识过程中拓展、深化和丰富关于客体世界的理念,并进而改变认知过程中的思维范型。

其次,由于新媒体认知工具的广泛应用,媒介在认识过程中的地位和影响不断增大,在传统认识论中很少涉及的媒体中介的技术影响本身也成为主体对客体的理解中必须加以考量和反思的对象,这就使得认知过程更加复杂化。人们对客体的掌握既不是单纯客观的、实践的、感性的,也不是单纯主观的、思维的、理性的,而是二者的结合。媒介成为认识与实践、主体与客体间的纽带,建构着人的反映、表达、交流和理解这一认识过程当中的每一个环节,并使这些环节处于彼此的联系和相互作用之中。

2.新媒体语境对认知主体的建构

媒介环境对认知主体的影响,既体现在作为环境因素的外在影响方面,又体现在作为文化因素的心理建构方面。

(1)媒体环境的外在影响

新媒介环境首先使得传统意义上的社群关系趋于解体,新的社群关系得以建立,而人们也在这个过程中重新建构了自己的身份认同。"媒介在冲破原有的时空界限与壁垒,实现信息和符号在更广泛地域内的同步传送和接收的同时,制造了新的空间区隔,

---

①【加】哈罗德·英尼斯:《帝国与传播》,何道宽译,中国人民大学出版社2003年版,第7页。

并使之逐步内化到社会成员的日常生活中，影响他们对媒介、自我、群体以及社会的认知与体验……媒介制造了'参与者'与'旁观者'的类属差异。"①

媒介全面侵入我们的生活：无论是在公交车站、地铁车厢还是工作室这样的公共区域中，还是在私人房间这样的私密空间中，人们大多数空闲时间更愿意同自己的手机、iPad等电子媒体交流，人们似乎更倾向于把自己的私密空间放置到虚拟世界中，并在其中寻求更大程度上的认同和更遥远的亲密关系。这使得人们很容易脱离现实的社会群体而纯粹基于个体兴趣进入自主选择的网络社会群体。当然，人们出于性格特征、经济条件、文化素养等方面的差异，在对信息的选择性接触上，通常会更倾向于接受与自己的既有社会经验相一致的信息，巩固自己的认知框架。

其次，在媒体化社会，认识的媒体条件以及主体实际所处的媒体环境对于认识主体的认识视野有着根本性的制约。虽然已经进入到信息化社会阶段，但进入信息世界的门槛对不同的人群仍然还是存在很大差异的。主体对新媒体技术的拥有、掌握和运用情况，将直接构成特定的认识论主体的位势。继经济生活方式、社会政治权力结构之后，在媒体技术方面形成的主体间"信息沟"也造成了不同的人群阶层，甚至会使拥有同样经济政治生活条件的人们在精神生活中发生巨大的社会文化分野。也就是说，媒体环境以一种近乎客观社会存在的意义制约着人们的思想观念和社会意识。

（2）媒体文化的心理建构

---

①石义彬、熊慧："媒介仪式,空间与文化认同：符号权力的批判型关照与诠释"，《湖北社会科学》2008年第2期。

首先,按照现代众多传播学者的观点,媒介从根本上是人类体验的建构性因素,媒体技术同人类官能的全面连接和整体延伸,使技术又转而重新创造了我们,并从而为我们的认识引入了新的尺度和方向。其次,技术也延伸了我们性格中的非理性成分,电子时空中的虚拟实在赋予主体一种沉浸感,也就是幻觉。在这种沉浸中,虚拟实在以一种更加基本的方式改变着存在者和存在的关系。未来学家奈斯比特曾经指出,新的信息时代的技术并不是绝对成功的,其成功与否取决于高技术和高情感、高感觉、高思维(即人们对新技术所表现出来的情感反应)之间的平衡。而从目前来看,主体已经越来越成为人工经验的产物,直接经验的丧失使主体与真实环境疏离,很可能使主体沦为技术的附庸,失去对现实世界的批判性关注的兴趣。

此外,媒体的变化会直接引发主体对外界事物的感知方式、思维方式、价值取向的变化。如麦克卢汉的媒体研究焦点就集中在传媒如何作用于人的感知系统,影响、建构人的心理世界上。他认为:我们和媒体技术之间具有一种共生关系,通过不同形式的信息变换和转换,个人知觉和公众知觉结成不可分割的整体,形成人与人相互依存和表达的新形态和新结构。中国学者何道宽在马歇尔·麦克卢汉对媒介历史的研究的启发下提出了"媒介即文化"的观点,认为拼音文字作为视觉的延伸,产生了线性、逻辑、理性、分析、专门化的西方文化;印刷术产生了残缺不全的工业社会人;而电子媒介则是人意识的延伸。

第二章　媒体的品质与社会角色

　　媒介系统一方面通过有选择地反映多种多样的"社会生活"（实际上是"世界生活"）元素来对受众产生影响；另一方面，也通过不同的媒介文类来主导社会生活。它们为摩登大众提供情境的定义，同时是现代体验主题化、分类化和图像化的主要机构来源；对于媒介的研究总是需要确定特定的问题、评论和假设，这些问题、理论和假设需要被置于连续不断的日常的"被控制"的影响（如广告、党派的政治宣传）框架内，或被置于"偶然的"（如我们对于所有物质的选择）影响框架内。

——［英］詹姆斯·库兰①

我们都会同意，随着传播影响力的与日俱增，媒体拥有了更多的权利，同时也应该担负更大的社会责任和义务。然而，传媒又是以何为据，拥有何种特殊权利以及义务呢？这应该是传媒伦理学要回答的问题。显然，传媒伦理在不同的历史时代体现出不同的时代特色，在不同的社会制度下又表现出不同的制度守护形象。

---

①【英】詹姆斯·库兰著：《大众媒介与社会》，杨击译，华夏出版社2006年版，第6页。

从根本上说,是人的社会活动的特殊性质规定了媒体伦理的特定原则,是不同社会状况对传媒的角色定位和角色期望决定了传媒的责任内容。

第一节 关于几种代表性的媒体理论的探讨

媒体总是代表某种观念,它们时常以直接或间接的方式参与并影响着我们的价值、信念以至信仰,塑造着我们的社会生活。反过来,社会生活一方面向媒体提出特定的品质要求,另一方面又造就了特定的媒体品质。以下对国际传媒研究领域几种代表性的媒体理论的概念框架的回顾,将有助于我们更好地认识媒体品质的社会属性。也只有深刻地认识到媒体品质的社会属性,我们才能更好地理解媒体在社会中所扮演的角色以及这种角色的伦理意义。

一、关于媒体体系的理论

政治领域在任何时代总是具有举足轻重的作用。出于社会与政府之间的关系的不同,传媒体系在各国以及各国不同的社会发展阶段所扮演的角色也各不相同。围绕对政治领域或者说意识形态与媒体体系的关系的研究,媒体体系理论也成为国际传播政治经济学的一个重要组成部分。

1. 报刊的四种理论

1956年,希伯特、彼特森和施拉姆三位学者提出报刊的四种理论(或者译为"传媒的四种理论",因为这里的"报刊"泛指一切大众传媒),中心议题即媒体和政府的关系。他们把当时世界的媒体制度区分为四种模式:集权主义模式、自由主义模式、社会责任理论模式、苏联共产主义模式。

(1)集权主义模式

在这种模式下,国家权威至高无上,个人权益建立在国家利益的基础之上。因此,媒体服务于国家权威,媒体的存在要经过国家的报刊审查制度或报刊许可制度,媒体的自由空间受到国家统治者及其所颁布的法令的限制,不能用媒体批评的方式挑战统治者的权威,否则将遭受严厉的惩罚。其哲学理论根据是:集体利益高于个人利益,人只有作为社会成员才能充分发挥其潜力,实现其目标。在理论上,从古希腊哲学家柏拉图对贵族政体的推崇,到德国哲学家黑格尔对现代极权主义政治理论的倡导,集权主义为近代传播体制打下了政治附庸的烙印,这种理论容易导致对国家权威的狂热和盲目崇拜。在实践上,从教皇对知识传播的垄断到法西斯主义把新闻媒体作为国家的宣传机器来使用,传媒始终在专制的挤压下生存。

(2)自由主义模式

自由主义是在同集权主义的交锋中发展而来的。自由主义的哲学家虽然承认国家是有用或者甚至是必要的工具,但是他们强烈否认国家是人类奋斗的最高目标。显然,就最终要维护的目标权益而言,他们认为个人是目的,国家是工具,而非相反。言论和出版自由的民主学说是基于以下假设的:第一,人们想认识真理,并且愿意受真理的指导;第二,归根结底,真理是通过在公开市场上各种意见的自由竞争而获得的;第三,既然各人的意见必然分歧,就必须允许每一个人自由地、甚至强烈地坚持自己的意见,只要他同时给别人以同样的权利;第四,通过这种互相容忍和不同意见的比较,看起来最合理的一种意见就会出现而被大家普遍接受。①也就是说,真理和信息必须在争论的过程中产生,任何人无权垄断;而公民有权参加政治讨论,有权最终决定接受何种形式的真理。媒体应该不受约束地为人们打开所有可能通向真理的道路。这种体系下的传媒原则上认为传媒不受政府控制,在政治上和经济上具有相对独立性,以大众为服务对象,一般具有三大功能:发布信息、提供娱乐、出售广告。

(3) 社会责任理论模式

从1859年密尔发表《论自由》到1947年哈钦斯委员会发表《一个自由而负责的新闻界》,传媒的自由主义理论在这80多年间逐渐衰落,在这个过程中,传媒的互相攻讦以及煽情性的报道甚嚣尘上,严重削弱了传媒的客观主义理想;随着传媒业在技术和规模上的革命性进展,报刊的社会功能越发重要,大众传播越发具有垄断性和可控制性,原有的自由主义理论已经无法应对新局面下产生的新问题,要解决矛盾,必须要有新的理论产生。此外,19世纪,以往对人性、理性以及真理等问题的看法都要接受重新的审视,就是在这样一种背景之下,传媒的社会责任理论应运而生,并且日渐占据主导地位。社会责任理论是对自由主义模式的一种修正,认为绝对的新闻自由是不可能的,传媒应在确保公共利益的前提下进行传播活动,否则政府有责任对其进行适度干预。不过,这种模式的理想化性质后来受到了广泛的批评。

(4) 苏联共产主义模式

这种模式是作为自由主义模式的对立面提出的,其指导思想

---

① 贝克尔著:《美国生活方式中的自由和责任》,1945年版,第33页,转引自【美】韦尔伯·斯拉姆等:《报刊的四种理论》,中国人民大学新闻系译,新华出版社1980年版,第50页。

是马克思和列宁的报刊观点。"公众通讯是被作为工具——就是说,作为国家和党的工具来使用的。它们是与国家政权的其他工具及党的影响密切结合在一起的。它们是在国内和党内实现统一的工具。它们是国家和党发布指示的工具。它们几乎是专用于宣传和鼓动的工具。它们的特点表现在严格地强制的责任。"①在这种模式下,媒体作为国家的一部分,不以盈利为目的,由人民大众所有,为人民大众所用,由执政党代表人民来管理,媒体主要是用来帮助政府实现其目标的政府的喉舌,正面强调媒体在传播过程中的宣传作用和工具作用,用以保证人民认识的统一和一致,并作为社会变革的一部分,协助完成有计划的社会变革。按照施拉姆的说法,苏联的报刊首先应该被期望——实在是被强制——去负责的。而英美的报刊,则首先应该被期望——其实是被责成——去被期望——自由地发表言论的。

总之,"报刊总是带有它所属社会和政治结构的形式和色彩,特别是报刊反映一种调节个人与社会关系的社会控制的方式","我们要想全面地了解各种报刊体系中间的差异,必须考察报刊活动于其中的社会制度。但要知道不同社会制度与报刊的真正关系,我们还得注意社会所固有的某些基本信念和假设:人的本质、社会和国家的性质、人与国家的关系、知识和真理的本质。因此,最后的分析表明,报刊体系间的差异,是一种哲学上的差异"②。

2.对"四种理论"的批判性拓展

报刊的四种理论提供了研究国际传媒体系的总体框架,可谓世界传媒理论的经典之作。然而,受冷战思维的影响,该理论笼罩

---

①【美】韦尔伯·斯拉姆等:《报刊的四种理论》,中国人民大学新闻系译,新华出版社1980年版,第148页。
②同上,第2页。

着冷战时代国际政治壁垒的阴影,而且站在西方中心主义的视角之下,对媒体体系的划分也未免趋于简单化。随着国际格局以及传媒自身的变化,该理论得到了各种修正、发展和批判。其中比较典型的是哈克坦提出的五种传媒理念。

威廉·哈克坦是美国国际传播学者,1981年出版《世界新闻多棱镜》一书,其中提出国际传播体系的五个理念:极权主义理念、西方理念、共产主义理念、革命理念、发展理念。他把媒体体系看成是一个国家的政治与经济体系的价值趋向的体现,从而突破了原"四种理论"的简单化模式,从动态发展的角度分析了各种不同的媒体体系。其中,极权主义理念是最古老的一种媒体理念,相应于"四种理论"中的集权主义模式,而20世纪的共产主义理念和发展理念都是其派生物,西方理念则是融合自由主义与社会责任理论的一种理念形式。在划归这一理念体系的国家中,媒体成为提供公共信息的平台,参与公共事务,媒体的角色旨在监督政府,促进民主发展,西方媒体在这一理念下越发国际化和全球化,但另一方面也使得媒体社会责任的履行倍受牵绊。革命理念最初多存在于第三世界国家的媒体,往往以推翻政府或夺取政权为目的,打破信息垄断,并帮助有效地发动和组织革命,新传媒技术和新媒体的出现正在某种意义上重新诠释这种革命的理念。发展理念认为,媒体是社会发展的助推器,政府可以从国家发展角度来限制媒体的新闻自由,这种新闻理念一度在发展中国家盛行,20世纪90年代后步入低潮。

20世纪90年代之后,全球化趋势的加剧使世界传媒体系研究越发多元化,虽然每种理论都未免缺失之处,但总归多少能够为我们提供一个认识现实的明确视角。

二、关于媒体功能的理论

媒体所发挥的功能也一直是传播学界所探讨的一个核心问题。媒体传播可以视为一种寻求共识的力量,可以视为一种舆论宣传的力量,可以视为一种经济力量,也可以视为一种政治力量,而事实上,媒体功能本身就是多样的,围绕国家发展与社会变迁,媒体在各个方面的功能发挥在不同时期、不同环境下总是各有侧重。

1.宣传模式论

宣传模式论作为最早探讨传播功能的理论,源于第二次世界大战期间的国际宣传实践。它是一个体系,分为战争时期的宣传模式和非战争时期的宣传模式。

(1)战争时期的宣传模式论

1927年,"宣传研究之父"哈罗德拉·斯韦尔出版了《世界大战中的宣传技巧》一书,首创内容分析方法,以定性和定量分析的方法研究了"一战"中交战双方所使用的报纸、传单、书籍等各种媒介工具。他认为宣传在战时起到了强大的战略作用,宣传已成为现代政治不可分割的一部分。他对宣传的定义是:以消息、谣言、报道、图片等符号通过适当的社会传播方式来控制意见的做法。①他的研究方法具有一定的科学意义以及对后来媒体研究的指导意义。

(2)非战争时期的宣传模式论

1988年,爱德华·赫尔曼和诺姆·乔姆斯基合作出版了《制造共识》一书,以美国媒体体系为基础,提出了更具普遍性的宣传模式理论,指出宣传是西方媒体虽隐蔽却并非不重要的一个功能,

---

① 郭可:《国际传播学导论》,复旦大学出版社2004年版,第70页。

并分析了精英阶层对媒体的控制方式,以批判的视角探讨了现代传媒的运作及其本质。他们所指出的影响美国媒体宣传的五个层面对当代国际传播研究也是具有借鉴作用的,包括:大众传媒的规模、所有权和赢利趋向;现代传媒对广告经济收入的依赖;以政府、商界和专家为主要消息源对传媒报道独立性的损害;以外界抨击等负面反馈方式作为控制媒体的手段;反有关的意识形态宣传作为全国性的宣传机制。

2. 现代化理论及其批判

(1)现代化理论

现代化理论即认为大众传媒具有现代化的功能,大众媒体能通过对西方的发展模式和发展经验的传播,帮助传统社会转型到现代社会。这一理论的代表包括丹尼尔·勒纳、威尔伯·施拉姆等人。关于传媒与现代化之间的关系,他们认为:传媒能推动一些长期发展项目,但却不能有效改变一个国家的文化传统和政治体系;一国的电子产品人均拥有量不足以衡量其经济发展水平;一国的报纸发行量与其经济发展水平成正相关;传媒发展会催生民主理念,但反之并不成立;电讯技术对经济发展有较大推动作用,对发展中国家有较大吸引力。这种理论的缺陷是没有看到各国文化与历史传统的特殊性以及媒体本身的相对独立性,基本上把现代化等同于西方化,当然也无法从实际上解决诸多国家的现代化问题。

(2)现代化理论批判

依附理论是对现代化理论的批判。它最初是一种经济理论,认为整个世界经济体系是一个中心—边陲经济体系,发达国家的发达正源于不发达国家的不发达。但这种理论的适用范围较狭窄,同时又忽略了不发达国家自身的因素对其发展的影响,因而具有很大的局限性。但这种理论后来成为了沃勒斯坦的世界体系论的理论基础。在世界体系论中,每个国家与其他国家之间都是相互依赖的关系,而不独是不发达国家对发达国家的依附,而且,这种依附关系本身也是随着各国经济力量的消长而不断变化的。

媒体依附理论借用了依附理论的框架。认为世界也存在一个由于信息和传媒发展不平衡而导致的国际传播的中心—边陲体系。发达国家主导着国际传播过程,掌握了多数传媒资源。传媒依附现象的表现包括传媒体系或传媒运营方式的依附;资金或所有权的依附;趋同的传媒内容的依附;广告的依附;传播新技术设备的依附。1976年,美国学者赫伯特·席勒在《传播与文化统治》一书中提出文化帝国主义理论,在文化层面上对媒体依附理论作了一定程度的延伸,它揭示了国际信息传播不平衡的现象,认为该现象是一种长期的文化过程和文化现象,因而,发展中国家的受众正在被迫接受来自发达国家的文化价值观念和信仰。依附理论总体上还是夸大了整体依附关系,而忽略了各国媒体的互动的一面和自主的一面。文化帝国主义理论推动了人们对国际传播秩序的探讨,也推动了后来传播方面的文化研究。

此外,谈到对现代性的反思性批判不能不提的是法兰克福学派。他们深刻认识到媒介文化对现代人的感觉结构和思维方式的深刻影响,看到接受媒介文化的大众如何在感性和理性两方面都遭受异化,陷入孤立的、压抑的、被控制的境况之中。

3. 公共领域理论

公共领域理论实际上也可以说是批判理论的一个分支。其代表人物是尤尔根·哈贝马斯。哈贝马斯在《公共领域的结构转型》一书中详述了他的观点。他认为,公共领域独立于政府,独立于经济力量,是一个致力于理性讨论并可为公民所用、接受公民审查的领域。公共领域在18世纪形成之初,推进了信息的平民化、讨论的公开化,以及相对于利益集团和政府的独立性,但进入20世纪之后,公共领域遭受到商业利益的侵蚀,正在逐渐丢失自主性,又开始变成权力的展示平台。今天,国际传媒正从一个信息传播的公共领域转变为一个商业化和娱乐化的领域。在哈贝马斯看来,摆脱金钱和权力统治的市民社会需要传播的各种权利和义务,以满足公民的各种交往需求。

哈贝马斯对大众文化的社会功能和政治功能进行了深入分析,既充分肯定了大众文化最初对公共性和公众批判意识的培养方面的积极作用,也指出现今发达资本主义的大众文化已经彻底丧失了其社会批判和政治批判的功能,变成了一种统治的工具。这一工具带给我们的东西一个是消费主义,再一个是"人为的公共领域"。

公共领域理论有助于我们更好地理解国际传播过程中的国际媒体的作用与影响,很好地揭示了现代性危机的根源,为重建文化现代性提供了可能。"公共领域"研究的热潮几乎波及所有的社会科学和人文科学。

三、关于媒体社会影响的理论

媒体理论在技术、社会与人的制衡关系中变迁。而媒体技术的发展在现代社会越来越引起人们的反思,乐观支持也好,悲观批判也罢,无论哪一种声音都无法否认媒体技术对人类社会以及人类自身的影响已经越来越大。在这一背景下,加拿大多伦多学派的技术决定论者们在很长一段时间内都成为媒体研究的潮流领军者。

1.技术决定论

（1）英尼斯的时空偏倚论

英尼斯是加拿大多伦多学派的一位代表人物，也是最早研究传播技术对人类造成影响的人之一，在《帝国与传播》、《传播的偏倚》等著作中，他借分析媒体本身的时空偏向性来考察媒体发展对于不同政权类型存续的影响。他把传播媒体分为偏倚时间的媒体和偏倚空间的媒体，相应地，又把帝国分为偏倚时间的宗教帝国和偏倚空间的政治帝国。偏倚时间的传播手段便于保存但不便运输，如羊皮纸、黏土和石头等，会形成知识的垄断，有利于宗教帝国；偏倚空间的传播手段便于运输但不便保存，如莎草纸、电报和广播等，会形成权利的垄断，有利于政治集权统治。因此，人类文明的兴衰与传播媒体密切相关。

（2）媒体的感官偏向论

麦克卢汉是英尼斯的学生，多伦多学派的第二代领军人物。通过分析媒体本身的感官偏向性，麦克卢汉探讨了媒体对于人类心理认知和社会结构的影响。著有《理解媒介——论人的延伸》、《媒体即讯息》等著作。他的基本观点主要有：媒体即信息。一个时代所使用的传播工具的性质不是传播内容本身，而是真正有意义、有价值的信息。如印刷技术对于工业化的影响。而今天的电子媒体也将使世界变成一个"地球村"；媒体是人体的延伸。任何媒体都是人的感觉和感官的延伸，如广播是耳的延伸，电视成为触觉与知觉的交织感的延伸等；"热媒体"与"冷媒体"的区分。"热媒体"如书籍、报刊、广播、无声电影、照片等，传递的信息比较清晰明确，接受者不需动员更多的感官和联想就能理解。"冷媒体"如漫画、有声电影、电视等，传达的信息量少而模糊，理解时需动员多种感官的配合和丰富的想象力。麦克卢汉将技术对社会影响提到了前所未有的高度,认为新媒体技术可以带来社会形态的更替。

(3)媒体的情境偏向论

1985年,梅罗维茨在《空间感的失落》一书中提出了自己的媒体情境偏向理论。他声称自己的媒体情境论是英尼斯、麦克卢汉的媒体理论同戈夫曼的情境理论的有机融合。他的主要观点包括:情境即信息系统;每种独特的行为需要一种独特的情境;电子媒体促成了许多旧情境的合并。梅罗维茨把媒体研究与社会研究有机结合,以动态的和可变的眼光分析情境与行为的关系,将受众的概念也纳入媒体情境的分析中,更好地处理了媒体和受众的关系。但其显然忽略了社会制度对媒体制度的管理,夸大了新媒体的控制力。

(4)媒体的演化补偿论

保罗·莱文森是多伦多学派的第三代代表人物,他在媒体形态演化理论上做出了新的贡献,认为人类决定着媒体的进化方向,人类可以控制媒体技术,保存和开发我们喜欢的媒体环境。在《数字麦克卢汉》一书中,他提出,媒体的发展有着补偿原有媒体缺陷与人性化的趋势,人可以对技术进行理性选择,能够主动去选择和改进媒体,媒体的进化是人的选择的结果,并进一步指出,技术(媒体)在知识与世界的关系中所起到的不可替代的作用。[①]

2. 全球化理论体系

20世纪90年代以后,世界格局在全球化与信息化的交互作用下重新整合,信息正逐渐取代资本,成为关键性的资源。各种传

---

① 王卫军:"从媒体理论的变迁分析教育媒体的发展",《现代教育技术》2012年第3期。

播理论在新的传播形势下或延伸、或融合、或修正、或补充、或消解、或新生,国际传播研究出现了多元化的倾向,出现了各种理论相互争鸣的全球化理论群。这个群中又分为冲突论、变革论和新统治压迫论三种主要论调,但其出发点都是对于全球化所带来的危机和挑战的正面思索与回应。其中冲突论认为全球化必将带来不同国家、不同种族、不同文化之间的冲突;变革论认为全球化将全方位推动社会各个层面的变革;新统治压迫论认为全球化带来了新的不平等关系,应致力于促进平等和保护弱者。无论是哪一种全球化理论,它们都自觉地把文明和文化概念引入研究,并以承认多种文明的平等共存为研究的起点,看到了全球化的前景是统一与多样性的共存,对全球化带来的挑战与消极影响有了更进一步的认识。

法国学者沙奈(Chesnais)指出:"全球化、技术革命和民主化,在这三个方面,传媒都扮演着核心甚至是限定性的角色。如果没有一个全球性的商业传媒系统来推进全球市场,经济和文化全球化大概就不可能发生。"[1]

通过上述种种媒体理论,我们不难体会近百年来媒体与社会相生相伴的互释过程。而不论理论如何发展,摆在我们眼前的事实是:传播已经成为我们的存在方式。随着传媒社会影响力的与日俱增,我们对传媒的期许也越来越高:我们期望借助传播来建立客观性和真理的解释秩序,借助传播来实现伦理意义上的规范和公正,借助传播来伸展人的自由解放的空间。要实现这些期许,首要的是提升媒体自身的品质与公信力,并在适当的伦理规制下充分活化媒体在社会中所扮演的角色。

---

[1] 转引自陈慧颖:"全球化进程中的传媒角色分析",《理论界》2007年第9期。

第二节　媒体的品质与公信力

品质，一般指人的行为、作风所表现的思想、认识、品性等本质。媒体的品质即媒体的行为、作风所表现的媒体的思想、认识、品性等本质。由媒体品质所外化的为受众所认可的品相即媒体形象，由媒体品质所生发的为受众所信赖的能力即媒体的公信力。媒体的品质与公信力是媒体能否担负其应尽的社会责任的决定性因素。

一、媒体品质的演进及其对媒体伦理观的影响

媒体的品质体现的是某些特定的媒体价值理念，在不同的社会意识形态下与不同的社会发展阶段中，现实铸造的媒体品质与理想崇尚的媒体品质都存在着一定差异。而媒体的品质内在地决定着拥有该品质的媒体的公信力，媒体公信力也就意味着媒体的生命，正是在维护生命的前提下，媒体的伦理观自然而然地发生了进化性的转变。

1. 媒体品质的重要性与影响媒体品质的因素

品质是媒体的灵魂，媒体之间的竞争本质上就是品质的竞争。具体而言，首先，媒体品质决定着媒体社会功能和传播效应的实现，优秀的媒体品质是保障其社会功能实现的基础。因为，对媒体品质的评价往往同媒体对受众的诚信度的高低、吸引力的大小、关照度的深浅相关，这些因素综合起来得到的就是受众对媒体的认可度，这种认可度意味着该媒体传播影响力的大小，决定着该媒体生存和发展的现实空间与未来空间。所以，媒体只有不断提高自身的品质，才能同时收到良好的社会效益和经济效益。

影响媒体品质的因素主要有三方面：一是媒体内容对受众的吸引力，二是媒体价值理念对受众的感召力，三是媒体从业者的素质。

媒体的内容是媒体的核心。媒体内容应该做到求真、务实、创新。受众对媒体内容的要求是随着社会经济的发展、人们的生活方式、思想观念、审美情趣等因素的变化而不断地发展变化着的，但无论如何发展变化，受众所需求的内容一定不会是虚假的、不会是脱离实际需要的、也不会是守旧的。一个媒体要在受众和社会中树立品牌形象、提升品质，就要不断丰富和创新媒体内容，变换新理念、使用新手法、打造新风格。一个媒体如果没有一批有较大社会影响力和吸引力的优秀版面、栏目和节目，就很难支撑起一个媒体良好的品牌形象，更勿谈在激烈的竞争中做大做强，其结果只能是逐渐被淘汰出局。当然，媒体的内容离不开人的创作和生产。采制什么样的节目，采写什么样的文章，播发什么样的稿件，都是媒体人的活动，所以必然体现的是媒体人的专业能力与创造力的高低。所以，从根本上说，提高媒体内容的吸引力首先需要提升媒体人的专业能力与创造力。

媒体的价值理念通常反映在一个媒体一贯秉持的伦理原则上。如：在普通老百姓心目中，有些媒体主要代表着政府喉舌，有些媒体主要代表着社会监督，有些媒体主要代表着休闲娱乐。无论是以哪一种形象为主，一定要坚持维护这一形象所代表的最高价值理念，信息发布务必求真，社会监督务必求善，休闲娱乐务必求美。对受众而言，一般没有哪一种价值理念更好之分，但却有谁把哪一种价值理念维护得更好的区别。

媒体从业者的素质直接关系到新闻的真实性、客观性以及由之衍生的媒体的公信力。虚假新闻、有偿新闻都会对媒体的公信力造成较大影响。真相掌握在谁手里？可能掌握在当事人手里，也可能掌握在强势者手里，而对受众而言，却更多地是掌握在媒体人手里。比如直接记录和叙述新闻事件的记者，他直接"参与"新闻事件，衔接着新闻事件、新闻人物与传媒的受众。要确保新闻事件的真实、客观，他既要对新闻的真实性进行全面认真的核实，又要秉持客观公正的报道态度。媒体人个人的好恶常常会左右新闻的真实，导致新闻报道的不公正、不平衡，对受众产生误导。情感因素加上想当然的逻辑，新闻的客观性就葬送了。受众往往会从记者透视媒体。这样，记者的素质会直接影响受众对媒体的认识。

2. 现代中西媒体品质的演变与媒体伦理观的变革

（1）关于媒体伦理

"伦理"的基本范畴包括：善与恶、正义与非正义、公正与偏私、诚实与虚伪、荣誉与耻辱等。国外对媒介伦理的代表性定义有约瑟夫·斯特劳巴哈和罗伯特·拉罗斯等在《今日媒介：信息时代的传播媒介》中提出的看法，他们认为媒介伦理是关于职业传播者在他们的行为可能对他人产生消极影响的情况下，应该如何行动的指导方针或者道德规则，主要围绕着准确性或真实、公平与处置责任以及媒体主体的隐私。①媒介伦理研究包括媒介从业人员的伦理道德和媒介组织的伦理道德。当今媒体界所倡导的伦理原则大体上包括真实性原则、客观性原则、公正和正义原则、自由与责任原则、适度原则等。

传媒伦理随着传媒组织的发展而发展，随着人类社会关系的

---

① 转引自刘晶："媒介伦理研究的源流、理论与视角"，《广角镜》，2013年第4期。

变迁而变迁,打下了有关社会发展阶段的烙印。

(2)现代西方媒体品质的演变及媒体伦理观的变革

报刊作为早期媒体的代表,其诞生之初,主要功能是政治批评,是一种公众讨论机制。欧洲资产阶级革命时期,报纸主要依靠政党津贴和追随者捐助性订阅来维持正常出版,受阶级利益、政治倾向性影响,报道内容注重党派言论,渐趋沦为各个党派的传声筒、吹鼓手,传媒组织所恪守的善恶、公正、人道、诚实等标准往往被党同伐异的政治斗争所歪曲,这严重损害了社会公信力,社会大众也对这些传媒组织的产品渐失兴趣。这一时期的传媒组织伦理从属于促进社会变革的政治伦理。传媒在这种社会舞台上的角色无疑是政党喉舌。

19世纪上半期,以1833年本杰明·戴(Benjamin H.Day)创办《纽约太阳报》(New York Sun)为起点,拥有自己的利益宗旨的商业性报刊逐渐取代作为政党工具的政党报刊,报纸的生产方向朝都市大众的新兴趣、新需求和新的阅读水平靠拢。这一时期的传媒伦理不再依附政治伦理,倡导自由主义,以"报刊自由主义理论"为指导,主张自己独立的伦理标准。但由于报道与经营活动的市场化和企业化,加之没有有效的伦理机制的制约,导致许多传媒组织为追求经济利益而不惜做虚假广告宣传,沉湎于娱乐化,谣言和煽情严重,黄色新闻泛滥。媒体一度成了狄更斯口中的"一架毒害社会的可怕机器"。在英国一些调查机构评出的最不受信任职业中,政客、二手车经销商和记者名列前茅。在此期间虽然也出现了以《纽约时报》为代表的一些讲求专业水准和社会责任的报刊,但传媒商业化进程的加速却无疑肇始于此。这时期的传媒从政府和政党的手中解放出来,但马上就转入自身商业利益的控制中。

1896年，美国人奥克斯购买《纽约时报》后，提出公正的评论、正确详尽的新闻资料的目标，以高尚的新闻政策对抗低俗的黄色新闻。1904年，普利策在《北美评论》上发表《新闻学院》一文，提出了自己的职业理想和办学理念：我们的国家与报业休戚相关，升沉与共。报业必须有能力、大公无私、训练有素、深知公理并有维护公理的勇气，才能保障社会道德。否则，民选政府就会徒有虚名，成为一种赝品。报业的谩骂、煽动、虚伪、专横将使国家与报业一同堕落。塑造国家前途之权，掌握在未来新闻记者的手中。[①]20世纪初，电子媒体蓬勃发展，英国广播公司（BBC）、美国全国广播公司（NBC）等著名媒体都成立于这一时期。随着传媒组织影响的扩大，传媒伦理有了新的发展空间，向社会责任方向发展。

1947年，哈钦斯领导的新闻自由委员会对新闻媒体提出伦理品质的明确要求：对当前的事件进行忠于事实的、全面的、理智的论述，并提供可以赋予事件意义的背景资料。根据该委员会意见，提供信息的目的是使公众通过民主程序获得权力，而不是让私人的媒体所有者获利。媒体承担着警戒和和守望社会的监视职责，把人民的关切、人民的意志传播到各个角落。新闻从业者不仅是自己权力的捍卫者，而且是人民权力的捍卫者。新闻应当引导人民理解其身处的环境，进而帮助他们在知情状况下做出正确决定。之后，各种约束行业道德规范的行业组织成立，并制定了供传媒组织和从业人员遵守的道德规范。20世纪90年代之后，媒体问责制度逐渐成熟完善起来。

（3）近现代中国媒体伦理品质的演变与媒体伦理观的变革

从19世纪末到新中国建立之前，随着政治、经济的需要，具有

---

① 李瞻：《新闻学》，三民书局1973年版，第196页。

近代特征的中国报业从国外到国内、从香港到内地,逐步发展起来,办报模式和办报理念深受西方影响。其中包括一部分政党报刊或政治性报刊,也包括一部分商业性报刊。受当时社会内忧外患的动荡环境所影响,它们要么完全是以政治斗争为主要内容,要么只以赚钱为目的完全远离政治。在这些报纸中当然也有少数兼顾商业利益和报纸品格的媒体,如《大公报》,提出"不党、不卖、不私、不盲"的"四不"方针,在乱世之下傲然屹立。针对当时报业的一些不实、不公等问题,一批著名报人和学者如王韬、郑观应、梁启超、徐宝璜等人,也纷纷提出了自己的道德见地。1923 年,著名记者邵飘萍出版《实际应用新闻学》,曾将人格、操守、侠义、勇敢、诚实、勤勉、忍耐等品性作为记者资格的第一要素,体现了他对现代媒体品质的认识。但总体上,这一时期的中国媒体界仍缺乏对媒体伦理的系统研究和规范性实践。

新中国成立后,我国社会主义新闻事业在中国共产党领导下开始起步。1950 年 4 月 19 日,中共中央作出《关于在报纸刊物上展开批评与自我批评的决定》:"在一切公开的场合,在人民群众中,特别在报纸刊物上展开对于我们工作中的一切错误和缺点的批评与自我批评。"1954 年 7 月 17 日,中共中央在《关于改进报纸工作的决议》中再次强调:"报纸是党用来开展批评和自我批评的最尖锐的武器。"这一时期,中国媒体基本上都是政治媒体,既是政府的喉舌,也是社会监督的工具,成为政府机关的一个组成部分。媒体品质大致类似于《报刊是四种理论》中所述的苏联共产主义模式。后来到 20 世纪六七十年代,随着国际局势的变化以及经济发展的要求,也渗透了一些第三世界所共有的发展理念。

改革开放之后,我国逐步建立起尚不完全成熟的媒体市场。一方面,传媒收入的绝大部分依赖于广告,这使得广告客户受到前所未有的重视,而传媒为获得更多的广告收益,必须在受众市场上争取更广泛的注意力,主动拉近与受众的距离。因而,这一时期的媒体内容越发强调以受众为本位,贴近受众、贴近生活、贴近实际。另一方面,传媒仍然是党和政府的喉舌,承担着国家的舆论宣传工作,并配合政治体制改革的进程,更高程度地发挥着舆论监督的作用,承担起现代媒体职业品质所要求的"社会守望者"的角色,成为一个多重角色的组合。然而,社会转型期的媒体转型是一个艰难的课题,外有全球化处境下国外媒体的强烈冲击,内有市场发育的不成熟与伦理法制的不健全,诸多西方媒体发展过程中出现的问题也纷纷在中国媒体身上复现,而我们还有我们自己社会急剧转型带来的特殊问题。在这一背景之下,探索建立中国模式下的媒体伦理机制已成为媒体理论研究的核心议题,中国媒体的伦理研究和社会责任研究出现了一股热潮,至今方兴未艾。

二、当前中国媒体的品质与公信力问题

1. 当前中国媒体业发展的特点

21世纪的中国处于重大的社会转型期。中国社会从社会形态来看是从工业社会向知识社会转变,社会阶层出现了新的多元变化,政治社会、市场社会、科学社会三元并存。社会结构紧张,社会群体之间需求差异大。而当前的媒体产业处于市场社会和政治社会的交会点,作为特殊身份的文化产业,正积极探索产业化、市场化、集团化的运作模式以完成其现代转型。作为中国社会改革大框架下的一个部分,媒体转型的指导思想和具体进程与中国社会改革的目标取向应该是同步的。这就要求媒体更多关注那些处于社会底层受众的消费需求,从而缓冲社会结构性的紧张。

当前大众传媒业呈现出以下六个显著特点:(1)集团化、产业

化的步伐日益加快;(2)传播内容和传播形态日益多样化;(3)各类传媒间及同类传媒不同媒体间的竞争日益激烈;(4)各类传媒广泛采用高新技术手段及众多新媒体日益涌现;(5)与国外海外媒体的各种形式的合作及国外海外资本的进入日益活跃;(6)各类传媒及其产品日益走向全世界。

2. 当前中国媒体的品质问题

真实性的缺乏、公正性的缺位、媒体腐败以及媚俗化等倾向成为当前传媒业的毒瘤。它们是媒体道德失范的体现,也是对媒体进行伦理规制的现实基础。

(1)病状

首先,真实是新闻的生命,然而,在新闻传播实践活动中,媒体造假却屡见不鲜。自2002年,《新闻记者》开始评选年度"十大假新闻",可见与新闻真实性相违背的虚假性报道已成一道短期内挥之不去的暗影。除虚假新闻外,还有虚假广告,如一些以新闻、专题片、讲座形式出现却不注明是广告的广告,一些邀请名人对产品做虚假陈述的广告,根本不顾消费者的利益。此外,大部分媒体仍缺乏新闻传播中对报道失实的更正措施,缺乏积极主动的自我批评精神。

其次,直接或者变相的有偿新闻现象大量增生。一些媒介组织因收取回报而有偿发布有利于某些单位与个人的新闻或者有偿不发布不利于某些单位与个人的新闻。这种有偿新闻或有偿不闻的做法严重损害了媒体的客观公正原则与诚信形象。此外,有些时候也会由于体制或其他需要而出现媒体失语的现象。

再次,某些媒体工作人员利用媒体的公共权力换取自己或本媒体组织在政治、经济方面的社会利益,利用媒体的批评权对被曝光对象进行敲诈勒索的行为也不少见,即媒体寻租现象。这是媒体腐败的一种表现,说明相应的监督体制和媒体公共政策体系还不健全,媒体从业人员的道德素质尚有待提高。

最后,是媒体媚俗的现象。在生存压力与经济利益的双重驱使下,许多媒体片面追求"眼球效应",大肆渲染如绯闻、丑闻、暴力等低俗的文化元素,而对苦难表现冷漠,缺乏应有的人文关怀。如汽车压人头部致人死亡事件,有的报道竟冠以"骑车人'中头彩'惨死"之类的标题。除上述几点之外,还存在媒体侵权等现象。

(2)病原

媒体业的毒瘤严重玷污了媒体的品质,损害了媒体的公信力,阻碍了传媒业的健康发展。要清除这些毒瘤,首先要找到这些毒瘤生长的源头。

源头之一:社会环境

传媒的生存和发展状态必定会受到社会大环境的影响。在当前中国的社会大环境中,社会转型带来了社会伦理道德体系的相对混乱,人们的自律环节出现盲区;适应市场经济的法律体系还不够健全,用以规范传媒业的多数规章条例趋于形式化,不具备或只具备极低的法律效力;社会上的一些不良风气侵蚀到传媒界,随波逐流的心理纵容了一些媒体的不法行为或不道德行为。

源头之二:媒体行业现状

在当前中国的媒体行业中,对商业利益的追求已经使很多媒体人丧失了基本的同情心,如不顾受害者以及受害者家属的感受,对灾难、事故现场进行夸张放大的行为。行业的恶性竞争也会导致传媒的失范。这体现在信息资源的不正当竞争,受众资源的不正当竞争,以及人才和经营领域的不正当竞争,为达目的,不择手段,这严重扰乱了传媒行业的正常规则。最后,媒介组织内部的腐败现象削弱了媒体的权威性、影响力和诚信度,最终严重影响到媒体的公信力。

源头之三:媒体从业人员的伦理意识与专业素养问题

传媒人不能为单纯追求经济利益而背离职业的理性基础和伦理责任,"用骇人听闻、华而不实、刺激人心和满不在乎的新闻阻塞普通人所依赖的新闻渠道,把人生重大问题变成了廉价的闹剧,为罪恶、性和暴力开脱"①。传播内容的选择、传播价值的判断、传播动机的确定等既表明了传播者的专业素养,也表明了传播者的伦理意识。传播者必须能判断传播行为的是非、善恶、美丑,必须要区分什么可以传播,什么不可以传播,明确为谁传播、对谁传播、如何传播。

三、对媒体公信力的解读与重新建构

1.媒体公信力的来源与构成要素

公信力指的是公共权力领域与公民社会领域中,以组织形态存在的行动者(公共机构)及具有"公共性"的抽象存在物(主要包括语言、制度、权力、货币、真理等)因赢得公民的普遍信任而拥有的权威性资源。②媒体具有信息采集权和信息发布权,一切媒体都是公共信息传播载体。媒体在社会公共事务中承担着信息传播和舆论监督的责任,这使它拥有公众话语权,并且,在各国,这都是一种受法律保护的公共权力③。媒体的权力行使方式是说服、教化

---

①陈汝东:《传播伦理学》,北京大学出版社2006年版,第1页。
②引自周治伟:"公信力的概念辨析",《攀登》,2007年第1期。
③公共权力是指公共组织在处理公共事务、维护公共秩序、增进公共利益中所拥有的强制性能力。公共权力可以分为强制性公共权力和非强制性公共权力。强制性公共权力是指社会成员必须绝对服从的权力。非强制性公共权力是指通过说服、教化、引导而使之服从的公共权力,更容易被社会成员所接受。[参见江波.媒体社会责任的体现及约束[J]. 新闻导刊,2006(3)]

和引导公众,是一种非强制性的公共权力。无论何种类型的媒体,只有履行自身的社会责任,才能具有更强的公信力,从而具有更大的话语权。如果媒体滥用这种公共权力,就会逐渐丧失社会影响力和公信力,以致最后也丧失了"公共权力"本身。在现代社会,人们对媒体的公信力有更高的期望,公信力集中体现了媒介获得公众信任的能力,已成为传播市场最主要的竞争力,是树立媒介品牌的关键。

人们一般会从信息源的信度、信息渠道的信度和信息自身的特点来判断媒体的公信力。我国有学者归纳了媒体公信力的十项要素①,分别为:正确导向要素、思想高度要素、舆论主调要素、新闻真实要素、高雅格调要素、舆论监督要素、情感亲和要素、品牌特色要素、新闻精品要素和职业道德要素。我把它们大体上归纳为媒体的伦理品质要素、社会功能要素和形象要素。

2.媒体公信力的缺失与重新建构

当前,我们主流媒体公信力缺失的原因主要是单纯考虑宣传的需要,无论是媒体宣传的内容、结构还是语言都趋于模式化,说教色彩浓重,难以令人信服。加之受众可以选择的信息渠道在新媒体时代越来越丰富,受众分化严重,这些都影响了主流媒体的影响力。而单纯经营性媒体往往以求新、求特、求娱乐的效果吸引了更多大众的眼球,却趋于忽视社会效益与社会责任感,所以仍然缺乏公信力。

新闻媒介公信力的构建是一个长期系统的过程,同时这个过程也是塑造媒体品质的过程。要提高媒体的公信力必须做到以下

---

① 陈心安:"媒体公信力的要素构成",《新闻前哨》2004年第5期;温艳华:"媒体公信力缺失成因探析",《辽宁工业大学学报(社会科学版)》2012年第6期。

几点：一、尊重和满足公众的知情权。现实社会中存在着严重的信息不对称，正是由于这种信息的不对称，人们对于信息对称追求才愈益迫切和关注。媒体在何种程度上能够缓解这种不对称紧张程度，决定了媒体在读者中的公信力和支持力如何。二、坚持客观、公正的报道，抵制有偿新闻。这样做的前提是不能把媒体等同于一般的企业，不能把媒介产品等同于一般的商品，不能片面追求经济利益，把经济效益放在社会效益之上。三、坚持独立的品格和理性的精神。对相关社会现象与社会事件要坚持以科学理性的求实精神与质疑精神来冷静对待，并在此基础上进行独立的思考与判断，不能随声附和或随波逐流。

3.大众传播时代媒体形象的价值与媒体的人格塑造

大众传播是专业化的媒介组织运用先进的传播技术和产业化手段，以社会一般大众为对象而进行的大规模的信息生产和传播活动。在大众传播时代，对于媒体组织而言，形象既可以帮助其获取可增益的资源，又可以成为其在社会交往活动中的"社会资本"与"文化资本"。

（1）媒体形象的价值

"媒体形象"即媒介组织在公众中的形象，指的是媒体在社会传播活动中所形成的、能够吸引公众注意的一种品质。首先，媒体形象是公众对媒体最直观的认知结果和评价，是媒体组织获取社会公众注意力的有价资源；其次，媒体形象又是媒体在激烈竞争的市场中用以突出与其他媒体间差异的最直观的标志，是彰显自我内在品质的最直接手段。在媒介全球化竞争的背景下，媒介形象为媒介发展提供了新的增长与激发的动力因素。媒体形象是媒体在不断发展的过程中，在与受众的互动交往中，慢慢沉积下来的比较稳定而持久的体系，它不仅是媒介主动要求并构建的目标,也是与受众互动中的共享符号。媒体形象具有"有价性"、"被评价性"、"技术表征"及"唤起联想"等特点,是媒介符号化的社会表现。媒体形象兼具经济、文化和社会效应,或者说,兼具"经济"、"文化"与"社会"资本的三重资本效应,是一种全新的资源。[1]

关注度、公信力、亲和力和传播效力是整个媒体形象的基本构成要素,它们之间相互依存、相互补充,其中最核心的要素还是公信力。受众对媒体公信力的认定与评判会影响到媒体形象的优劣,而对媒体形象的印象与评判又直接决定了媒介组织的竞争力。

(2)媒体形象的人格塑造

心理学上的人格是指一个人所具有的与他人相区别的独特而稳定的思维方式和行为风格,直接影响并决定一个人在社会生活和他人心目中的地位,影响并决定他的人生和事业的成败。一个媒体或传媒机构也是一个人格化了的社会组织,在伦理学意义上具有拟制人格,其价值观、道德观以及行为的方式方法构成了它的"人格特征"。

塑造"媒体人格",也就是要改善媒体的伦理形象。在传媒发展史上,很多传媒人都十分重视媒体人格的形成和养成。报人史量才就常说"人有人格,报有报格","人格"是报纸的生命。加强现代传媒的职业伦理建设,塑造媒体自己的"人格特征",已经成了当前传媒业发展中最重要的问题之一。

"传媒人格"的塑造就应当注重三个层面:第一是媒体人层面。一批优秀的记者、编辑会造就一个优秀的媒体,一个优秀的媒体

---

[1] 戴薇薇:《媒介公信力与媒介形象》,南京师范大学硕士学位论文2008年版,第15页。

也会选择并培养出一批优秀的记者、编辑。第二是媒体行业层面。媒体要有自己的个性，但是也不能为了显示个性而故意标新立异。第三是整个社会层面。媒体不能只顾及眼前的经济利益而忽略自己应当承担的社会责任。

2010年，《南方周末》的实习生刘志毅在深圳富士康发生员工系列跳楼自杀事件后，以打工者的身份潜伏进富士康，经过28天的"卧底"暗访，完成了《富士康"八连跳"自杀之谜》、《与机器相伴的青春和命运———潜伏富士康28天手记》和《破解富士康员工的自杀"魔咒"》等一系列深度报道，澄清了人们想象中的"血汗工厂"的自杀内幕，还原了中国部分地方产业工人的真实生存状态。这正体现了一个新闻媒体工作者的职业精神和职业伦理精神。正是新闻记者的职业精神铸造了一个新闻媒体的"人格"形象。

第三节　媒体的社会角色：坚守与重构

如果从社会系统角度来看待媒体，媒体就是一种符号化的社会存在，即作为一种社会角色而存在。媒体角色是一个具有相对性的社会分工概念，是媒体的社会职能、社会地位的外化。

一、传媒角色之于传媒功能、传媒责任

"一定的社会角色总是与某种特定的社会作用和功能相对应，这是任何角色出现的共性。换言之，正是社会功能的多样需求呼唤着不同角色的扮演"。或者说，传媒角色、传媒功能与传媒责任是三位一体的。

1.角色、社会角色与媒体的社会角色

角色的概念借自于古希腊罗马剧场中的戏剧和舞台,意指在一场戏剧中演员所扮演的某个人物的特征。进入到社会学领域,角色指的是一个人在一定的社会背景下所表现出的行为特征以及这种行为所发挥的作用。社会角色是人们在特定的社会和群体中占有的地位和身份,指"与人们的某种社会地位、身份相一致的一整套权利、义务的规范与行为模式,它是人们对具有特定身份的人的行为期望,是社会地位的外在表现,也是构成社会群体或组织的基础"[①]。或者说,角色是按照一定社会规范表现的特定社会地位的行为模式。该定义由人类主体延伸到组织主体同样成立。社会组织就是由一组互相依存、相互联系的角色构成的。那么,套用上述的角色概念,传媒角色即是指,媒体组织在特定社会背景下,表现出的行为特征和所发挥的社会功能。我们不妨以角色概念为核心来探讨一下媒体行为的特征,进而考察媒体与社会之间的关系。

有人际关系的地方就有社会,有社会的地方就不免要演化出社会角色的分工。在现实生活语境中,每个组织、每个个体都不免要担任各种不同的社会角色,而社会对每一种特定的角色都有它不同的要求,并通常以法律或伦理道德规范的形式将这种要求稳定化、明确化。媒体角色在不同的社会系统中或者同一社会系统的不同发展阶段中有其共性的表现,因为所有新闻媒体都有一个基本功能,那就是通过对现实的呈现来建构受众对世界的认知和了解,通过议程设置来影响和塑造公众意识与公众舆论。这也是媒体能够完成其不同角色任务所需要的基本功能。

---

① 郑杭生:《社会学概论新修》,中国人民大学出版社2003年版,第107页。

"不容忽视的是,传媒角色在特定的文化传统和时代语境中往往呈现出不同的个性,这是传媒顺应参与社会运行的各种力量(政府、市场、公众等)此消彼长的结果。也就是说,当政府对传媒的控制力量占据主导时,传媒传播的信息往往以政府意志为标准,扮演政党的传声筒;当政府放宽监控,市场、资本意识主导传媒时,其又更侧重于开创经济行为,赢取利润;而当这两者的力量过于强大时,自由主义理论和社会责任理论即出面干涉,呼吁传媒切实履行监测环境、服务社会公众的职责。这就形成在不同的社会制度和历史时期,传媒角色的差异和演变。"①也就是说,传媒角色既不是固定的,也不是单一的,而是如同可以移动也可以分散的砝码,对政府、市场和公众三种主要社会力量起到一种制衡作用,保障整个社会系统的稳定性,当然媒体本身也就在这个过程中成为引导社会发展动力的一部分。

2. 媒体的社会角色与社会功能是其承担相应社会责任的先在条件

新闻媒体作为社会系统的一个组成部分,注定了其必然会以特定的角色地位来发挥自己的功能,因为角色本身就意味着特定的功能的发挥,发挥出来的功能也就是对整个系统所产生的作用或影响。当媒体被赋予自由发挥其角色功能的权利时,它就要因这种权利而承担相应的义务和责任,而它所应负责的对象包括赋予它权利者,也包括被它的权利影响者。从这个意义上说,我们也可以这样理解新闻媒体的角色:它是指新闻媒体在社会系统中所处的地位及相应的权利、义务和行为模式。当然,每一种新闻媒体

---

① 周雅莎:《市场化进程中传媒角色偏离问题研究》,暨南大学硕士学位论文2008年版,第6页。

在整个媒体体系中的地位、权利、义务和行为模式不同(比如国家媒体和地方媒体之分),在整个媒体系统中的地位、权利、义务和行为模式也不同(比如主流媒体和非主流媒体),所以并不是所有类型的媒体都应承担同等程度的社会责任。总之,媒体的社会角色概念先在地包含了与其权利相应的义务和责任因子,所以,媒体的社会角色与社会功能是其承担相应社会责任的先在条件。

3. 媒体担责的要件

媒体的社会角色与社会功能要求媒体承担社会责任,但媒体是否应该为其行为承担责任还需要一定的前提条件。就普通行为主体而言,他能够成为责任主体需要具备两个条件:(1)知识条件。行为主体须具有充分的认知能力和理性判断能力,即能够分是非、辨善恶;(2)意志条件。行为主体须具有充分的意志自由,能够自主行为。如果把这两个条件应用到传媒主体也是成立的,只不过对于传媒组织而言,应将第二个条件作为担责的要件,而对于个体传播主体(如网络上的普通个人传播者),上述两个条件都应作为担责的要件。

虽然媒体在不同的文化与意识形态系统中所扮演的角色有所差异,但任何一个社会都要对它提出相应的社会要求,都需要它承担相应的社会责任。所不同的只是所需要承担的责任范围与责任程度。总之,只要媒体存在于社会共同体中,它就要为自身的自主行为承担责任。

4. 西方媒体职业理想中的传媒角色

根据1947年新闻行业专业协会新闻自由委员会的看法,"自由伴随着一定的义务,享受着政府赋予的特权地位的报刊,有义务对社会承担一定的责任,这就是作为现在社会的公众通信工具而执行一定的基本功能",而媒体在社会中主要应该发挥的功能有以下五方面：一种就当日事件在赋予其意义的情景中的真实、全面和智慧的报道；一个交流评论和批评的论坛；一种供社会各群体互相传递意见与态度的工具；一种呈现于阐明社会目标与价值观的方法；一个将新闻界提供的信息流、思想流和感情流送达到每一个社会成员的途径。[1]

理想中的传媒角色应该是："提供信息的目的是使公众通过民主程序获得权力，而不是让私人的媒介所有者获利。媒介承担着警戒和守望社会的监视职责，把人民的关切、人民的意志传播到各个角落。新闻从业者不仅是自己权力的捍卫者，而且是人民权力的捍卫者。"[2]也就是说，传媒组织应充当社会的"守望者"。此后，西方媒体界一直把新闻自由委员会对媒体角色的定位作为其媒体的理想形态。

5. 大众传媒时代媒体的功能和角色意识

产生于现代社会的大众传媒随着传媒技术与现代文化精神的发展，其功能和角色意识都有所转变。传统的大众传媒包括以报纸、杂志、书籍等为代表的印刷传媒和以广播、电视、电影等为代表的电子传媒。现代大众传媒则包括网络和手机等一些移动终端。不管是传统的大众传媒还是现代大众传媒，其角色意识一般都可以概括为以下三种类型：（1）主要以商业利益为目的的作为市场主体的角色意识。（2）主要以政治宣传为目的的作为政府喉舌的角色意识。（3）主要以服务公众为目的的社会守望者的角色意识。

---

[1] 严晓青："媒介社会责任研究：现状、困境与展望"，《当代传播》2010年第2期。
[2] 新闻自由委员会：《一个自由而负责的新闻界》，展江、王征、王涛译，中国人民大学出版社2004年版，第21页。

今天,由于媒体技术的进步与媒体竞争的激烈,传统媒体和新媒体同样都在追求"社会守望"、舆论监督、教化娱乐等多元化的媒体功能,成为更加复杂的多重角色复合体。在我国,在坚持弘扬主流价值观的前提下,传媒功能正在朝着民生化、娱乐化方向发展,传媒往往兼有事业主体、产业主体双重角色,多重媒体角色与功能还在社会转型的大背景下处于持续的分化和整合过程之中。

二、市场化进程中媒体角色的分化与整合

在社会变迁的过程之中,大众媒介通常会成为公众作用于社会变迁的工具和中介力量,随社会变迁的不同阶段而发挥不同的主导功能。如:在社会变迁之前对变迁的引发功能;在变迁进行过程中的变革功能;在变迁成功之后的宣传巩固功能。

1. 现代中国媒体角色的变迁

"报刊总是带有它所属社会和政治结构的形式和色彩,特别是报刊反映一种调节个人与社会关系的社会控制的方式。"①所以,媒体角色是经常随着其所属社会的社会结构和政治结构的变化而变化的,在中国,自中华人民共和国成立以来,对媒体角色的定位大致经历了三个不同的阶段:

(1)自新中国成立至改革开放以前的近30年间,中国社会经济发展处于社会主义计划经济模式之下,当时的新闻媒体作为各级党政机关的附属机构而存在。除了1950年到1956年曾尝试过报业短暂的企业化运营外,从20世纪50年代末到70年代末,传媒组织一直依靠政府财政生存。"共产党的报纸和通讯社是党

---

①【美】韦尔伯·斯拉姆等:《报刊的四种理论》,中国人民大学新闻系译,新华出版社1980年版,第1页。

和人民的耳目喉舌,是党联系群众、教育群众,提高党员和群众觉悟最有力的武器,也是党认识世界指导斗争的公开机关。"①之后,媒体无论被当作共产党党内批评与监督的工具,还是阶级斗争的工具都始终贴着政治的标签,发挥着舆论指导的功能,政治功能几乎淹没了新闻、舆论等其他方面的功能。这一时期的传媒角色主要被定位为党的"喉舌"角色,成为宣传鼓动的武器、组织革命的阵地,而不是公众舆论的平台。1953年,全国共有专区以上报纸258家,其中共产党机关报一家独大,占总数的近60%,其他类型的报纸比重皆很小。

（2）自1978年中共十一届三中全会召开到1992年十四大召开,这一时期中国经济体制处于计划与市场双轨并行的过渡阶段。1978年底,人民日报社等数家新闻单位向财政部递交报告,要求试行"事业单位,企业化管理"的双轨制经营管理体制,传媒开始走向市场。最突出的变化就是:信息观念得到重视,新闻的报道面扩大,报纸也开始恢复广告刊登,传统的"宣传模式"受到了冲击。传播业也进入飞速发展时期,报纸、电台、电视台以及媒体从业人员的数量的数目成几倍、几十倍地增长。并且,媒体业"扩大自主权"的呼声越来越高。1987年,中共十三大将"舆论监督"写进大会报告,自此,媒体的"舆论监督"功能正式进入国家政治话语体系。这一系列变化都预示着中国媒体角色将很快发生深刻的转换。

（3）中共十四届三中全会以后,社会主义市场经济体制得以初步确立,新闻媒体也开始了改革,尝试为实现与市场的接轨而推行产业化运作,标志性事件即1996年中国第一家报业集团"广州

---

① 郑保卫:《中国共产党新闻思想》,福建人民出版社2004年版,第288页。

日报报业集团"的成立。此后,新闻媒体摆脱了完全从属于政府的地位,自主经营、自负盈亏的传媒组织开始大踏步走向市场,媒体依然保留了"喉舌"的地位,同时又获得了企业的身份。进入21世纪,中国的媒体体制改革进一步深化。2005年国务院发布《关于非公有资本进入文化产业的若干决定》,允许非公有资本进入文化行业和领域。由于市场机制的引入,媒体更多地适应自身的资源条件来迎合受众的需要,媒体角色和功能的多样化开始显现,而政府与媒体的角色关系或者说权利—义务关系也发生了深刻的变化,从原来的政治管制与服从的关系发展为经济控股与合作的关系。

2. 市场经济进程中的媒体角色分化

(1)社会分层与角色分化

根据社会学的观点,社会分层是指按照一定的具有社会意义的属性,把社会成员区分为高低有序的不同等级、层次的过程与现象,它主要体现了社会成员之间社会地位的差别,而这种差别则源于社会分化。在社会分层研究中,社会分化特指社会系统的结构中原来承担多种功能的某一社会地位发展为承担单一功能的多种不同社会地位的过程,因此,功能的专一化和地位的多样化是社会分化的两个基本特征。[①]社会分层或者说社会地位分化的表现形式之一就是社会角色的分化。

在市场机制的作用下,一方面是各行各业的专业分化越发明显,另一方面是整个社会的阶层分化越发严重。为了满足受众多样性的需求,应对残酷的市场竞争压力,传媒业一方面发生了

[①] 转引自于淼:"社会转型期新闻媒体角色的分化与整合",《新闻大学》2011年第3期。

内容专题化、功能专一化的专业性功能分化,另一方面也在传媒系统与传媒体系中出现了竞争性的地位分层,新闻媒体角色由计划经济体制下的单一的"喉舌"角色,转变为"双轨制"下的多种角色。

具体而言,媒体角色的分化表现在以下三个方面,即:类型多样化,如新闻可分为政党新闻、民生新闻、调查性报道、社会新闻四大类型。功能专一化,即一种角色满足一种诉求,如上述四类新闻产品就分别发挥的是"宣传"、"提供信息"、"服务社会"、"社会整合"和"舆论监督"的功能。而为了应对市场竞争,"资讯化"、"软新闻"和"新闻娱乐化"也成为新闻报道的趋势。最后是地位等级化。中国媒体一直按照行政级别和行政区域划分资源,以之为基础来确定各自的权利和义务、地位和功能,这就限定了媒体角色的发挥空间,同时也限定性地影响了不同地域与不同级别媒体的经济收益水平。

(2)媒体角色分化带来的问题

媒体角色的分化是市场发育的必然结果,有了分化才有成长,角色的分化有助于新闻媒体整体功能的发挥。但这种分化也带来了一些问题。

首先是角色冲突问题。中国的传媒在市场化的进程中成为一个多重角色的组合,即"角色丛"。"每一个角色都有着自己特定的角色丛,该角色丛中与之发生互动角色的伙伴对他有着一定的角色期望,当这些期望彼此出现矛盾或个体对过多的期望难以一一应付时,角色冲突就产生了。"[1]媒体的角色冲突集中体现为角色间冲突和角色内冲突两种类型。角色间冲突一般发生在不同媒体

---

[1] 周晓红主编:《现代西方社会心理学流派》,南京大学出版社1990年版,第239页。

之间、媒体与受众之间、媒体与行政单位之间,起因包括利益矛盾、角色期待差异、角色失范等;角色内冲突是由一个媒体同时承担多种角色规范相互矛盾的社会角色引起的。

其次是角色混乱问题。这是由角色行为标准不确定而造成的。这种不确定同样源自于转型社会这一大背景。转型期的社会对媒体的期待往往既多样、易变,又相互矛盾。在这些角色期待的挤压下,媒体对自己的行为失去了规范尺度。此外,在社会转型过程中,媒体体制改革的目标和模式尚不能完全确定,这也使得媒体对自身角色缺乏一个明确的目标定位,与特定角色的权利、义务相关的法律制度和伦理规范也无法在短期内完善起来。总体上说,是媒体利益相关方的期待也好,是媒体自身目标定位的模糊也罢,毕竟还是整个社会系统的权责分配不清造成的。新闻媒体在政党、市场和受众三者之间摇摆,既有可能增加媒体角色的模糊化,也有可能强化媒体的投机行为。

媒体角色冲突和角色混乱会影响社会组织的良性运转,引发各种媒体的规范和伦理问题。

3. 整合媒体角色的可能途径

(1)有机整合

有机整合又称为有机团结。根据涂尔干的社会学观点,在社会中,社会各个要素具有不同的性质,既相互协调和隶属,又相互依赖和相互制约。各种相互依赖的关系只有采取各尽其用的分化形式才能结成一种功能,即相反者相成。而由相似性所致的团结无法将人们紧密结合起来,这种团结会随着社会的不断进化而越发松弛。①换句话说,就是社会系统需要的是各种职业组织的分工与

---

① 【法】埃米尔·涂尔干:《社会分工论》,渠东译,生活·读书·新知三联书店 2000 年版,第 33 期。

合作,和而不同。所以,中国媒体的角色整合首先要在不同媒体角色充分分化的基础上进行,要根据媒体的不同的特点和性质,使其相互协调。目前,中国传媒业的结构调整与结构转型正朝着集团化的整合方向发展,并初步收到了良好的经济效益。

(2)宏观体制改革与微观角色定位。

20多年来,媒体业界和媒体学界一直努力探索一种能够通过市场和行政两种手段对媒体资源进行合理配置的途径以及相应的规则体系。然而,由于整个媒体系统的过度分化,媒体之间缺乏功能性互补,引发了恶性竞争。在这种情形下,应该继续深化市场化方向的媒体体制改革,松脱政府对媒体的行政控制,完善媒体业的伦理法制建设。在法律的框架内,通过强化服务与监督等手段来实现对媒体的管理和控制。另外,随着我国现代化水平的提高,各新闻媒体将处于一种风险与机会同在、挑战和机遇并存的格局中。机械地对不同的媒体角色进行整合反而可能激化角色和功能的冲突,所以,媒体应该果断地根据受众的心理预期、自身的资源条件以及自己的发展目标来为自身的角色做一个明确的定位。

三、社会责任视角下媒体角色规范的建构

不同社会系统中的媒体角色须遵守不同系统的游戏规则,须建立起一种合理的自律模式——一个角色规范体系,以保障媒体角色所要求的责任履行。我们的自律模式其实也是一种解释模式,是对自身所处社会关系与社会情境的解释。

1. 当前媒体角色失范的原因

(1)由义利不分到见利忘义

前面已经提到,我国的媒体在现阶段兼具市场主体和事业主

体双重身份。媒体在巨大的经济利益诱惑下,其商业诉求掩埋了公益诉求,在义与利难以兼得的情况下很自然地把天平偏向了利的一边,新闻的良知开始从"为人民服务"沦为"为人民币服务",于是就有了媒体造假、媒体腐败等各种媒体角色失范现象的出现。应该牢记,媒体虽然也是市场经济中的利益主体,但它具有不同于其他单纯盈利主体的公共事业性质,媒体人首先是人类的一份子,然后才是媒体的从业人,所以,当经济效益同社会效益发生矛盾时,应以社会效益为先。

(2)自由的失控

我国新闻体制的改革促进了媒体新闻自由的实现。媒体的自主权扩大,报道的形式、内容也越来越多元化,媒体功能获得了前所未有的伸展。然而,新闻媒体理应具有采访、传播、出版、批评等自由权利,但这些自由权利不是无所限制的,更不能因一己之私而肆意滥用,一定不能僭越为社会大众谋求福利的社会责任。新闻自由权要受到社会责任框架的约束,缺乏约束的权利终将摧毁这种权利本身。如传播色情暴力内容、以偷拍等手段侵犯他人隐私的行为都在此例。应完善相关的法律法规,对部分滥用新闻自由权、缺乏社会责任感从而损害了公众利益的新闻从业者,予以经济、法律和行政上的相应处罚。

(3)单纯追求传播效应,罔顾新闻的真实性

新闻报道的真实性原则是媒体从业者必须遵循的首要职业道德标准。然而在激烈的市场竞争中,许多媒体为增加收视率、点击率,扩大发行量,不顾新闻的真实性要求,而把"求快"、"求新"、"求特"作为更高的准则,导致虚假新闻、片面新闻的大量滋生。媒体在追求更大的传播效应的同时,绝不能牺牲新闻的真实性,不应为了追求速度而草率发布未经核实的消息,更不应以发布虚假

新闻的方式来制造媒体"轰动效应"。

（4）过度揭示

普利策曾说过："倘若一个国家是一条航行在大海上的船,新闻记者就是船头的瞭望者。他要在一望无际的海面上观察一切,审视海上的不测风云和浅滩暗礁,及时发出警告。"这体现了新闻媒体的揭示性功能。对社会异常现象的适度揭示有利于缓解社会矛盾,引导社会的良性发展。然而,过度揭示则可能适得其反。尤其是在当今风险社会的背景下,媒体对某一社会危机现象的过度揭示,可能会引发不必要的社会恐慌,从而造成更严重的危机局面。如对绑架事件的过度揭示就可能影响警方的顺利营救,对受害者造成更深的伤害。

2. 建构媒体角色规范的依据

发轫于西方的社会责任理论为我们提供了基本的媒体责任理念。

19世纪末开始形成的新闻专业主义（journalistic professionalism）理论提出了一套关于新闻媒体的社会功能的信念,一系列规范新闻工作的职业伦理,一方面要求媒体坚持客观性、独立性的专业品质,另一方面又强调媒体应具有服务公众的自觉态度和社会责任意识,以"公正、公开、公平"为目标取向,尊重受众的知情权和接近权。20世纪初,约瑟夫·普利策曾经在给《北美评论》的一篇文章中写道："只有最高的理想、兢兢业业的正当行为,对于所涉及的问题具备正确知识以及真诚的道德责任感,才能使得报刊不屈从于商业利益、不寻求自私的目的、不反对公众的福利。"[1]这里初步提出了有关媒体社会责任的理念。20世纪40年代形成的

---

[1] 转引自【美】韦尔伯·斯拉姆等：《报刊的四种理论》,中国人民大学新闻系译,新华出版社1980年版,第97页。

"社会责任理论",为对抗由传媒内容的浅薄化、煽情化、刺激化而引起的社会道德和文化堕落,更加直接地对媒体提出了责任要求,后来逐渐成为媒体理论研究和实践的重要部分,下一章将对这一部分内容详细加以分析。此外,后来各国在社会责任理论基础上所确立的媒体规范也给我们提供了可资借鉴的历史经验。

3. 建构媒体角色规范的原则

依据媒体社会责任理念的要求,媒体的角色规范至少应包括媒体的专业品质要求、职业精神以及职业道德规范等方面。

媒体工作者的职业精神是一种敬业精神,也是一种勤业态度,是规范新闻传播行为的价值形态。媒体工作者既要认清自己的职业责任和职业使命,又应确立其正确的职业观念、态度、情感和作风。基于对社会负责的职业精神,媒体应积极生产富含真、善、美的精神产品,把人类的高尚精神注入到新闻产品中,在充分尊重人性的基础上挖掘新闻价值,诠释社会现实。如汶川地震报道中,更多地出现了关于关注生命、彰显崇高人格、维护人的基本价值的作品,这就是传媒履行道德责任的一种表现。最后,媒体还应积极推动现实向更合理的方向发展。媒体不可避免地要为技术专家、企业家或广告赞助人服务,但更主要地还是要为社会公众服务,成为公共利益的捍卫者。媒体必须在运用自己话语权的同时承担起社会责任。

以上所述可以说是媒体的职业精神品质,也可以说是我国当下媒体伦理观的基本要求。要保障媒体履行其角色规范,还需适当使用行规、法规、评议体制、监督体制等制度性规范。"最早的一个法规《新闻法规》是美国报纸主编人协会在1923年制定的。它号召报纸要对公众福利、真诚、真实、公正、公平、节制、尊重个人私生活负责。也许因为当法规起草时,报纸已有近三百年历史的悠久传统,因此这个法规之于自由主义理论,不像电影、广播和电视等这些20世纪通讯工具的法规那样显著地脱离它的影响。法规中隐含着:相信人类是有理性的动物,能够发现真理,并能用理智来明辨是非,相信自我纠正法则;相信报纸主要是一个启发工具,诉诸读者的明辨的理智。法规似乎认为,报纸应当用发展自我纠正法则来促进民主政府。报刊可以努力成为真实和公平的典型,来帮助自我纠正法则起作用。法规中的一个新思想是,报刊是对公众福利负责的。"[①]

4. 媒体与受众[②]的多重角色关系及其所产生的媒体责任形式

(1)潜在的契约关系

这里所说的契约关系即权利—义务关系。各国法律一般都规定受众有知情权。当受众的知情权得到很好满足,也就意味着媒体很好地履行了传递信息的义务。而"很好"的标准就在于受众所收到的信息与媒体所传递的信息是否坚持了客观、公正、真实的基本原则。当受众受到媒体的失实报道、不客观、不公正报道的侵害时,有权要求更正或赔偿,而媒体则有义务对侵害行为承担后果。

(2)新型的师生关系

现代社会是知识型社会,媒体因其强大的传播力和社会影响力,可以作为教师的角色对受众进行科学知识的普及和教育,以最快的速度介绍新技术、新成果、新观点、新知识,传道解惑,受众能够根据自己的兴趣、需要选择适合自己的内容,打破了学校教育方式的限制,所以说这是一种新型的师生关系。这种情形下,媒

[①]【美】韦尔伯·斯拉姆等:《报刊的四种理论》,中国人民大学新闻系译,新华出版社1980年版,第100页。

[②]受众这个概念不像阶级、性别、种族那样是学术分析的范畴,而是媒体产业自身的产物。媒体产业用这个概念来识别市场,界定商品。

体要承担教育者所应承担的责任和义务。

(3)服务者与消费者的关系

媒体承担着为受众提供服务的功能,受众根据自己的需要选择适合自己的服务。所以,媒体也有责任保障受众作为消费者的权益。在这种情形下,媒体有作为商业性主体保护消费者权益的责任。

(4)媒体主体间的关系

随着新媒体与新传播技术的发展,博客和微博的兴起为传统意义上的受众提供了一个自己报道新闻信息的平台。媒体与受众的界线正逐渐模糊,两者之间往往既存在竞争关系,又存在互补关系。[1]受众拥有了实现对媒体的参与权与监督权的便捷工具,这种参与权和监督权也就显得越来越重要。

---

[1] 郎劲松、初广志编著:《传媒伦理学导论》,浙江大学出版社2007年版,第236—239页。

第三章　媒体的社会责任定位

显然，让新闻界承担公共责任的一个全新时代已经到来，当务之急是：新闻界表现的优劣是否继续取决于发布者不受管制的主动精神。在任何情况下，思想家表述其意见的精神和法定权利都必须保持完整无缺，这一权利代表了处在所有自由社会生活中心位置的个人主义的核心内容，但是与这一权利相关的义务因素需要得到认真审视。

——［美］新闻自由委员会：《一个自由而负责的新闻界》结语

通过上面几章的分析，我们不难得出结论：基于媒体社会功能的延伸，社会影响的扩大，媒体在社会中扮演的社会角色自身所要求的权利—义务关系，以及现实全球化社会环境下大量社会伦理问题的媒体关联，媒体的社会责任问题已经愈发重要。如美国传播学者丹尼·埃利奥特所坚持的：无论媒体置身于怎样的社会中，它们都对社会负有责任，而且每种媒体都要对依赖它们而获知信息的公众、团体负责。不管是私有制媒体，还是政府所有制媒体，不管有无新闻控制存在，也不管这种控制是来自新闻机构本身，还是来自外部力量，责任都是存在的。媒体要承担社会责任是不容置疑的,但问题是:媒体在具体情境中都要对谁负责?负何种责?以何种方式负责?负责到何种程度?如何保证这种责任的履行?这些问题是我们这一章将要探讨的重点。

第一节　媒体社会责任的宏观框架

从媒体组织作为自主经营者的意义上说,媒体的社会责任研究也是广义的企业社会责任研究的一个组成部分,而这就意味着,在宏观上,企业的社会责任框架应该适用于媒体。

一、企业社会责任理论的演进

企业社会责任的理念源自西方,是随着西方企业社会责任问题的理论研究与实践发展而逐步得以完善的。企业是近现代生产的主要组织方式,企业发展与社会发展的矛盾也逐步成为现代社会的主要矛盾之一。20世纪初,随着企业的日益巨型化,资本家们为了追逐利润最大化往往不择手段,企业主与雇员的矛盾、企业与社会的矛盾不断激化。一批具有探索精神的理论工作者由而提出一种挑战传统企业角色或目标定位的理论——企业的社会责任理论。木有本,水有源。站在更为广阔的时代背景下,我们很容易看出,前述媒体社会责任理论的出现,实际上也是发端于美国20世纪初的企业社会责任运动的一种响应。

根据不同时期对社会责任理念认识的深度和广度,我们把企业社会责任理念的发展过程概括为以下几个发展阶段:

第三章
媒体的社会责任定位

1. 企业社会责任概念的提出与争论阶段

企业社会责任研究是在不断争论中发展起来的。企业社会责任的概念从提出到获得广泛认可大约经历了半个世纪。

1924年,英国学者奥利佛·塞得姆(Oliver Sheldom)在他的《管理哲学》一书中提出"企业社会责任"(Corporate Social Responsibility,CSR)概念(以下简称CSR)。他第一次把道德和企业的经营联系起来,认为工业既要生产商品,还要促进社会福利和社会正义,应当把最高的道德标准作为管理准则。自此,西方学界围绕"企业是否应该承担社会责任"的问题,展开了一场广泛的争论,其中最著名的就是两位经济学教授贝利与多德的论战。这场论战最终以贝利承认多德的观点即企业应当承担社会责任而告终。

在这场论战中,企业承担社会责任的反对者大多认为:第一,企业社会责任思想要求企业把承担社会责任置于追求股东利益最大化之上,这不符合古典自由主义经济学的利润最大化原则;第二,企业社会责任的概念更多表现为道德与规范维度上的思辨,从未对企业的行为标准作过描述,语义含糊,不切实际,没有可操作性,在实践中往往变成了企业的一个宣传工具,成为企业、管理者及消费者团体之间相互斗争的武器。也正因如此,早期的企业社会责任研究一直努力希望构建一个较为明确的CSR概念,但是在艰难而缓慢的争论之中,它反而装进了更多更复杂的思想、概念、技术与争论,至今仍在因其"含糊不清"而备受诟病。

从20世纪50年代开始,CSR争论的核心开始转向"企业应当在多大范围内承担社会责任"。秉持古典观点的学者,如米尔顿·弗里德曼(Milton Friedman),认为企业唯一的社会责任就是利润最大化,最主要的责任对象就是企业的股东;秉持社会经济学观点的学者,如德鲁克(Drucker)、阿奇·卡罗尔(Archie B.Carroll)、凯斯·戴维斯（Keith Davis）等，则认为企业应对包括股东在内的所有利益相关者（如股东、债权人、消费者、员工、社区等）负责。

2. CSR 基本讨论框架的形成

20 世纪 70 年代后，CSR 研究从社会义务、社会责任的道德讨论层面进入到更具操作性与实践性的管理维度。学者们提出了企业社会响应（Corporate Social Responsiveness-CSR2）、企业社会表现（Corporate Social Performance，CSP）与企业公民（Corporate Citizenship，CC）等新概念来克服企业社会责任定义上的模糊性，并建构起不同的研究模型。

1979 年，卡罗尔（Carrol）在《公司绩效的三维概念模型》中提出了一个"社会责任、社会问题、社会响应"三维模型，用以研究企业社会责任绩效。基于社会责任绩效与经济目标的一致性，他把经济责任、法律责任、道德责任和慈善责任看作是企业应依次履行的责任，并以此为基础，在 1991 年提出了"社会责任金字塔"（Pyramid of Social Responsibility）模型。

3. CSR 与利益相关者理论的结合

利益相关者思想于 1963 年首次出现于斯坦福研究中心内部备忘录中的一篇管理论文，论文提出这一概念的初衷是为了挑战"股东是管理者必须关注的唯一群体"的思想。后来证明，这一思想显然顺应了当时企业外部大环境与内部小环境的巨大变化。企业与利益相关者之间具有交互性，企业的生存和发展不是孤立的，而是受许多利益群体的影响，二者存在共生关系。1984 年，弗里曼（Freeman）出版了《战略管理——利益相关者方法》一书，把利益相关者定义为能够影响一个组织目标的实现，或者受到一个组织实现其目标过程影响的所有个体和群体，开创了将利益相关者概念应用于战略管理实践的新时期，此后，利益相关者理论在众多学者的推动下得到了进一步发展,目前其研究领域主要涵盖了四个方面:经济的规范理论、公司治理与组织理论、企业社会责任与绩效、战略管理领域。①

利益相关者颠覆了"股东至上论"的传统观点,由而为CSR提供了强大的理论支持。对于利益相关者的构成,大多数学者支持应包括股东、职员、供应商、销售商、客户、债权人、公司附近社区及社会公众等利益相关群体,也有些极端理论支持者将环境、动物等包括在内,到目前为止,这一概念仍缺乏明确的外延。但正是与利益相关者理论的结合,使得CSR概念的内涵进一步扩大,对利益相关者的研究也就是对CSR责任对象的研究,有利于进一步划定CSR的边界和制定可量化的责任标准。

4. CSR与多元化思想的结合

随着经济的全球化发展,全球的相互依赖性越来越强,企业的影响面越来越大,劳工、消费者、非政府组织等群体对企业社会责任问题越来越关注,许多理论家研究企业社会责任与企业其他方面的关系,并更多注重实证研究,同时开始在实践中着手制定CSR的国际标准。国际上各种企业社会责任标准层出不穷,包括企业生产守则在内总计超过400多个,但其中影响最大的一个是SA8000,一个是ISO26000。

SA8000是经济优先权委员会制定的一套可被第三方认证机构审核的国际化标准,第一个修订版本Social Accountability 8000:2001(简称SA8000:2001)发表于2001年12月,以保护劳动环境和条件、劳工权利等劳工标准为核心内容,具体包括童工、强迫劳

---

①朱卫东:"利益相关者理论及其最新研究进展",《中国会计学会高等工科院校分会第十八届学术年会(2011)论文集》,2011年;黄彩、夏虹:"国内外企业社会责任研究回顾",《东华理工大学学报(社会科学版)》2012年第9期。

动、健康与安全、结社自由和集体谈判权、惩戒性措施、工作时间、工资报酬等几个方面,主要针对的是发展中国家。

2004年6月,国际标准化组织通过决议,决定开发一个适用于包括政府在内的所有社会组织的"社会责任"国际标准化组织指南标准,来自全球90多个国家和40多个各类组织的1000多名专家先后参与其中,这些专家分别代表着消费者、政府、行业、劳工、非政府组织及其他多方不同的利益相关方群体。2010年11月1日,该标准正式出台。①这是第一个关于社会责任领域的具有广泛代表性和权威性的全球标准。它界定了组织管理、人权、劳工实践、环境、公平运营、消费者议题、社区参与和发展等七个方面的社会责任核心主题,从而指明了社会责任的方向和内容,有利于促进这一责任标准的实际应用。由于利益相关方的充分参与,ISO26000兼顾了国家性质、所属地区、性别的平衡,最终受到国际社会的广泛认可。

二、企业社会责任研究的几种主要视角②

CSR的研究者与支持者众多,然而他们看待CSR的视角不同,进行研究的出发点和支持的理由也不相同,所以,得出的有关CSR研究的具体结论存在着一定分歧,如责任根据、责任对象、责任边界、责任计量、责任的变动性等方面。这里我们简单介绍几种典型的理论倾向。

---

①陈伟昌:"企业社会责任相关国际标准的影响",《行政与法》2011年第6期。
②本部分内容主要参考胡贵毅.企业社会责任理论的基本问题研究[D].上海交通大学博士学位论文,2010:11-30;王笑笑、高峰.企业社会责任观的演进与发展[J].唐山职业技术学院学报,2009(2);周勇.论责任、企业责任与企业社会责任[J].武汉科技大学学报(社会科学版),2003(12)

1. 传统经济学视角下的 CSR

传统经济学视角下的企业理论可以成为"股东的企业理论"。如经济学家弗里德曼认为,企业的本质是为股东赚取利润,企业存在的唯一目的就是最大限度地营利并实现股东利润的最大化。这包含三项内容:一是企业的所有者是股东;二是管理者负有单独服务于股东利益的信托责任;三是企业的宗旨是股东利润最大化。因而,企业的每一项行为都要以此为标准来判断。核心是考察一项企业行为是否对企业有利。

"企业的唯一目标是最大限度地营利,并实现股东利润的最大化",这一观点受到众多的批评,为此,一些学者对其进行了部分修正,把原来的股东利润最大化修改为股东利润满意化。认为企业可以在追求利润目标的同时追求社会目标,而且社会目标与利润目标并不冲突,既干好事又可以得好处。这种观点协调了股东至上论者同社会责任论者的矛盾。弗里德曼于20世纪80年代末也修正了其以前的观点,提出企业利润最大化可以与企业社会责任和谐共存。但其本质仍是坚持股东利益至上和资本强权逻辑的。它所产生的是一种片面的社会责任观,即企业只对所有者承担一种经济责任。

2. 利益相关者视角的 CSR

利益相关者理论突破了股东利益至上的观点,它倡导企业与利益相关者之间共生共存的利益关系。利益相关者对企业的经营活动有着直接或间接的影响,"利益相关者对企业的生存和发展注入了一定的投资,他们或是分担了企业的经营风险,或是为企业的经营活动付出了代价,企业的经营活动必须考虑他们的利益,并给予相应的报酬和补偿"。

卡罗尔以"利益相关者理论"为基础,认为企业社会责任包含社会在特定时期内对经济组织的经济、法律、伦理和自愿行为的期望,其中经济责任是企业最基本的社会责任,法律责任是指企业行为必须受法律法规的约束;伦理责任代表的则是社会公众对企业提出的超出法律之外的,并且承载着公众对企业的期望的社会规范。

这样,利益相关者理论既扩大了 CSR 的对象,即要对与企业经营活动有关的利益相关者负责,又拓展了责任的维度,即将企业社会责任从单纯的经济领域扩展到了法律和伦理范畴。

3. 基于权利与义务对等关系的 CSR

这种理论观点认为,企业是组织社会生产的一种方式,它占有了社会的资源,并且通过使用资源,对社会成员和整个社会产生影响,由此拥有了一定的权利。而且,随着企业规模的扩大和跨国化发展,企业控制的资源越来越多,权利也越来越大。然而,企业的权利在使用时不能凌驾于他人基本人权、追求生活质量等正当权利之上,企业权利与义务必须对等,企业有良好使用资源和关照社会利益的义务,应承担相应的社会责任。

戴维斯(Davis)根据这种权利—义务对等模式提出了责任的铁律,即责任与权利必须联系在一起,企业所有的权利是与其所负担的责任相平衡的。如果企业逃避责任,则其权利也得不到保证的。企业对社会的责任不仅仅局限在经济方面,还包括非经济方面。我国学者周勇提出,企业所享有的权利决定了企业要承担相应的社会责任,在市场机制和社会制度存在缺陷的地方,它们有义务履行社会道德责任。

上述观点从"权利与义务对等"、"恰当限制权利"等角度出发,认为权利不同,责任也不同;权利越大,责任就越大;CSR 对象指那些受到企业权利威胁的对象;企业需要承担社会责任的内容和范围,应该按相对方受权利影响的内容和范围来确定。这种观点在责任边界和责任量化的问题上没有给出很好的答案。

4.基于企业契约理论的CSR

企业契约理论是现代企业理论的基础,认为企业是由一系列与员工、供应商、消费者等签订的或明或暗的契约组成的。如果很好地照顾到契约方的利益,就会降低企业的综合成本;反之,就会显著影响企业的交易成本,严重时会令企业有崩溃的危险。所以,企业从自身的利益出发应该主动去承担社会责任。只有很好地履约,承担其社会责任,才能更好地发展。

它一方面强调契约是企业的本质,另一方面又强调很好地履行社会责任对企业的好处,如降低交易成本。该理论把企业对相关方的CSR用契约来解释,颇具说服力,为企业CSR理论的发展奠定了基石。但是,企业契约的对象没有明确,契约的内容也缺乏明确的表述。

5.基于全球生态视角的CSR

进入21世纪以来,一系列社会问题的爆发对整个人类社会的生存与发展提出了巨大挑战,财富个人化,而成本社会化,企业应当承担的环境及公益责任提上议程。受企业共生理论[①]的启发,这种责任观的具体内容是:企业社会责任的内容不仅包括经济责任、法律责任、伦理责任,还包括环境责任、公益责任;企业承担社

[①] 企业共生(Symbiosis)理论,即在企业生态系统中,存在共生现象,那些能很好地与周围企业组成良好共生生态的企业的发展能力更强大。共生意味着不同的企业可以互惠互利地相处,可以共同发展,但同时需要维护共生的环境,即对形成共生关系的其他企业承担一定的社会责任。"共生"强调企业与环境之间的动态平衡,企业要与利益相关者和谐共处,共同创造分享价值增值,营造一个共生共荣的企业生态群落。

会责任的对象不仅是股东,也不仅是利益相关者,还包括社会环境、社会公众以至生态环境。

综合上面各种 CSR 研究理论,我们总结出如下两个共同的结论要点:(1)其责任对象既指股东,也指其他包括债权人、雇员、供应商、用户、消费者、政府等在内的利益相关者;(2)CSR 既是责任,也是义务,带有强制性,也带有倡导性,而那些强制性的法定社会责任应作为企业合法行为的底线。

三、ISO26000 对社会责任问题的全面回答①

ISO26000 第一次在全球范围内形成了对社会责任概念的共同理解,使得社会责任概念进一步明确化、标准化、系统化、规范化,有力地促进了社会责任理论的发展。

1. ISO26000 对社会责任的全面定义

ISO26000 条文中,社会责任(social responsibility)被定义为:"通过透明和道德行为,组织为其决策和活动给社会和环境带来的影响承担的责任。这些透明和道德行为有助于可持续发展,包括健康和社会福祉,考虑到利益相关方的期望,符合适用法律并与国际行为规范一致,融入整个组织并践行于其各种关系之中。"

首先,ISO26000 明确了一个统一的社会责任内涵。从定义内容可以看出,承担社会责任是一种组织行为,而组织之所以要承担社会责任的原因有四个:一是天然的道德动力;二是回应社会期望的结果;三是组织与社会关系演进的结果;四是维护组织自身利益的选择。其次,ISO26000 明确指出社会责任的主体是组织,

---

① 卢勇:"ISO26000——开创社会责任新纪元",《现代商业》2011 年第 2 期;殷格非:"ISO26000:全球社会责任发展的新时代",《WTO 经济导刊》2010 年第 10 期。

而其对组织的界定是"赋有责任、权威和关系以及可以识别目标的实体或人员群体和设施",即履行社会责任不仅仅是企业的事,而是包括企业在内的各种组织和机构。它首次在全球性适用的国际标准中将企业社会责任(CSR)扩大为社会责任(SR),这将有利于在更大范围内加速推进社会责任的有效实施。最后,对组织而言,ISO26000既给出了"透明的和道德的行为"这一符合责任的行为标准,又揭示了通过"融入整个组织活动"来承担责任这一责任的履行路径。组织的责任履行思路已经超越了"是否应该做"的道德讨论,转变为"需要做什么"的实际要求,组织须将这些要求纳入组织决策和组织活动,以符合社会期望。也就是说,组织要基于社会价值考虑组织行为的过程和结果。此外,它既提出了对社会和环境负责这一现期的社会责任,也表明了实现可持续发展和社会福利这一远期的社会责任。

2. ISO26000为组织履行社会责任提供了操作指南

除了明确社会责任主体和社会责任内涵外,ISO26000还规定了一个组织履行社会责任的对象、履行社会责任的原则、核心主题,提供了将社会责任融入整个组织的操作指南。

ISO26000中规定,组织履行社会责任需考虑七个方面:组织治理、人权、劳工实践、环境、公平运营实践、消费者问题、社区参与和发展。ISO26000中,组织开展社会责任活动所需遵循的原则是:

(1)应用该标准且遵守国际行为规范时,需充分考虑社会、环境、法律、文化、政治和组织的多样性以及经济条件的差异性。

(2)遵循七项核心原则,包括担责、透明、良好道德行为、尊重利益相关方的关切、尊重法治、尊重国际行为规范、尊重人权等。这七大原则和七项核心主题的界定,为组织明确指出了履行社会责任的方向,为组织履行社会责任提供了有力的指导。[①]

ISO26000 的内容是一个指导组织履行社会责任过程的逻辑体系,概而言之:

(1)组织履行社会责任的最高目标是为整个社会的可持续发展做出最大限度的贡献。所以,对任何组织而言,不仅应当履行好底线义务,而且要承担起更高道德追求的社会责任,必尽之责任、应尽之责任和愿尽之责任。在实践中,出于对最高责任目标的追求,责任可以跨越组织,以致责任无边界。

(2)组织影响和社会期望是组织履行社会责任的两个相互依存的逻辑起点。逻辑一:组织决策和活动对社会(含环境)和利益相关方有影响,因此社会和利益相关方在组织中有利益,组织要尊重这些利益。逻辑二:社会期望的标准即由上述逻辑已经产生了良好或最佳实践的负责行为,这些行为成为组织履行社会责任的实践标准,组织行为要向这些良好或最佳实践看齐。

(3)对社会责任的认识是社会责任实践的基础和前提。因此,组织必须通过尽责审查、运用生命周期方法等各种方式来了解和认识自身的社会责任。

(4)社会责任的落实取决于社会责任原则的落实、社会责任基本实践的落实和将社会责任全面融入组织来最终落实,为保障社会责任的落实,在落实过程中要始终保持与利益相关方的对话与沟通,努力赢得其信任和参与,改进组织绩效。

ISO26000 可以认为是全球社会责任问题制度化和社会责任行为明文化的重要进展。它的概念更加充实,议题更加明确系统,责任对象更为广泛,实施程序更加切实可行,这使其必将成为包

[①] 李伟阳:"ISO26000 所回答的五大问题",《经济导刊》2010 年第 12 期。

括企业在内的所有社会组织衡量自身行为的工具,也将成为社会监督的工具。这对我国的企业和社会组织而言既是一个机遇也是一个挑战,我们应尽快熟悉和理解ISO26000,转变社会责任意识,自觉履行社会责任。①

四、道德规范模式下的中国企业社会责任掠影

由于企业完全进入市场化运行的时间不长,中国的企业社会责任研究起步也较晚,国内最早对企业社会责任的研究起于20世纪90年代。如1990年袁家方主编的《企业社会责任》。该书认为,企业履行社会责任是企业与社会实现良性互动的轴心,一个企业的社会责任观是企业文化和企业价值的根本体现。总的来说,与国外已实现制度化和内生化的企业社会责任状况相比,我国企业的社会责任理论研究和实践探索尚属新的课题,并且相关研究大体上在借鉴西方CSR框架的基础上进行,对社会责任的理解更强调道德义务的层面,缺乏实证研究。并且大部分企业的社会责任意识不强,也缺乏相关的制度规范来保障企业社会责任的履行。

1.中国学者的CSR视角

企业社会责任的研究对于我国经济、社会的发展具有非常重要的意义。然而,我国大部分学者认为,企业承担社会责任是基于其道德良心,而非出于功利性目的,把企业承担社会责任视为企业的一种道德义务,所以相关研究大都从伦理道德的视角出发。如林毅夫指出:"企业追求利润是天经地义的,但是由于外部性与信息不对称问题的存在,企业行为常常会自觉不自觉地超出自身

---

①阚京华:"社会责任及社会责任标准发展趋势",《国际商务财会》2011年第6期。

应有的边界，对社会、员工等利益相关者产生不利的影响，为了社会的繁荣和和谐，要提倡企业加强社会责任感并使企业的外部影响内部化，企业作为社会公民的一种，和其他类型的公民一样都对社会负有伦理道德义务，一方面在为社会创造财富，另一方面社会财富也更多地集中在这些成功的企业当中，它应该有责任帮助社会上的弱势群体。"①

这固然表明我们国家具有重视伦理道德的社会文化传统，但同时也表明，当前我国社会的法律规范意识仍然不强，企业社会责任相关的法规也不够健全。这对于我国企业的发展以至整个社会的发展进步都是不利的。

2. 中国企业社会责任现状

为改变企业单一追求利润、盲目扩张的发展模式，缓解环境污染、分配不公、两极分化等尖锐的社会矛盾，除了从道德层面号召或鼓励企业自觉承担社会责任之外，还应在最新国际社会责任标准框架之下，积极建构企业社会责任的相关法规，促进企业与社会的和谐发展，进而创造共享价值，推动整个社会系统的进步。

近年来，国家电网公司、中石油、中远集团等一批中央企业相继公开发布企业社会责任报告或可持续发展报告，这些中央企业的社会责任报告在社会上引起了积极的反响。2011年，中国社会科学院发布《企业社会责任蓝皮书》，但调查结果表明：我国企业的社会责任进展缓慢，且在各个行业领域都存在不平衡的发展状况。②

中国学者们近年来也试图开发能够适合中国情境的企业社

---

① 林毅夫："企业承担社会责任的经济学分析"，《中华工商时报》2006-8-7。
② 中国社会科学院经济学部企业社会责任研究中心编著：《企业社会责任蓝皮书（2011）》，社会科学文献出版社2011年版。

责任本土化测量工具。学者陈昕依据这种测量量表对中国企业社会责任的表现做了实证分析,他采用的是问卷调查法,调查对象以广东珠三角地区企业为主。他的实证分析结果如下[①]:

(1)企业社会责任表现分为商业责任、企业管理、社区责任、股东权益、员工保障以及环境责任六个维度,各维度分别代表的是企业对社会承担的各种责任,是经济观与责任观的结合。

(2)在企业社会责任表现六维结构体系中,更多地体现与经济利益相关的商业责任、员工保障、股东权益处于高水平层次。

(3)环境责任与社区责任两个维度处于较低水平层次,表明当前中国企业普遍忽视公共利益,代表公共利益的环境责任、社区责任往往做得很不到位,这反映了企业行为在责任观方面的缺失。

这虽然是一个样本调查得出的结论,但其微缩地折射了目前整个中国企业在履行社会责任问题上的认识不清和实践缺失。

3. 让责任的灵魂紧跟发展的脚步

首先,我们应该认识到,社会责任之于企业,不能单单是一种道德义务层面的软约束,而有必要进化上升为一种制度层面的硬约束。要清晰界定哪些可为,哪些不可为。在这里,政府的引导和法制的规范作用应得到充分发挥。完善企业社会责任的制度环境,使企业社会责任管理与国际接轨,促成责任市场的建立。

其次,企业社会责任应该是全方位的,应该是企业以透明、道德的行为,最大限度创造经济、社会和环境综合价值的意愿、行为和绩效。一个负责任的企业从决策到运营都要统筹兼顾企业、经

[①]陈昕:"企业社会责任表现的结构维度层次及其差异",《暨南学报(哲学社会科学版)》2013年第2期;刘建花:"我国企业社会责任的缺失与推进路径研究",《济南大学学报(社会科学版)》》2013年第1期。

济、社会和环境各方面利益，致力于实现自身发展与全社会可持续发展的统一。企业家的社会责任理念是企业社会责任战略选择的关键要素。可以依托行业协会、媒体、企业组织的力量，开展社会责任理念、管理体系建设和信息披露的培训。

最后，我们应该积极借鉴国外企业履行社会责任的成功经验①，我们要在寻求全球化标准与本土化责任相平衡的基础上，建立符合中国实际的企业社会责任标准体系和评价体系，以引导和规范中国企业的社会责任实践。

第二节 ISO26000框架下媒体社会责任的突显

西方的媒体社会责任论大体上处于企业社会责任论框架的影响之下，但出于对媒体角色特殊性的认识，以及媒体组织同其它社会组织的错综复杂的关系的认识，西方媒体社会责任论更多地从媒体作为特定行为主体的权利—义务关系、媒体商业性与公共性的关系、媒体的社会影响与社会功能、媒体与政治、经济、文化

---

①经验有三点值得分享：第一，法制化，欧盟强调在企业履行社会责任的同时要进一步地将社会责任法制化、固化下来，2005年欧盟就推出了电子废弃物的处理法。电子废弃物的处理不仅变成社会责任，还有法律的强制责任。第二，在国际社会进一步推进大企业遵守国际规范，欧盟要求大型企业全面采用三种国际标准之一，包括《DECD跨国公司指南》等。第三，企业履行社会责任有代价，要让这些企业有履行社会责任的市场规划，必须要求每一位消费者、决策者和企业公民做出贡献，现在国际上正在推进更加聪明、更加可持续的消费方式，要求消费者购买履行社会责任的企业生产的产品，要求政府采购之中优先采购履行社会责任企业的产品。（参考詹略.责任进化：底线的挑战[J].中国新闻周刊，2013-2-4：68）

的关系等角度来讨论其社会责任问题。

如社会责任论的倡导者丹尼·埃利奥特对媒体社会责任的定义:"所谓媒体的社会责任,是指媒体在充分享有法律给予的自由权利的同时必须承担责任。决定媒体责任的因素有三种:媒体在社会中所具有的功能;媒体机构在其所服务的社区中应发挥的作用;媒体从业者的个人自我价值体系。"[①]这种媒体社会责任理论始终是一个道德理想性高于可操作性的责任模型,希望通过新闻界内部的自律、政府的权力干预和公众的积极监督来实现传媒的社会责任。当前,ISO26000这一社会责任指南的颁布,为媒体社会责任的研究提供了一个突破传统理想模式的依托,尤其是对中国这样始终以道德倡导作为主导责任视角的媒体责任研究而言,我们应该做的就是在ISO26000的框架下突破这种道德理论模式,进一步明确媒体社会责任的责任主体、责任对象、责任内容、责任边界和责任评价,并建立起适合中国国情与社会发展状况的媒体社会责任促进机制。

一、西方媒体社会责任研究的进展

我们首先需要提醒自己始终牢记的是:在新闻传播问题上,西方国家一直秉持自由主义的理念和意识形态,无论是早期自由主义还是后来的新自由主义(社会责任论),虽然立论基础和核心观点有所不同,但理论宗旨是完全一致的,即:更好地保障自由权利的实现,所不同的只是对自由维度的限定和保障的方式。基于这一大前提,我们可以把西方媒体社会责任研究划分为四个阶段:

[①]【美】丹尼·埃利奥特编:《负责的新闻业》,中国台湾贤明出版社1986年版,第32页。

1. 早期新闻专业主义的理念主导阶段

随着政党报刊时代的结束和大众传媒业的兴起,媒体业真正开始了"公共服务"的职业实践,开始尝试建构专业规范和职业准则,并随着媒体伦理学的发展,开始建立一些媒体组织和媒体人的自律机制。按照阿特休尔的归纳,新闻专业主义的基本信念主要有:新闻媒介摆脱外界干涉;新闻媒介摆脱来自政府、广告商甚至公众的干涉;新闻媒介为实现"公众的知晓权"服务;新闻媒介探求真理、反映真理;新闻媒介客观公正地报道事实。①维护新闻自由和坚持客观性原则是新闻专业主义的两大基本原则。

可以看出,新闻专业主义的基本信念中已经体现了一定的为公众服务的社会责任观念。以《纽约时报》为例,1896年,奥克斯将其收购以后,就提出了专业主义的办报方针:"《纽约时报》要用一种简明动人的方式,提供所有的新闻,用文明社会中慎重有礼的语言,来提供所有的新闻;即使不能比其他可靠媒介更快提供新闻,也要一样快;要不偏不倚、无私无畏地提供新闻,无论涉及什么政党、派别或利益;要使《纽约时报》的各栏成为探讨一切与公众有关的重大问题的论坛,并为此目的而邀请各种不同见解的人参加明智的讨论。"②这使其很快成为一份颇具专业性声望的报纸,而人们对"专业"性的评价中首先包含的是对其负责任的态度与行为的评价。

但此时还没有明确提出社会责任的观念,新闻专业主义理念也还没有完全贯彻到媒体人的日常工作当中,新闻行业的自律和他律思想既未体系化,也未有成型的实践。应该说,早期新闻专业

---

①【美】J.赫伯特·阿特休尔:《权力的媒介》,黄煜、裘志康译,华夏出版社1989年版,第133—134页。
②【美】迈克尔·埃默里:《美国新闻史》,展江译,新华出版社2001年版,第273页。

主义的思想为之后的媒体社会责任论的明确提出和体系化奠定了基础。

2.社会责任论的提出与理论建构阶段

20世纪,西方国家在经历了两次世界大战以及多次政治经济与文化的危机之后,部分学界人士开始对自由主义的信仰根基产生怀疑,并开始对经济制度、政治制度、文化发展等方面的问题进行全方位的反思,这在经济领域体现为凯恩斯主义的兴起,在政治领域体现为各国的政府改革与共产主义意识形态的传播,在文化领域体现为对现代性的深入批判。而在新闻媒体界,这表现为一场观念性的变革:由传统的自由主义传播思想向社会责任论推进。西方媒体社会责任论的提出实际上是对媒体自由的一种批评性反思的结果。

媒体社会责任论的提出:[1]

针对新闻垄断所带来的滥用新闻自由的危险,早期基于新闻专业主义理念所形成的新闻自由主义道德法规和工作准则越来越成为形式化的虚设的约束,无法成为新闻自由权利与义务之间的轴心。因而,新闻责任理论的诞生可谓大势所趋。《报刊的四种理论》一书中,由美国伊利诺大学传播学院院长彼德森执笔的"社会责任传播理论"一章,后来一直被认为是社会责任论的成形之作。

彼德森认为,人并非道德的恪守者,传播者也不能时刻显示高度的道德感。在言行上,人的表现并非完全合乎理性;受传者也往往经不起诱惑,他们易于堕落,对于媒体上出现的不道德事物,会不假思索地接受。因此,大众媒体必须负起一种责任,对于超乎常

---

[1]【美】韦尔伯·斯拉姆等:《报刊的四种理论》,中国人民大学新闻系译,新华出版社1980年版。

人抵御能力的诱惑应该作适当的处理。自由与责任同时存在,大众媒体在宪法的保障下享有特殊的地位,相应的,它也须承担社会责任,并对社会恪尽职守。大众媒体如能恪守自身的责任,并以之为经营的基础,则自由制度当能满足大众的需要。反之,若大众媒体无法恪尽己责,其他团体便应该出来干预,使其社会责任得以履行。1957年,施拉姆的专著《大众传播的责任》问世,社会责任理论的影响进一步扩大。

这一阶段,社会责任论从英美等国扩展到大部分西方国家,为业界和学界普遍接受,社会责任理论的覆盖面从报刊扩展到广播、电视、电影、互联网等所有媒介。受这股思潮的影响,围绕社会责任履行的一些新闻职业道德的基本理念逐步建立起来,新闻界开始形成有效的新闻监督机构和行业自律体制,最具代表性的是20世纪50年代前后的各种报业评议机构的产生。1954年,第一个全球性的新闻道德公约《联合国国际新闻道德公约》获得通过并颁行。

3.社会责任概念从理论建构向实践建构转折阶段

社会责任论提出之后的几十年中,大众传播学界对于"社会责任"概念进行了全面的分析和阐释,然而,日益多样化的理解和界说也在一定程度上导致了责任论的研究日趋走向虚无状态。如法官沃伦·伯格在1974年的托尼洛案裁决中所说:"一个负责任的新闻界无疑是可欲的目标,但是,新闻界的责任不是由宪法强制给予的,而且如同其他美德一样,它也不能通过立法产生。"[①]于是,社会责任论的发展转入了更具实践意义的媒体社会责任评价机制的建构。

[①] 转引自吕杨:《西方媒介社会责任观念及其流变探析》,南京大学硕士研究生毕业论文2013年版,第16页。

为了分析处于特定场域中的媒体的社会责任，新闻传播领域引入了问责(accountability)一词。传播学者麦奎尔根据媒介责任的不同来源及其特征差异建构出一个讨论媒介自由、媒介责任与问责之间关系的概念框架。他将媒介责任区分为四种类型：任务型、契约型、自我约束型和否定型。这些责任分别从法律层面、社会层面和道德层面向媒体问责，而问责的形式分为强制模式和非对抗性模式。所谓强制模式是媒体应对其造成的社会伤害强制承担责任，而非对抗性模式是指媒体愿意通过互动、协商等过程改变其专业行为模式，从而符合社会期望。[①]

此外，20世纪90年代前后，美国出现了一种不同于传统的新闻理论和实践形式——公共新闻理论和实践。这一理论和实践极大地弥补了社会责任论的抽象性缺点。公共新闻理念强调公众参与和为公众服务，是美国新闻界对社会责任理论的进一步思考和探索，它不仅是一个理念，更是一项事业，是媒介社会责任观念的具体实践。它努力将媒体人、媒体批评人、公众三者的积极性调动起来，使新闻事件更具开放性。

4. 全球化与新媒体化冲击下的社会责任理论困境

半个多世纪以来，社会责任论的核心思想在这一时期已逐步深入人心，并得到了进一步发展，成为西方新闻传媒的主导理论。具体表现为：首先，媒体权力由于垄断趋势的加剧而进一步扩大，通过议程设置等手段进行舆论引导，"第四权力"的作用得以更有力地发挥；其次，媒体更加主动地运用自己的力量去拓展公共领域，在促进民主、推动社会发展方面起到了更积极的作用。再次，媒体问责机制和媒体自律不断进步。表现在媒介批评的专业化和

[①] 张宏莹："浅析西方媒介问责机制"，《新闻界》2012年第12期。

新闻界自律的制度化以及相关领域社会责任要求的法制化。如,德国 1997 年 6 月通过《信息和通讯服务规范法》,即《多媒体法》,并根据发展信息和通讯服务的需要对以往的法规条文做出了必要的修改和补充。

然而,20 世纪末,在全球化和网络社会的大环境中,传统的信息流动模式遭到解构,政府、媒体和公众间的利益博弈愈发复杂,这就要求媒体研究者在一个新的高度上重新开启社会责任论研究的新视野。

首先是媒体业垄断化进程的进一步加剧,少数传媒帝国正在形成全球的话语霸权。传媒业震惊世界的并购时有发生,美国学者麦克切斯尼在《富媒体穷民主》一书中把美国媒体所有权集中的"巨无霸"公司进行了分层:第一层包括时代华纳、迪斯尼等全面性的垄断企业,第二层里面是如甘尼特公司(Gannett)这种以报业为主体的组织,像科姆卡特(Comcast)和考克斯企业(Cox Enterprises)这样以有线电视为主体的媒体组织以及以广播为主业的哥伦比亚广播公司(CBS)等等。这两层垄断性媒体几乎集中了全美国绝大多数媒体的所有权。[1]在巨大的利益面前,社会责任论变得很难规制这些跨国的传媒帝国。

其次是新媒体特别是网络媒体的出现和普及,完全颠覆了传统媒体"点对面"的传播模式,逐步形成了"点对面"、"点对点"、"面对点"的多种传播模式。信息源日益多元化、去中心化,公众的"知情权利"不再完全依靠传统媒体。媒体和受众之间日益发展为一种互动、双向的关系。互联网的兴起使得原本被动的受众拥有

---

[1]【美】罗伯特·W.麦克切斯尼:《富媒体穷民主》,谢岳译,新华出版社 2004 年版。

了自由发布信息的平台,他们正以自己的力量影响着世界,对传统媒体的权力发起挑战。当然,信息源的增多也使得如何识别信息的正确性和确保信息的安全性成为一个新课题。网络媒体、手机媒体等新媒体所引发的诸多社会现象,已经无法用原有的社会责任理论加以解释。这些特征使得新媒体履行社会责任更加艰难。

现在媒体社会责任论的最大问题是:旧理论无力于新媒体,而新媒体还未形成有力的新理论。

二、ISO26000 框架对媒体社会责任研究的影响

首先应该再次强调的是,ISO26000 对于一般组织的社会责任研究的意义是:给出了一个统一的、明确的社会责任定义;确立了社会责任的原则;明确了社会责任的核心主题;描述了可持续发展目标;提供了将社会责任融入组织战略和日常活动的方法。那么,对于媒体组织的社会责任研究而言,我们除了遵循所有组织都应遵循的这些共性标准以外,还要认识到媒体组织区别于其他组织的特殊个性,这样才能更好地让 ISO26000 框架真正助益于我们的研究。

1. 媒体组织作为社会责任主体的身份特殊性

(1)组织的社会身份及其在现代社会结构中的意义

社会责任的主体是组织,社会组织在社会整体中的角色和功能是组织的社会身份。"身份",是建立在契约基础上的社会个体、社会组织的角色定位,即每个人、每个组织有明确的社会地位,拥有正当的社会权利,按照整体目标发挥社会功能。所谓的"身份"强调的是社会个体、社会组织的社会性,强调社会地位、社会权利和社会功能。

现代社会结构由个体、组织和社会整体构成。"组织是社会结构的核心和纽带,可以说一切社会问题都可以从此展开分析:社会个体在组织中的角色分担与组织对组织中各等角色的内在整合以及组织外部社会环境的和谐建构。而这正是组织社会责任的应有之意。这种新身份的形成,导致新的法律调整原则、新的权益观以及新的法律调整模式等一整套机制的形成。社会责任即为其中之一。"从这个意义上讲,组织的社会责任"就是把社会的需要转变成组织存在的意义,使组织朝着社会需求、社会期望的方向发展","组织社会责任要求组织的行为必须合理、合目的性,其决策必须符合社会公共利益。唯有组织承担社会责任,建立起"以责任为基础的组织",才能从根本上解决组织社会固有的社会问题"。①

(2)媒体组织作为社会责任主体的特殊性

媒体组织的特殊性就体现在它特殊的社会身份上,包括特殊的社会角色和功能、特殊的社会地位和社会影响。

首先,媒体组织的性质决定了它存在的最主要意义就是为公众服务,服务于社会公益,它与社会责任天然相关。媒体组织社会责任的评价体系正是媒体自身价值观的正本清源。另外,其处于政府、企业与公众之间的社会地位也具有天然的组织沟通和协调功能。就ISO26000框架而言,这些都是媒体组织履行其社会责任的优势,反过来说,ISO26000框架也更强化了媒体履行社会责任的依据。

但是,媒体组织的社会角色和社会功能要求其所生产的产品本质上应该具有引导、批判和监督周遭社会环境的作用,而媒体组织却要以这种具有批判作用的产品——报纸、书籍、杂志、新

---

① 王辉霞:"组织的社会责任研究",《当代法学》2012年第4期。

闻、广播、电视节目等为经营对象。而媒体的批判力一旦被经营，就很容易变为一种附庸——政治的附庸，经济的附庸，利益集团的附庸，也可能是部分公众的附庸。所以，市场利益和社会公益之间的矛盾对媒体组织而言尤为尖锐。况且，很多媒体产品的价值属性是不能完全用市场尺度去衡量的，或者说，用社会影响的尺度比用市场尺度更为适当。然而，媒体产品的社会影响显然是很难量化的一个指标。

此外，媒体组织的社会影响可以达到不同程度地影响社会需求和社会期望的层次。媒体产品本身就是一种社会价值的表达、一种精神生活方式的体认，或者说，媒体在某种程度上代表着社会需求和社会期望，它在反映这些需求和期望，同时也在建构这些需求和期望。

2.ISO26000框架中的社会责任定义对媒体社会责任研究的意义

ISO26000给社会责任的定义："通过透明和合乎道德的行为，组织为其决策和活动给社会和环境带来的影响承担责任。"其中的关键词包括：组织、决策和行为、透明度、合乎道德、利益相关方、影响、担责等。

（1）利益相关者理论视角在媒体社会责任研究中的强化

ISO26000对利益相关方的最新定义是：利益相关方是那些在一个组织的决策和活动中有利益的个人或群体。它强调，利益相关方在组织的社会责任履行中扮演着重要角色。所以，识别利益相关者，并与之建立起双向的交流关系是一个组织履行社会责任的实践基础。组织只有通过识别利益相关者，才能了解它的决策和活动产生的影响，并恰当地确认与其相关的社会责任核心主题与问题。

首先，组织在识别利益相关者时，应完整全面、不偏不倚，包括现实的和潜在的、有组织式的和个体式的、强势的和弱势的、利益一致的和利益冲突的、组织势力范围内的和势力范围外的、法律法规明确的和民间组织关注的。其次,组织应与利益相关者展开各种形式的双向对话,通过双方相互交流和沟通,以使组织的决策和行动更能增加利益相关者的利益,协调组织与利益相关者之间、利益相关者相互之间的利益冲突,增进利益相关者对组织的持续了解,不断促使组织改进绩效。最后,组织应从整体上处理好社会、利益相关者、组织三者的关系,尽管利益相关者有助于组织识别它的活动的影响,但是利益相关者不能替代更广泛的社会决定行为的规范和期望。组织承认社会责任应该理解三个层次的关系:组织与社会之间的关系、组织与它的利益相关方之间的关系、利益相关方与社会之间的关系;二是组织识别它的利益相关方并使其参与组织社会责任的承担与实践,这是处理一个组织社会责任问题的中心所在。

一个事项可能无法识别出具体的利益相关者,但却与一个组织的社会责任有关。有时,组织、利益相关者的利益一致,但却和法律法规、公认的社会文化、既定的实践和标准冲突,此时组织的行为应符合社会期望。为此,组织应明确理解利益相关方参与的目的,识别利益相关方的利益,确定在组织和利益相关方之间由利益所产生的直接的和重要的关系,确定利益相关方利益与可持续发展的关联性和重要性,确认利益相关方获得必要的信息并明白自己的决定。[①]

ISO26000 对利益相关者的强调充分指明了利益相关者对组织社会责任实践的重要性。所以,在媒体社会责任研究中,我们也应

[①] 阚京华:"社会责任及社会责任标准发展趋势",《国际商务财会》2011 年第 6 期。

该进一步强化对利益相关者视角的引入和理论建构(具体分析我们将在下一节内容中给出)。

(2)社会期望在媒体社会责任建构中的地位增强

心理学上的社会期望是指:"个体作为社会群体的成员对于面临事件的主观定向。社会期望是由社会定势、社会定型、知识要素、评价以及信任等形成的。在社会期望的各种不同的成分之中反映了(或多或少恰当地)群体的社会存在。群体的社会经验被个体所内化的社会期望保证了对事件进程的大致可能的预测。对本群体成员的社会期望具有群体要求的功能。角色期望反映了参与社会相互作用的人的相互依存的关系,其中包含着各种与人在群体的社会结构中的一定地位相联系的权利与义务的观念。社会期望按概括性、明确性与协调性的程度而有所不同。社会期望的不确定性与矛盾性会使与之相适应的行为发生困难,从而导致产生无法预料的行为、降低角色相互作用的效率。由此各个社会组织都力求将社会期望的最重要成分加以阐明并构成一定的形式。"①

依据以上对"社会期望"的解释和ISO26000的责任视角,可以把对组织履行社会责任的社会期望概括为以下几个要点:首先,ISO26000框架中的社会期望概念更多的是指角色期望,期望的主要是伦理责任的担当。其次,社会对于组织的期望具有不确定性,期望的具体内容会随着社会发展和企业发展而不断变动。最后,社会对组织的期望是多重的,有时可能是难以协调甚至是相互矛盾的,有根据组织性质对组织行为的原始期望(如期望企业要生产物美价廉的商品),也有由企业身份在整个社会系统中的变化而带来的其他更多重的期望。

---

①引自心理学辞典条目选译,雷声译。

根据以上的逻辑来看，从社会这一端点来思考媒体的社会责任，或者说，从社会对于媒体的期望出发来分析媒体应该承担什么样的社会责任，首先就要确定媒体在当前的社会系统中的身份，它的地位、影响、角色和功能，并把这种思考与当前社会和媒体组织发展的动态趋势联系起来，确定不同的社会期望，并以最重要的社会期望成分为媒体行为的价值导向。前面已经分析过，媒体行为本身就是形塑社会期望的一股重要力量，这就要求媒体一定要站在时代所要求的伦理价值观层面上来发挥作用，形成社会期望与媒体行为的良性循环，结果就是既更好地履行了自身的社会责任，又促成整个社会的健康向上的伦理价值的传播；反之，当然就会形成恶性的循环，可能产生社会伦理价值观的沦落和媒体组织责任的失范双重恶果。

（3）媒体履行社会责任的组织化运作机制研究提上日程

ISO26000建议将社会责任融入整个组织的实践中，强调"在组织所有层面的承诺和理解"、"组织领导层的声明和行动、组织的目标、愿望、价值观、道德和战略为组织设定了方向"。强调"将社会责任融入整个组织的一个重要并且有效的手段，是通过组织的治理，即组织为达到目标做出和执行其决定的体系"。[①]把社会责任融入组织的过程包括六个方面的要求：社会责任理解、社会责任融合、社会责任沟通、履责绩效管理、履责持续改进和履责保障机制。

以往媒体社会责任研究所缺乏的就是实践研究，包括组织化运作机制的研究，所以，当前正是在ISO26000框架指导下弥补这

[①] 参见郭金鸿．面向ISO26000标准的企业社会责任建设［A］，第19次中韩伦理学国际学术研讨会暨第五次全国经济伦理学学术研讨会论文集［C］，2011。

一空白的契机。这要求学者们针对媒体业的特殊性制定出普遍的或特定的媒体社会责任评价体系,来理解和认识一般媒体以及特定媒体的社会责任,要求媒体组织的领导者树立其高度的社会责任意识,将责任原则具体化为责任要求,融入组织的战略决策、管理和运营活动之中,要求媒体人加强与利益相关方的多层次、多渠道的沟通,要求媒体组织改革绩效管理模式,建立包括"领导保障、组织保障、规划保障、制度保障、资源保障、能力保障"等全面的保障机制来确保社会责任的履行。①

三、利益相关者视角

利益相关者理论的主要奠基者弗里曼认为:利益相关者理论的意义在于,通过引入"利益相关者"这一概念,重新扫描和理解外部环境及其变化,应对外部变化所带来的不确定性风险,帮助人们"将外部变化转变为内部变化",以确保组织战略和管理的有效性。②所以,利益相关者理论实际上是一个管理学上的环境生态理论。

1. 利益相关者理论

(1)"利益相关者"概念的提出

在英文中,利益相关者(Stakeholder)是与股东(Stockholder)相对的,1927年,通用电气公司一位经理在就职演说中提到了"利益相关者"一词。此后几十年间,这个词在公众视野中出现的频率越来越高,但始终没有一个明确的定义。1963年,斯坦福大学研究

---

① 肖红军:"如何将社会责任融入组织的运营",《中国工业报》2011-3-23,第A02版。
② 弗里曼:《战略管理——利益相关者方法》,王彦华、梁豪译,上海译文出版社2006年版,第12—15页。

所明确提出了利益相关者的定义:"利益相关者是这样一些团体,没有其支持,组织就不可能生存。"显然,该定义只考虑到对企业的单向影响和生存影响,定义角度和范围都是片面的。

此后,学者们纷纷从不同角度对利益相关者进行定义。其中,弗里曼的定义最具代表性:"利益相关者是能够影响一个组织目标的实现,或者受到一个组织实现其目标过程影响的所有个体和群体。"包括股东、债权人、雇员、供应商、消费者、政府部门、相关的社会组织和社会团体、周边的社会成员等。[1]弗里曼的定义是广义上的利益相关者,接近于前述ISO26000框架中对利益相关方的定义:"那些在一个组织的决策和活动中有利益的个人或群体"。从定义的角度来说,照顾了定义的全面性,但由于没有具体区分不同层次的利益相关性,并不利于实证研究和实践操作。所以,这正是特定组织在考虑自己的利益相关方时应该进一步研究的问题。弗里曼在1984年出版的《战略管理:利益相关者管理的分析方法》一书是利益相关者管理理论的基础之作。该理论颠覆了传统的股东至上主义,认为任何一个公司的发展都离不开各利益相关者的投入或参与,企业追求的是利益相关者的整体利益,而不仅仅是某些主体的利益。

(2)利益相关性理论的发展

"利益相关者影响"(stakeholder influence)、"利益相关者参与"(stakeholder participation)和"利益相关者共同治理"(stakeholder co-governance)三个概念的依次出现代表了利益相关者理论发展的不同阶段。它们体现了人们在利益相关者问题上的认识深化过

---

[1] Freeman, R. E. & Evan. W. M. Corporate Governance: A Stakeholder of Behavioral Economics Interpretation .Journal. 1990:330—360.

程。①

第一阶段是从"股东至上主义"迈向"利益相关者影响"研究的阶段。研究的焦点在于组织与利益相关者的相互影响、特别是利益相关者对组织战略及其绩效的影响上。从组织责任认识的角度来看,利益相关者概念的提出,使得利益相关者对组织的影响和在组织中的利益得到了认可,人们对企业责任的认识从实现股东利益最大化的"股东主义"责任观,发展为应该对其所有可以识别的利益相关者利益负责的责任观。但这种责任只是得到了承认,并没有明确具体的强制性责任关系,只是一种"自愿主义的吁请"。②

第二阶段是从"利益相关者影响"迈向"利益相关者参与"研究的阶段。该研究发端于20世纪70年代中期,是随着利益相关者实际影响的不断扩大和人们对利益相关者影响的理论认识的深入而发展起来的。"利益相关者参与通常是指这样一套程序,借助这套程序利益相关者得以对影响他们的决策、活动与资源施加影响并分享控制权"。研究思路由从利益相关者视角出发的"影响—企业应对",转换为从组织视角出发的"预期影响—组织化参与"。这也直接导致了"利益相关者民主"(stakeholder democracy)的出现和兴起。但这种参与式管理的实质是一种"受控的"和"受限的"改良式的自主管理决策。从责任视角来看,原来利益相关者影响阶段的"弱责任"观渐为一种"强责任"观所取代:组织不仅对股东、而且也对利益相关者利益负有完全责任,利益相关者有要求组织履

---

① 王身余:"从'影响'、'参与'到'共同治理'——利益相关者理论发展的历史跨越及其启示",《湘潭大学学报》2008年第11期。
② 同上。

行这一责任的权利。①

第三阶段是从"利益相关者参与"迈向"利益相关者共同治理"研究的阶段,始于20世纪90年代初期。利益相关者共同治理观认为,企业应归利益相关者共同所有,利益相关者分担风险、分享收益,企业应通过设定相关契约和治理制度为所有的利益相关者分配一定的企业控制权,吸收所有的利益相关者参与企业治理,通过控制权的分配来相互牵制达到长期稳定合作的目的。它视利益相关者为企业治理的平等主体,在相互合作的逻辑下的共同治理和相互制衡,认为企业绩效和管理有效性应以利益相关者的共同利益为基础来评估。从责任视角来看,"共同治理"观已经承认组织对利益相关者的责任与对股东的责任同等重要,而不是股东责任优先。

(3) 利益相关者理论的双重影响

一方面,当今的世界正呈现出多元化、分权化、利益化、均衡化的特征,利益相关者参与和共同治理正在成为时代范式,利益相关者理论的进一步发展的实际必然成为企业治理在理论和实践上的新趋势。并且,在利益相关者理论的发展过程中,利益相关者的权力从参与权扩展到治理权,权力逐步得到了确认和提升。权利依赖权力,有了权力就更好地保障了权利的获得。由此,组织对利益相关者的责任与义务、利益相关者对组织的权利与权力,正在由"自愿主义的吁请"转变为一种"强制性框架"。②

另一方面,利益相关者理论一旦被接受和付诸实践,就会分散企业的经营目标,企业的行为过多受到社会责任框架的限制,可

---

① 王身余:"从'影响'、'参与'到'共同治理'——利益相关者理论发展的历史跨越及其启示",《湘潭大学学报》2008年第11期。
② 同上。

能会增加企业运营成本,导致企业经济利润的损失。更进一步说,企业很有可能会陷入一种顾此失彼的境地。此外,利益相关者的界定过于宽泛,利益相关者的边界到底在哪里?如何找到一种能够测量众多利益相关者权重的理论和方法?并且,利益相关者理论中所涉及的利益相关者太多太杂,不可能让他们以同等程度和同样的方式来参与治理,而不完善的参与和共同治理机制反而会带来更大的问题。那么,又该如何将利益相关者理论运用于实践呢?

2. 利益相关方的分类研究

对利益相关者分类研究的相关文献颇为丰富,国际上通用的分类法主要集中在多维细分法和米切尔(Mitchell)评分法。

(1)多维细分法

不同类型的利益相关者被企业活动影响的程度不同,对企业管理决策的影响也不同。20世纪90年代中期,国内外很多研究者使用多维细分法,对利益相关者进行了划分。按照不同的分类角度,多维细分法包括有Charkham、Clarkson、Wheeler等多位学者的分类方法。

按照利益相关者与企业合同关系的性质,Charkham将利益相关者分为两类:一是契约型利益相关者(Contractual Stakeholders),包括股东、雇员、顾客、分销商、供应商、贷款人等;二是公众型利益相关者(Community Stakeholders),包括全体消费者、监管者、政府部门、压力集团、媒体、当地社区等。

Clarkson把利益相关者划分为一级(primary)利益相关团体和二级(secondary)利益相关团体。一级利益相关团体是指那些对于企业生存不可缺少的人,包括企业的所有者、客户、职员、社区及政府,可能还包括供应商和债权人等。二级利益相关团体指那些与公司的生存关系不大,但企业经营对他们的利益有影响的其他组织和个人,其中主要的相关利益者是指消费者、股东、雇员、政府和社区。股东是企业社会责任的主要受益人,其他利益相关者的利益保护取决于法规的完备程度或他们与企业的关系性质,企业对他们的责任更多地体现在道德层面上。

根据利益相关者对企业产生影响的方式,Frederick 将其分为直接的和间接的利益相关者。直接的利益相关者就是直接与企业发生市场交易关系的股东、企业员工、债权人、供应商、零售商、消费商、竞争者等;间接的利益相关者是与企业发生非市场关系的中央政府、地方政府、外国政府、社会活动团体、媒体、一般公众等。

根据相关群体是否具备社会性以及与企业的关系是否直接由真实的人来建立两个角度,Wheeler 将利益相关者分为四类:其一,主要的社会利益相关者,他们具备社会性和直接参与性两个特征;其二,次要的社会利益相关者,他们通过社会性的活动与企业形成间接关系,如政府、社会团体、竞争对手等;其三,主要的非社会利益相关者,他们对企业有直接的影响,但却不作用于具体的人,如自然环境等;其四,次要的非社会利益相关者,他们不与企业有直接的联系,也不作用于具体的人,如环境压力集团、动物利益集团,等等。[①]

(2)米切尔评分法

1997 年,美国学者 Mitchell 和 Wood 提出米切尔评分法。米切尔评分法具有较强的可操作性,能够用于判断和界定企业的利益相关者,是利益相关者理论的一大进步,在国际利益相关者理论

[①] 朱卫东、杨春清:"利益相关者理论及其最新研究进展",任海云:"利益相关者理论研究现状综述",《商业研究》2007 年第 2 期。

研究中应用广泛,在中国学界也受到了重视。

米切尔评分法是将利益相关者的内涵与分类结合起来的一种综合的方法。它指出,凡企业的利益相关者,必须具备以下三个属性或其中的至少一种:合法性、权利性以及紧迫性。所具备的属性越多,据以分层的评分就越高,表明其层次越高。根据分值情况,企业的利益相关者分为三种类型:其一,确定型利益相关者,同时拥有合法性、权力性和紧迫性。构成企业首要关注和密切联系的对象,包括股东、雇员和顾客。其二,预期型利益相关者,具备三种属性中任意两种。如同时拥有合法性和权利性的投资者、雇员和政府部门等;同时拥有合法性和紧急性的媒体、社会组织等群体;同时拥有紧急性和权力性却没有合法性的群体,比如一些政治和宗教的极端主义者、激进的社会分子,他们往往会通过一些暴力手段达到目的。其三,潜在型利益相关者,他们只具备三种属性中的任意一种。①

（3）中国学者的分类法研究

中国学者对利益相关者的分类研究成果也很丰富,只是相对而言缺乏实证研究。如:杨瑞龙、周业安(2000)以是否向企业投入了专用性资产为依据,将利益相关者分为潜在的利益相关者和真实的利益相关者;万建华(1998)、李心合(2001)从利益相关者的合作性与威胁性两个方面入手,将利益相关者分为支持型利益相关者、混合型利益相关者、不支持型利益相关者以及边缘的利益相关者;陈宏辉(2003)从利益相关者的主动性、重要性和紧急性三个方面,将利益相关者分为核心利益相关者、蛰伏利益相关者和边缘利益相关者三种类型。汪雪(2007)根据利益相关者投入资产

---

①任海云:"利益相关者理论研究现状综述",《商业研究》2007年第2期。

的专用性将利益相关者分为核心利益相关者、一级利益相关者、二级利益相关者和潜在的利益相关者四类;刘利(2008)根据利益相关者投入资产的专用性、互动性以及影响力把企业利益相关者分为主要利益相关者和次要利益相关者;王勉、谭金琼在《共生视角的企业社会责任内涵与共享价值创造途径》一文中将企业的利益相关者分为三个层面:宏观方面包括政治、经济、社会、文化、自然环境等因素;中观层面包括产业内的竞争对手、合作伙伴,涵盖科研院所、政府部门等在内的相关产业支撑组织;微观层面的利益相关者为顾客、员工、股东、零售商、生产商等价值链上的伙伴。[1]

关于利益相关者的权重,对不同的企业而言殊为不同,对同一企业的不同发展阶段也不能一概而论。它往往不是静止不变,而是处于动态变化中的。所以,企业要真正认识自己的利益相关者,并将自己的利益相关者的影响和利益考量纳入组织管理,就必须根据自己的企业实际作专门的实证调查和研究。

3. 利益相关者理论视角对媒体社会责任研究的意义

利益相关者理论对媒体具有很高的参照价值,在传媒商业化经营的背景下,媒体开始追逐商业利益,很大程度上削弱了其社会责任的实现。按照利益相关者理论的最新理论进展,媒体作为一个企业组织,不仅仅属于股权所有者,也是所有影响媒体或受媒体影响的团体及个人的媒体。媒体不应只服务于所有者的利益,媒体应该尽可能实现利益相关者的诉求。此外,全球化背景下,媒体社会责任的履行要求多利益相关方共同参与媒体的组织运作,而网络媒体则在技术条件上使媒体组织充分具备了实现多

---

[1] 王勉、谭金琼:"共生视角的企业社会责任内涵与共享价值创造途径",《重庆交通大学学报(社科版)》2013年第2期;刘利、干胜道:"利益相关者理论在我国的研究进展",《云南财经大学学报》2009年第2期。

利益相关方参与运营的可能。

（1）对媒体利益相关方的利益考量与责任分类的意义

如果按照 ISO26000 框架中的"利益相关者"定义：利益相关方是那些在一个组织的决策和活动中有利益的个人或群体。那么，媒体的利益相关方大概应该可以扩展至整个社会。或者，按照框架中所说的"社会影响"来考虑利益相关方，则基于媒体对人类全体的影响，也要把整个社会都看作是它的利益相关方。然而，有时候全体意义等同于无。况且，对一个组织而言，不同的利益相关者有不同的利益要求；每一类利益相关者又多多少少总会有多种不同的利益要求。所以，为了使媒体对整个社会负责不成为一张空头支票，就需要运用利益相关者理论对媒体的利益相关方进行具体的分类界定和实证研究。

在我国学界，对媒体的利益相关者进行界定与分类的研究十分匮乏，在 CNKI 检索中，笔者只找到了三篇相关文献：林建宗 2010 年 12 月发表在《科学决策》上的《网络媒体社会责任推进机制研究》；施晶晶、王瑾、肖海岳 2012 年 3 月发表在《商场现代化》上的《利益相关者视角下网络媒体社会责任评价体系构建》；王亮 2012 年 12 月发表在《传媒观察》上的《媒体应该对谁负责——媒体利益相关者的界定和分类研究》。原因有二，一是我国学界整个关于利益相关者理论的理论评介有余，理论拓展有限，而应用研究不足；二是利益相关者理论原是一种企业治理理论，而媒体在我国从事业到企业的角色转变较晚，且尚未真正完成。

（2）充分发挥利益相关方在责任履行中的作用

20 世纪后期是全球多数国家逐步形成多元共存的社会结构并显露出多元利益主体激烈博弈的时期。这样的社会结构形态必然要求社会治理的多元化主体合作，即利益相关者的平等参与和共同治理。合作治理超越了政府单一的利益相关者的参与，它更关注多利益主体的平等性和多利益相关方对组织行为的渗透性。

治理与统治不同，它首先要求共同的目标支持，无须依靠国家的强制力量来实现。全球治理委员会对治理的界定为："治理是个人和公共或私人机构管理其公共事务的诸多方式的总和。它是使相互冲突的或不同的利益得以调和并且采取联合行动的持续的过程。它既包括有权迫使人们服从的正式制度和规则，也包括人民和机构同意的或以为符合其利益的各种非正式的制度安排。"①

治理意味着多元中心的出现，每个中心都可以形成自己的权威，各个治理主体之间是权力依赖的关系，形成一个参与网络，以最大限度地增进公共利益。当然共同治理还需要诸多社会宏观层面的条件配合，并且，利益相关者要更好地参与到组织实践活动中，他们或者要有一定的专业知识积累，或者具有与专业知识相关的方法和手段。但无论如何，这是一个时代的大趋向，利益相关者理论的实际应用必然会促进媒体社会责任在更高程度上的实现。如我国学者张康之所言："如果从公共利益的原点上出发去思考社会治理的问题，就会合乎逻辑地得出结论，包括政府和一切社会自治性力量在内的公共组织，都应当是服务于公共利益的，在维护和增进公共利益的共同目标下，它们应当开展广泛的合作，共同去营建合作治理的治理模式"。②

---

①全球治理委员会：《我们的全球伙伴关系》，牛津大学出版社1995年版，第2—3页，转引自张卓林："基于利益相关者理论的合作治理机制探析——以太湖水污染防治政策为例"，青岛大学硕士学位论文2012年版，第10页。

②张康之："走向合作治理的历史进程"，《湖南社会科学》2006年第4期。

第三节　媒体的社会责任定位

通过本章前面两节的论述,我们看到,由于不同组织的组织目标、组织结构及组织参与者等方面的不同,组织的社会责任界定与履行也存在一定差异。因此,探析媒体社会责任的定位需要从媒体组织在社会整体中的地位、影响、角色与功能出发,根据社会对媒体组织的社会期待和媒体组织的特征来确定媒体社会责任的责任范围、责任尺度和责任保障机制,而这也正是利益相关方所要求的。由于国内的相关研究较少,笔者又没有充分的条件和能力作相关的社会实证调查,所以,仅凭现有研究资料,结合国内外CSR研究成果和利益相关者理论视角,提供一点个人初步的理论设想,聊以抛砖引玉。

一、媒体社会责任的内涵

1. 媒体社会责任的内容

社会责任从组织所处的社会关系中产生,媒体体制以及媒体所在的社会制度体制决定了媒体的性质,而媒体性质又决定着媒体的社会功能,这些功能按照社会期待的方式和效果得以发挥,即体现了媒体社会责任的履行。西方媒体理论一般将媒体看作是"社会公器",即一种"公共舆论的载体","发挥着对政府的监督和制约,同时也是民众意见的讲坛",或以私营方式为主体,追逐利润,"为公众提供信息消费和文化娱乐商品。"①我国学者对媒体的理论认识深受上述西方媒体理论的影响,但在涉及媒体社会责任问题上却更多地体现出了自己社会与文化的特色,相比之下更侧重于媒体的政治责任与道德责任。

(1)媒体社会责任的类型

当前国内对媒体社会责任的研究文献很多,有人从权利—义务关系的角度归纳为传播责任、监督责任、法律责任、道德责任;有人从社会功能的角度区分为传播责任、安全责任、道德责任、监督责任、文化责任;有人从我国媒体角色的特点角度概括出信息发布、舆论宣传、为人民服务的责任。在笔者收集到的文献中,比较全面地总结了媒体社会责任的是肖利花的《媒体社会责任概念维度的归纳性分析》②,其中对比分析了中西方媒体理论以及企业社会责任理论中的社会责任内容的主要维度,并通过实证研究提出我国媒体所应该承担的社会责任的九个主要概念维度:国家使命、价值引导、信息传播、文化传承及教化、舆论监督、社会进步、经济责任、提供娱乐以及道德法律。

上述各种归纳都有一定的合理性,只是在内容类型和内容层次上相对缺乏逻辑梳理。在综合了以上各方面的研究成果之后,笔者把媒体社会责任的类型进行了简单的逻辑归类,共划分为三种类型的责任:专业责任、职业责任和秩序守护责任。

首先是专业责任,或者称之为技术责任,主要体现在媒体要在"传播什么"的问题上对社会负责。社会给予媒体的专业权利是自由传播权,基于媒体本身的技术性质与功能,对媒体的专业期待

---

①梁建增:"略论新闻媒体的社会责任",《新闻战线》2007年第11期。
②肖利花:"媒体社会责任概念维度的归纳性分析",中南大学硕士学位论文2011年版。

是高品质。这既包括信息质量的衡量又包括传播效果的衡量。要求媒体提供高质量的信息,是受众不可剥夺的权利。新闻报道和信息传播在信息质量上应该符合真实、准确、客观并服务于公众的专业标准,以满足公众的知情需求和对高品味文化的需求。此外,专业责任还体现在对传播效果所负的责任上,即媒体应以公开原则、公正原则、时效原则为传播效果的责任标准。

其次是职业责任,或者称之为角色责任,主要体现在媒体要在"为谁传播、为什么传播"的问题上对社会负责。社会给予媒体的职业权利是公众话语权,基于媒体的社会身份与角色,对媒体的职业期待是公共性与公益性,即对社会和公众负责是传媒机构的义务和职责。媒体必须维护公共利益,包括维护国家安全、维护社会稳定、维护公众利益等。媒体职业责任的履行体现为媒体角色随不同的公共领域与公益视角而遵循不同的角色要求,自觉进行角色变换。如:对国计问题以监督者和引导者的面貌出现,对民生问题以服务者和沟通者的面貌出现,对社会问题,以见证者和思想者的面貌出现。

最后是秩序守护责任,包括伦理道德秩序的守护和法律秩序的守护,主要体现在媒体要在"怎样传播"的问题上对社会负责。这里包括伦理道德责任和法律责任。基于媒体的地位与影响,社会对媒体的最高期待是"社会守望者",它体现出媒体对理想社会秩序的守护价值。即:媒体在传播的内容导向上要维护社会公德,弘扬社会正义,促进社会和谐,推动社会进步,成为社会良知的守护者;在传播的形式上要符合社会公德、遵守职业道德,并遵守自己行业的规章和规范,遵守现行政治和法律制度,在法律许可范围内行使话语权,并对自己的违法行为承担法律后果。这也构成了媒体的社会角色的角色规范的基础内容。

相信这三种类型的划分更有利于媒体对自己组织内责任理念的认知建构和责任权重的实践分配。

(2)媒体社会责任体系的层次

对媒体社会责任的内容体系进行层次上的划分有利于我们进一步认识不同层次上的媒体责任的不同性质,从而可以运用不同的方式、方法,更有针对性地分别制定不同的责任管理机制和责任评价标准。

在这个问题上,从企业社会责任的广泛视角上来说,美国法学研究院(American Law Institute)1984年制定的《公司治理原则:分析与建议》第201条给了我们一定启示。它将企业社会责任的范畴按强弱分为三个层次:第一层:强制性责任。企业作为法人主体,须同自然人一样遵守法律,在法律允许的范围内活动。第二层:道义性责任。企业行为可以适当考虑与公司经营中执行社会责任相符的伦理因素。第三层:劝导性责任。企业可以基于公共福利、人道主义、教育和慈善的目的,从事合理数额的捐赠。其中,"强制性责任"即严格意义上的法定责任,"道义性责任"和"劝导性责任"则是企业对股东及其他利益相关者承担的一般性义务,没有法律强制力。这与我国企业社会责任实践所说的"强制性与倡导性的共同担当"是同一意义。[1]

据此,我把媒体的社会责任内容也划分为强制性责任、道义性责任和劝导性责任。其中强制性责任以现行法律法规的规范范围和规范效力为准,在传播责任、安全责任、经济责任等方面体现更为明显。强制性责任的维护最主要的是要加强法制建设,依据

---

[1] 李德智、梁艳:"对公司社会责任几个问题的理解",《科学发展与社会责任(B卷)——第五届沈阳科学学术年会文集》,2008年版。

媒体业的最新发展状况，及时、适当地增删和修改有关法规，使之更适应对媒体社会责任的保障。道义性责任以社会公德、社会正义等动态的时代核心理念与价值观为尺度，在监督责任方面体现更为明显。道义性责任的维护主要依靠媒体自律机制的完善以及政府、公众对媒体的问责与监督。劝导性责任以社会广泛认可的文化和道德理念为准，在文化责任和道德责任方面体现得更为明显。劝导性责任的维护主要依靠通过媒体职业规范和职业教育提升媒体人的职业素质和职业精神来实现。不同的媒体组织可依据以上三种不同层次的社会责任来完善自身的法规建设或职业伦理道德建设，加强职业教育培训。

2. 媒体社会责任的主体与客体

不管是何种类型的媒体主体，由于其在传播过程中作用于社会，所以都必须承担相应的社会责任。不过，由于类型不同，媒体主体担责的范围、程度、方式及重心是有所不同的。

（1）媒体社会责任的主体

在我国，对于媒体社会责任的主体，如果从媒体组织层次上来划分，可以分为宏观的媒体业、中观的媒体组织和微观的媒体人三个不同层次；如果以不同的媒体形态和媒体功能类型来划分，大类上可分为传统媒体和新媒体，小类上传统媒体主体可以继续划分为报刊媒体、广播媒体、电视媒体等，新媒体主体可以继续划分为网络媒体、手机媒体等；如果以不同媒体组织的地位和传播影响力来划分，可以分为全国性媒体、地方性媒体以及各种组织为自我宣传或营销而设的内部媒体。新媒体出现之后，媒体社会责任的个人主体出现，但对同一媒介而言，个人主体通常具有媒体对象和媒体主体双重身份，网络与手机等媒介构建了媒体主体之间的交互，这就出现了典型的多元主体共同担责的情况。

此外，当代大众传媒业在运作方式上正向集团化的趋势发展，因而具备高度组织化的特征，各类从事媒体工作的媒体人隶属于不同的媒体组织，承担组织中的某一环节的工作，这就形成了社会责任的分化。媒体人作为责任承担的具体载体和责任履行的具体实践者，既分担了组织的整体责任，又共同构成了组织的整体责任。但媒体组织超个体的行为能力决定了它的责任不是单个媒体人责任的简单相加，它必须承担个体责任无法替代的集体性的组织责任。正如尤纳斯所说的："我们每个人所做的，与整个社会的行为整体相比，可以说是零，谁也无法对事物的变化发展起本质性的作用。当代世界出现的大量问题从严格意义上讲，是个体性的伦理所无法把握的。'我'将被'我们'、整体以及作为整体的高级行为主体所取代"。[1]

（2）媒体社会责任的客体

媒体社会责任的客体广义上包括它向之进行传播的整个社会，包括社会中的各种权力机构、社会组织与个人。如果从媒体的多利益相关方的视角来考虑，媒体的利益相关者即媒体社会责任的客体，但在新媒体技术条件下，在实现利益相关者对媒体的参与与共同治理的理念下，媒体的多利益相关方同时也形成了媒体组织的多元社会责任主体。我们先要把媒体作为一个整体性的组织，从组织的社会责任视角确认媒体对这些利益相关者的不同责任内容和责任尺度，而后再从组织治理的角度，让这些责任对象参与组织治理，以一定的方式将他们融入到责任管理体系中，使他们成为组织实现社会责任的责任主体，以期把责任落实到具体的对象。所以，为了更好地确认责任方向和建构责任履行的组织

---

[1] 甘绍平：《应用伦理学前沿问题研究》，江西人民出版社2002年版，第117页。

化体系,对责任客体的分类和分层也是必要的,这个问题我们在后面再具体探讨。

3.新媒体的社会责任定位

前面已经提到过,新媒体信息传播的模式完全不同于传统媒体,所以,当下对媒体社会责任的建构在很大程度上应该考虑的主要目标是新媒体。目前国内对网络媒体的社会责任研究较多,对手机媒体或微信、微博等个人信息发布平台的责任问题也有涉及。

(1)新媒体的社会角色转换

新媒体时代,由于社会化媒体①的出现和普及,媒体的传播模式变化引发了以媒体技术为中介的社会关系的变化,媒体的社会影响力进一步扩大,媒体在社会关系中的力量进一步增强,社会传播中的权力关系发生了解构和重构,社会化媒体的权利得到扩展。在这种情况下,新媒体的社会角色较之传统媒体也发生了很大的变化。

首先,新媒体形成了诸多形式的信息交流平台和虚拟公共社区,它们提供了相对平等的、开放的信息交互空间,在这样的空间里,受众对传播的参与使得传与受的关系一体化,"媒介即人",信息传播是裂变式的传播模式,信息内容从生产、扩散到接收瞬间

---

① "社会化媒体"来自英文词组"social-media",最早出现在一本《什么是社会化媒体》的电子书里。作者将社会化媒体定义为:"一种给予用户极大参与空间的新型在线媒体,具有以下几个特征:参与、公开、交流、对话、社区化和连通性"。目前对社会化媒体的界定基本包括博客(Blog)、维基百科(Wike)、论坛(BBS)、社交网络(SNS)、播客(Podeast)、微型博客(Twitter)、内容社区(contentcom-nunity)7种形式。社会化媒体的出现营造出全新的媒介生态,也使共享传播成为可能,在整个网络社会中掀起一股新的浪潮,甚至可能对现实生活、社会结构产生重大影响。[转引自刘立刚,段豪杰.共享传播:社会化媒体的权力与权利重构[J].河北大学学报(哲学社会科学版),2013(2)]

完成,迅速扩大了传播范围和传播效果,这种基于共享理念的传播模式正在消灭由技术造成的"信息差",多元化的信息传播渠道和信息选择可能使得传统媒体的信息垄断权开始瓦解,话语权下放给更多的传播主体。同时,"把关人"的作用被消解,信息质量较传统媒体更难以保障,所以才有网络谣言等现象的层出不穷。

其次,媒体在社会关系中的力量得到强化。这体现在社会化媒体建构了一种媒体化社会特有的权力关系逻辑:在现代媒体化社会中,谁拥有媒介,谁就掌握了信息的发布权和舆论的引导权,谁就能够掌握话语的主动权,从而就能在社会关系系统中取得支配性的地位,"媒介即权力"。当媒介用户成为社会化权力的主体,至上而下的话语霸权被消解,媒介权力也由集中变为分散。

最后,权力与权利是共生的关系。社会化媒体时代,权利和效益的获取吸引着更多的人、企业、组织参与到社会化媒体平台上,关注度的提升就意味着话语权的提升,也意味着公信力的提升,这将转化为有形的经济效益和无形的社会效益,这也意味着权力和权利将无限扩大。在这个开放、透明的过程中,利益相关方与网民不断进行参与式的对话,社会化媒体的权力在对参与者的吸引过程中逐步生成。

(2)新媒体的主要社会责任

新媒体条件下,从履行社会责任的视角来看,媒体履行社会责任的能力更强了,但媒体社会责任管理的难度也更大了。媒体的专业品质、职业品质和秩序维护方面的责任管理都受到了严峻挑战。很多学者认为,在新媒体技术条件下,媒体组织应积极转变自己的角色定位,更好地实现公共管理中介的角色。

首先,在媒体的专业品质管理方面,在新闻线索的获取上要更加谨慎地识别谣言和陷阱,不轻易转发来自网民的新闻、言论,保障信息的真实性和准确性。对社会化媒体平台的应用建立严格的管理规范和严谨的操作流程。媒体机构如果要借助微博等个人信息发布渠道来报道突发新闻,就需要建立完整的报道、编辑、审核流程。①

其次,在媒体的职业品质管理方面,区分社会化媒体账户的个人和职业身份,并加以明确规范,如部分实现网络实名制,以界定网络行为的边界。完善新媒体使用的法律法规和职业规范、职业守则,规范媒体与媒体人使用社会化媒体工具,更好地保护隐私和消息来源,以避免侵权和纠纷。职业媒体人要以公正公平的职业操守报道有争议的新闻事件,在虚拟空间维护传媒公信力。

最后,在媒体的社会秩序维护方面,新媒体应更注重社会舆论引导、沟通、协调与平衡的功能责任发挥,避免网络群体极化事件的激化。尤其在事关公共危机事件报道和进行突发事件报道时要尤为谨慎,规避媒体风险放大效应。知名学者喻国明认为,媒介工作者、专业媒介最重要的角色扮演、价值功能,就是站在社会全局的角度维护利益表达和意见表达的平衡。今天的社会不缺少信息,缺少的是一种解释力,因此媒体与媒体人的重要角色是为社会提供鉴别力和解释力。媒体与媒体人应当充当起"意见领袖"的责任。

二、媒体社会责任的边界

阿特休尔曾在《权力的媒体》一书中指出:"严酷的现实是:社会责任这一术语,几乎可以往里加进任何意思。"这种对社会责任过于宽泛的理解使得它的实践价值大打折扣;在伦理学的理解

---

① 詹新惠、刘耕:"微博中媒体与媒体人的责任",《青年记者》2011年第3期下。

中,社会责任论则又有道德中心主义的嫌疑,再加上传媒与公众、传媒学界与伦理学界在"道德"的标准上也存在着一定的分歧。这种分歧使得传媒在价值取向上陷入迷茫之中。①

1. 媒体社会责任的泛化

"媒体责任的泛化是指:媒体将不该属于自己的社会责任,作为一种最高追求,以期获得社会公众的肯定。他们以追求社会责任为旗号,越过功能定位的边界,以选择性的报道、偏颇的立场来取悦受众,并希望在市场中最终获得商业化回馈。"②责任泛化的最终结果,就是责任的虚化。

(1)媒体社会责任泛化的表现

责任泛化一般有两种类型的表现:

一是媒体为争夺受众市场而出现了角色游离,没有自己明确的角色定位与市场定位。媒体有意识地泛化社会责任多是出于市场竞争的需要,更多地吸引读者、听众、观众或网民等受众资源,有利于在短期内扩大媒体影响,提升媒体地位。然而,不同媒体有不同媒体的专业特色、职能特色,虽然都要承担社会责任,但承担的角度、承担的方式、承担的重心是不同的,所以就需要专业的媒体定位。如果定位不准或没有定位就会导致角色混乱。

表面上看,完全以吸引受众为本位的媒体市场似乎一派繁荣,这一秒发生的热点事件,下一秒已经成为各种媒体争相发布的新闻标题,但细看起来,很多相关报道都是为了吸引眼球,对事件进行大肆渲染后或人云亦云,或不知所云,报道内容既谈不上专业水准,也没有对社会责任的思考,甚至出现很多"标题党"。热点事

---

① 逯改:"传媒社会责任的伦理审视",《兰州学刊》2007年第9期。
② 王传宝、刘鹏越:"媒体责任的泛化及矫正",《青年记者》2012年第8期上。

件大家都可以报道,但不能仅为了吸引眼球而报道,而是要以自己媒体的专业品质本着对社会事件的责任思考去报道,不要为了迎合短期的市场需要而迷失了自身。一旦媒体长期按自己角色与能力限度以外的要求去扮演自己不擅长的形象,就可能因不堪社会过度期待而导致媒体失信、媒体失位和媒体失误,最后以社会影响力和公信力的损失为代价。

二是媒体从业人员专业素质不高或对新闻职业道德认识不足,缺乏自律意识造成的媒体社会责任越位。具体表现为:第一,违反真实、准确的新闻品质要求,为树立自身的公益形象,不惜以虚假新闻来博取公众的注意和公众的掌声,从新闻的报道者变成新闻的制造者,如"纸馅包子"事件。第二,监督权"越位",或以道德审判者自居,或以法官自居,凭自己的观察角度甚至是个人好恶去主观解读事件,进行煽情性的报道,干预司法和行政。第三,违反客观、公正的新闻职业原则,为了商业利益而有选择地制造偏离真相的新闻事件,以专家的面貌出现,却在没有经过认真的调查研究之前就在自己并不熟悉的领域随意发言,误导公众。第四,违背社会协调、社会平衡的秩序守护要求,对某些非典型事件过度渲染与过度解读,如对于老人摔倒反讹人事例的报道,其后果是传播了"怕惹祸上身"的社会心理,致使本来局部的、个别的不良社会心态人为得到放大。第五,为迎合某些受众的猎奇心理,过度披露个人隐私,从而发生侵权行为。

(2)媒体社会责任泛化的原因

媒体的社会责任泛化的原因很多,但归结起来又不外两个方面:一是因为社会责任本身的边界很难明确定义,相关的法律法规也不够健全。媒体具有诸多社会功能,也因而具有诸多相应的权利,但对于媒体在行使采访、报道、监督、评论等权利时到底可以做什么,不能做什么又缺乏具体的法规规定,所以,媒体人在实际行使权利时很难把握适当的尺度;二是媒体组织或媒体人的专业主义精神不足与主观认识上的偏颇所致。媒体组织在社会转型和激烈的市场竞争环境下常常对自己的角色认知混乱,在各种身份角色的冲突中挣扎,难以平衡。而对媒体人而言,有时为了求得独家新闻而过度地介入新闻事件,或放大了新闻伤害,或逾越了公域与私域的界限;有时出于政治压力或经济利益驱使,要么众口铄金,要么集体失语。

2.媒体社会责任的弱化[①]

媒体社会责任的弱化部分是由于媒体社会责任的泛化所导致的,部分是受社会大环境变化与媒体自身建设滞后的影响。

(1)媒体社会责任弱化的表现

中国社会从计划经济向市场经济的转型是一个渐进的过程,就是在这一过程中,一些媒体开始迷失了自己的责任,具体表现在:为赚取商业利润,一味迎合受众需求,在新闻信息的选择上把能否刺激公众兴趣、吸引公众注意作为唯一标准,放弃文化启蒙和道德教化的社会责任,放弃社会监督与道德维护的社会责任,无视社会责任和职业规范,以媚俗化的方式迎合某些"文化消费者"的低俗需要。

这种状况进一步导致了社会文化形式的感官功能、游戏功能和娱乐功能得到强化和突出,传媒舆论监督的功能逐渐被"娱乐至死"的文化消费主义态度消解,受众更多地失去了严肃思考的能力,而文化传播中应有的道德性、审美价值、思想深度、终极关

[①] 黄品嘉、赵继伦:"大众媒介权力主体的社会责任",《光明日报》2012-10-31,第016版。

怀等内涵也不断削弱。比如,每年召开的人大、政协"两会",许多媒体只热衷于追逐和关注一些明星委员的举动,借机炒作名人效应,却忽略了最应关注的"两会"提案。以性丑闻炒作以及各种哗众取宠、追求刺激的新闻被典型的小报风格也沾染到部分大媒体的身上,信息娱乐化、低俗化成了市场的一种流行模式。此外,有悖社会良知和社会道德的"有偿新闻"、"黄色新闻"等泛滥,导致了媒体本真性质的扭曲,或者说媒体角色的异化,这些都是媒体社会责任弱化的标志。

(2)弱化的根源

媒体社会责任弱化的根源,从大方向上讲,根本原因是媒体同时作为公益事业的主体和市场行为的主体,在选择社会责任和现实利益的平衡点时发生了偏颇。

具体而言,包括下面三方面的因素:第一,由于传媒组织在中国市场化进程中的转型转制尚未完成,媒体组织尚未做好管理上和体制建构上的充分准备来迎接市场的挑战;第二,媒体人在经济利益的引诱之下道德失落,新闻事业的神圣性不再,新闻社会责任的意识淡化;第三,我国尚未建立起完善的媒体监管机制,比如,传媒立法的部分空白,监督机构的体制空缺。

三、媒体社会责任的尺度

建构媒体社会责任的尺度和衡量媒体社会责任的尺度应该是同一的。但这一尺度本身却不是单一的,它至少是双重的:一是满足社会期待的理想尺度,一是满足利益相关者利益要求的现实尺度。社会期待的理想尺度最终也是要通过媒体组织管理和建设贯彻到利益相关者利益要求的现实尺度中才能得以实现的。所以,这里我们主要探讨一些利益相关者的现实尺度。

1.现实的利益相关者是媒体社会责任实证研究的主要对象

按照弗里曼的广义定义,在理论上,媒体的利益相关者包括整个社会,具体而言,包括股东、广告投资商、媒体从业人、供应商、分销商、受众、政府部门、相关的行业组织、利益团体、社会公众等。如果对其进行进一步的划分[①],则可依据其与媒体组织的利益密切程度分为潜在的利益相关者和现实的利益相关者。对企业进行了专用性投资从而使其自身利益与企业利益密切关联的利益相关者是第一级的利益相关者,与企业有直接关系的人或团体是第二级的利益相关者,这两个级别都属于现实的利益相关者。社会其他受媒体行为影响的机构、组织或个人是第三级的利益相关者,属于潜在的利益相关者。学术研究的重点是现实的利益相关者。

按照上述标准,以有无对媒体的专用性投资和同媒体有无直接关系为据,媒体的现实利益相关者应该包括有直接资金投入的股东、投资者、广告商、供应商、分销商,有时间和注意力投入的广大受众、有职业劳动投入的媒体管理层、媒体员工;以及虽未对媒体进行专用性投资但对媒体有直接影响的政府和受媒体直接影响的政府、利益团体、行业组织等,媒体在行为决策时要首先考虑到这些机构、组织和个人的利益。而广泛的社会公众属于潜在的利益相关者,在实证研究中通常只能作为化身为社会期待的道义原则,在最高原则层面指引、规范和评估媒体社会责任的实现。

[①] 杨瑞龙、周业安:《企业的利益相关者理论及其应用》,经济科学出版社2000年版,第131页。

2.媒体的利益相关者排序研究

我国学者王亮参照米切尔评分法[①],对我国媒体的利益相关者进行了实证研究,并得出了分类界定和排序的可信结果。具体方法是:通过对媒体业专家进行问卷调查,确定出12类利益相关者;根据合法性、重要性和紧迫性三个米切尔指标,设计出媒体利益相关者调查问卷,向媒体从业人员进行网络问卷调查。调查从合法性、重要性和紧急性三个维度出发,对12类媒体利益相关者在合法性、重要性和紧急性方面的程度由高到低进行排序:

在合法性方面,投资者、所有者、股东、政府对媒体的影响最具合法性,而受众的合法性最低。说明政府对媒体的影响得到了媒体从业者的认同,在市场经济中运作的媒体,也认可了来自资本方的影响的合法性。但媒体认为来自受众的影响不具有合法性。

在重要性方面,投资者、政府、受众对媒体至关重要,分销商最不重要。投资者和政府对媒体的重要性不言而喻,尽管媒体认为受众作为利益相关者不具有合法性,但媒体却没有忽视受众对媒体的重要性。

紧急性方面,来自广告主、政府、投资者、所有者的要求最为紧迫,而来自行业组织、供应商和分销商的要求则排在最后。

王亮认为,可将利益相关者进行等级分类,在合法性、重要性

[①]米切尔评分法具体介绍见本章第二节第三部分的内容。其结论是:利益相关者分为三类:确定的利益相关者、预期的利益相关者和潜在的利益相关者。其中同时具有合法性、权力性和紧迫性的确定的利益相关者主要包括顾客、股东和员工,是企业必须高度关注其利益诉求的利益相关者群体。同时具备合法性和权力性的利益相关者是首要的利益相关者,它们同时拥有满足自身利益的权利和权力。同时具备合法性和紧急性的团体是依赖型的利益相关者,它们具有满足自身利益的正当权利,其利益诉求也能引起企业的关注,但它们缺乏实现利益的权力,因而需要其他团体的帮助。对于潜在的利益相关者,企业无需给予太多关注。

和紧急性三个维度上均处于高排名的,称为媒体的核心利益相关者,包括投资者和政府。在三个维度中至少有两个维度排名在中间及中间以上的,称为媒体的中间利益相关者,包括所有者、股东、广告主、管理层、员工、受众、行业组织、利益团体、供应商。在核心利益相关者和中间利益相关者之外,处于低排名的称为边缘利益相关者,主要是分销商。[1]

笔者基本支持使用这一分类方法所得出的研究成果的信度。从现状来看,对我国媒体而言,投资者和政府是媒体最主要的负责对象。媒体在组织层面上的责任表现受这两者的影响最大,而受众、各个层次上的媒体从业者、行业组织、利益集团等对媒体的多维影响正在持续的上升之中,或者随着新媒体环境的渗透,不久之后有望形成与投资者和政府相制衡的力量。我们看到,投资者和政府权利的合法性是得到了保障的,而受众对媒体的重要性虽然得到了实际认可,却并没有合法性的保障。所以,需进一步研究的问题就是:媒体如何通过组织建设更好地保障受众这一重要的利益相关者群体的利益诉求。

3.利益相关者尺度的具体贯彻

笔者挑选出以上研究中排序靠前的几种利益相关者群体,把这些群体的利益诉求作为媒体履行社会责任的尺度要求,从不同利益相关者的视角对媒体履行社会责任需遵循的尺度标准概述如下:

(1)媒体对政府的责任履行。要以促进社会文明和社会整体和谐为行为标尺,遵守国家有关的法律法规、积极配合政府的政策

---

[1] 王亮:"媒体应该对谁负责?——媒体利益相关者的界定和分类研究",《新闻调查》2012年第12期。

规划进行宣传、全面弘扬国家倡导的核心价值观。"作为社会的中介和制度性作用渠道,新闻传媒参与构建和谐社会的责任承担方式主要在于传播新闻和舆论监督,在于保障新闻信息真实、全面、均衡传播流通,尽责地守望环境,警醒社会,同时增强新闻传播的理性和人文性,对信息以辩证的解读和导航,推动形成社会的主流舆论,为构建和谐社会提供理性的舆论动力。"①

(2)媒体对股东等投资者的责任。主要就是经济责任,以是否实现预期的经济效益为标尺。投资者要求在实现经济利益的基础上才能实现其他责任。短期来看,媒体的经济效益与社会效益似乎是经常矛盾的,常常顾此失彼。但从长远来看,媒体要实现经济效益就要扩大社会影响,要扩大社会影响就要提高公信力,而要提高公信力就要突出自己的社会效益。所以,实现社会效益正是提高经济效益的前提。

(3)媒体对广告商、经销商等合作商的责任。媒体与合作商都希望达到互利共赢的效果,合作商需要媒体的社会影响提高受众的购买力,而媒体需要合作商的资金投入,但媒体不能不顾自己的专业品质或职业责任,以牺牲受众的利益来换取合作商的资金,为了受众的利益,媒体还应负起对合作商进行产品质量监督的职责。然而合作商体系十分庞大,对它们的监督和管理难度很高。

(4)媒体组织对媒体从业者的责任。媒体对其从业者的责任包括经济责任(即提供合理的薪酬福利)、职业培训责任(包括专业素质培训和职业道德素质教育)。媒体从业者作为媒体运营的直接实施者和媒体责任的直接分担者,同媒体组织一样,也经常

---

① 罗以澄、詹绪武:《新闻传媒在构建和谐社会中的基本责任》,中国媒体发展专题研究报告,2005年。

会陷入义与利的二难选择之中,从业者能否承担起社会责任的前提恐怕就是媒体组织能否承担起对从业者的社会责任。这是一个因果的无限循环。

(5)媒体对受众的责任。受众既是社会群体成员,又是市场,同时还是新媒体传播模式下的传播权利主体。媒体对受众的社会责任是最广泛的,也是最难以用具体的尺度去衡量的,大概只能以受众的满意度作为标尺。为了提高受众满意度,媒体要给予受众合法的传播权,协同受众一起行使监督权,包括对政府执政的监督,对企业道德经营的监督,对社会舆论健康的监督。媒体要满足受众的知情权和信息选择权,以专业品质保证信息的质量,还要从社会公平与社会平衡的角度选择信息的内容。当受众利益受到侵害时,要保障受众获得赔偿权。

4. 媒体社会责任的保障机制

媒体的社会责任要求媒体组织应以一种有利于社会的方式进行经营和管理,并形成保障社会责任履行的各种组织机制。

(1)媒体从业者的知识与技能的专业保障

"只有最高尚的理想,最严谨追求真理的热情,最正确的丰富知识,以及最忠诚的道德责任感,才能将新闻事业从商业利益的臣属、自私自利的追求,以及社会利益的敌对上拯救出来。"这是美国现代新闻之父普利策的一段话。这段话表明,媒体人既要有专业主义的精神,又要有职业的信仰。对于媒体从业者专业素质的培养非常重要,媒体组织要有意识地加强业务培训和专业研究,积极制定和实施媒体组织内人才的培养计划,以期普遍提升媒体人的专业素质。如果新闻媒体事业建立在非专业的基础上,就会成为一种单纯的商业行为,不仅提供的是劣质的公共服务,还会引发对社会公益的威胁。虽然新闻专业主义的理念在市场化和全球化的过程中受到了一定冲击,但在媒体业内已经有越来越多的人愿意使他们的职业获得完全专业的地位。

(2)媒体从业者的职业道德规范与职业精神的伦理保障

任何一种伦理道德都只有在被行为主体真正接受并付诸实践的过程中才能拥有其现实的存在。要提高媒体的社会责任,首先要提高媒体从业者的社会责任意识。"为了有意义地了解和集中责任,就必须在构成公司的个人中分配责任,个人并不是截然分离的、毫不相干的原子实体,他们经常处于一个道义上与其相关的社会环境中,但他们依然是个人。"[①]西方社会学界研究的相关成果表明,一种职业的专业化程度越高,就越强调个体从业者的社会道义和服务公众的责任,这种责任的履行更多地不是依赖外界控制,而是通过职业精神与职业理念的内化,形成个体的自我约束。

此外,每个传媒组织都应通过具体的行业规范来约束媒介权利主体的行为,建立适当的监督、奖惩等外部手段培养其社会责任意识。加强传媒自律,是媒体发展过程中的一个永恒的课题。媒体社会责任论的基本精神也正在于对传媒道德自律的强调。从世界范围来看,很多都制定了明确的大众传媒的道德自律条例和行业自律组织。道德自律条例如美国的《记者守则》、英国的《英国报人道德规则》、中国的《中国新闻工作者职业道德准则》等;行业自律组织如西方媒体界建立的报业评议会,我国的中华全国新闻工作者协会和各省市的记者协会等。

(3)媒体社会责任评价与监督体系的组织保障

媒体应建立相应的社会责任评价与监督体系,对组织整体以

---

① 【美】克利福·G.克里斯蒂安等著:《媒体伦理学》,华夏出版社2000年版,第23页。

及组织内部的不同成员进行责任考核与责任审查监督。关于社会责任评价体系,比如:对于媒体产品的内容,要建立严格的文本审查制度;对采编人员,要建立统一的责任绩效考核制度;对受众,要作例行的反馈调查,要建立传播效果的社会评估机制,不断改进传播质量,提高受众的满意度。绝对的权力导致绝对的腐败。新闻界也是如此。关于社会责任监督体系,首先要在组织层面上加强内部监督,如聘请专门的监督员受理受众对媒体不负责任行为的指控;其次要在社会层面上加强外部监督,如建立专门处理公众对媒体投诉的社会监督机构,公开对公众投诉的处理报告,监督媒体遵守法规与职业规范的情况;在行业组织层面上,可以依据国外经验,倡导成立由新闻界、受众和专家代表组成的民间新闻评议会,在道义上对媒体从业者进行监督。

(4)媒体相关法律法规的社会法制保障

新闻自律虽然更节约社会成本,但却缺乏外在的保障,所以,还必须辅之以法律法规和外在监督,营造新闻职业道德建设的法制环境。并且,中国处在社会转型期,媒体业正面临着利益多元化和价值标准多元化的考验,需要有较大强制力的行为规则来调整其所面临的复杂的社会关系。媒体社会责任履行的社会法制保障需要政府发挥行政职能,建立有效的社会控制机制。政府要通过立法限定媒体权利的自由界限,这也是半个多世纪前西方媒体社会责任论思想的题中之意。改革开放以来,我国先后制定了《记者守则》、《中国新闻工作者职业道德准则》、《关于禁止有偿新闻的若干规定》等法规性文件,但其政治性要求多于职业性要求,且可操作性不强。媒体社会责任建设呼唤完善的《新闻法》的出台。最近关于网络谣言定性与惩处法规的出台,表明网络媒体传播的责任问题已引起政府部门的高度重视。该法规使得古来的"谣言止于智者"发展为当今的"谣言止于法律",受谣言误导或受谣言侵害的人从只能因自己的"不智"而懊悔到可以拿起法律的武器为自己受到的误导或侵害找回权益。

第四章　大众媒体与现代社会价值观的重塑

　　倘若一个国家是一条航行在大海上的船，新闻记者就是船头的瞭望者。他要在一望无际的海面上观察一切，审视海上的不测风云和浅滩暗礁，及时发出警告。

　　　　　　　　　　　　　　　　　　——普利策[①]

　　大众媒体是现代社会中人们用以进行信息交流的主要工具，包括以报纸、杂志、书籍等为代表的印刷媒体和以广播、电视、电影等为代表的电子传媒，以及网络新媒体。

　　大众媒体在现代社会里主要表现出三种目的倾向：商业利益、政治宣传、社会公益。

　　大众媒体的传播是一种有意识、有目的的操作行为，在传播中，传播不仅仅是说话，而且是要使人说话，信息不是知晓，而是使人知晓。

　　通过有意识、有目的的操作，大众传媒以符号象征的解释性力量引导着现代社会的价值观。

---

　　①美国著名新闻人，《世界报》的创办者，开创了许多新的办报理念和办报方式，特别重视报纸的言论及其社会价值。

第一节　现代性价值理念的内在矛盾与大众媒体的价值整合功能

我们是生活在现代社会的现代人,"现代性"塑造着我们,而我们就是现代性的表征。因物欲的催促,我们在不断加速的时间节奏中舞动着急躁的生命,为了开发每一点可用的资源而不断扩展空间的尺度;因自由的召唤,我们在符号化了的世界中迫切地找寻真实的自己,在权力架构的社会体制中瞻望民主。我们的价值理念被现代性的两面性所撕扯,同时,也正是现代性自身所蕴含的内在矛盾使得我们对其所具有的基本价值理念欲拒还迎。

一、"现代性"的源起与发展

按照哈贝马斯的考证,"现代(modern)"一词出现在公元5世纪,"现代"概念的出现至少在当时引出了一种不同于循环时间观念的、新的、线性的时间观,而这种时间观正是18世纪以来的"进步主义"历史观念的思想前提。"它体现了未来已经开始的信念。这是一个为未来而生存的时代,一个向未来的'新'敞开的时代。这种进化的、进步的、不可逆转的时间观不仅为我们提供了一个看待历史与现实的方式,而且也把我们自己的生存与奋斗的意义统统纳入这个时间的轨道、时代的位置和未来的目标之中。"[①]

以现代性为特质的现代社会的出现远远晚于"现代"概念的出

[①] 汪晖:《死火重温》,人民文学出版社2000年版,第4页。

现。按照现代性在西方世界的历史演进来看,我们今天仍然身处其中的现代化过程大体上可以划分为三个阶段:启蒙阶段、扩展阶段、反思阶段。

1. 启蒙阶段

现代性的诞生有赖于历史意识的彰显和自然权利的弘扬,启蒙运动担负了这一使命。在相信社会历史具有不可逆转的进步模式的前提下,启蒙运动的主旨是:以科学理性裁制精神世界,反抗自然对人类生存自由的限制,以天赋人权争取民主、平等、自由的社会权利,反抗社会对个人自由发展的限制。启蒙运动以降的一个多世纪,现代性在欧洲获得了充分的思想滋养,康德哲学正是对现代性的第一个发展阶段的总结性的哲学宣言,其所关注的理性和自由正是现代性思想的两大根基。随着资本主义经济的发展和政治的变革,人与自然、人与人之间的关系模式发生了根本性的改变,原来由宗教所整合的价值体系逐步被世俗化的浪潮所吞没,新的价值体系的支撑点不再是具有超越性的神,而是作为主体的人。在启蒙阶段昂扬的热情背后所深藏着的是主体意识的觉醒,包括对主体理性能力、意志自由的肯定和对主体力量创造历史的信仰,而当科学技术迅速取得征服自然的胜利之后,这一现实的变革力量开始渗透到社会关系领域,大有摧枯拉朽之势。人们的价值观普遍向物质主义、功利主义倾斜,社会关系体系按新的原则重新分化组合,社会变革的风暴随之汹涌而来,现代化进入了一个势不可当的扩展阶段。

2. 扩展阶段

主体意识觉醒的另一面就是主—客体的分化。18世纪以来,主客分立的思维模式造成了西方人的精神世界与生活世界多重分化的加剧,异化成为这一时期的常态。社会生活的总体背景急剧地变动,一方面是物质和精神的传统联系的断裂,另一方面是世界本身的分裂以及人的主体意识的分裂。在现代性的扩展阶段,主体的物质欲望像气球一样在商品化的世界中无限膨胀,理性的工具意义——计算——获得了非理性的突显,自由的功利意义——权利——获得了技术性的规制。科学、技术和工业已经在经验上成为进步观念的可变现的基础。支撑进步信念的科学主义、物质主义、自由主义成了这个世界的基本价值理念。在进步的教条里,价值的创造被简化为人造物的快速增长,价值的实现被等同于物欲的满足,而生命的价值就在于其能否以及在多大程度上有利于这样一种进步事业。结果就是,人们要么成为工作的奴隶,要么成为消费的奴隶。刘易斯·芒福德在《技术与文明》一书中对这种价值思维的影响做了如下描述:"有生命的东西消失了。时间是真实的,爱惜时间!劳动是真实的,加油干吧!金钱是真实的,省着用!空间是真实的,去征服它!物质是真实的,去测量它!"①

3. 反思阶段

20世纪,尤其是两次世界大战之后,进步主义的神话在战争机器的拷问下再也不复往昔的自信。科学、技术和工业的力量结合起来以后,人们的物质需求得到了前所未有的满足,然而,人们所期望的幸福生活并未如期而至。现代主义在全球的扩张进一步导致社会的碎片化。一方面,欧洲人的精神家园中的上帝已死,超越的终极观照者不在了,人处于"被抛在世"的状态,传统的社会关系不再起作用,人变成了孤独的"单子",每个人都同时是每个人的他者,极端个人主义盛行;另一方面,现代技术展现为对人的

---

①刘易斯·芒福德:《技术与文明》,陈允明等译,中国建筑工业出版社2009年版,第40页。

强制、支配与统治。为了实现资本最大限度地追求利润的目的,技术力量在资本原则支配下建立了一个强大的奴役人、强制人的异化世界,变成了一股征服"他者"、寻求霸权的力量,由而造成"文明的冲突",使世界陷入无休止的冲突与战争。现代性似乎一下子从救世主变成了人间的恶魔。于是,启蒙阶段所确立的主体性意识在反思阶段受到了强烈的质疑。理性、自由、解放等启蒙思想也被作为宏大叙事遭到了尖锐的批判。这一时期的现代性反观自身,力图获得一种清晰的自我意识,并由而成为哲学和社会科学论争中的主要问题。这些论争主要体现了当代学者对现代性所持的三种不同态度:肯定、否定、既肯定又否定。

二、现代性价值理念的逻辑与内在矛盾

"现代性"本身就是一个价值体系的表征,这一范畴包含着相互关联的多重维度,且每一维度的内涵以及各个维度之间的关系都处于历史的流变之中。

杜维明先生曾经对其做过较为全面的论述:"我把现代性理解为西方启蒙之后逐渐形成的西方主流思想和社会建设目标。当然,它已成为今日世界的主流思想和社会建设目标,即现代性规划正在全球得以实施,尽管它也遭到各方面的严重质疑。就思想维度而言,现代性涵盖自由主义(其中蕴含个人主义)、经济主义、科学主义和人类中心主义;就社会建设目标而言,现代性统摄工业化、都市化、世俗化、民主政治、市场经济和市民社会。"[①]

我们可以把杜先生所说的思想维度和社会建设目标进一步理

[①] 杜维明、卢风著:《现代性与物欲的释放——杜维明先生访谈录》,中国人民大学出版社2009年版,第2页。

解为现代性的"神"和"形",厘清构成它们自身的各要素之间的关系以及它们之间的关系,将有助于我们进一步理解现代性价值生长的逻辑。

1. 现代性精神

现代性首先是人的现代性,而人的现代性就在于现代人既想成为"个体"同时又想成为"主体"。

在哲学的意义上,现代性精神发轫于主体性原则的确立。法国哲学家笛卡尔所提出的"我思故我在"标志着主体意识的觉醒。这个观念从思维主体出发,从自我的确定性入手,推证万事万物的确定性。首先,自我的确定性是由纯粹的自我意识,即先验的理性的自明性来保证的,从这时开始,理性在西方世界逐步取代上帝的位置,成为价值之源和对现存事物批判的标准;其次,把自我从万事万物中抽离出来,在得到一个纯粹的思维实体的同时也消解了束缚着个体的传统共同体及其历史文化,也就是说,自我存在与外物无关,而只与当下的时间意识密不可分。当然,这个脱离了自然、社会和历史的自我也相应地具有了一种抽象的自由。

自由即按照自己的意志来进行选择、决断和行动。它既是一种价值取向,又联系着一种制度安排。启蒙思想家大多把自由看成是一种天赋人权,但现实中的人却无往不在枷锁之中,于是出现了以捍卫个人自由为纲领的自由主义思潮。现代性对人的自由本质的认同是同个人主义相联系的,自由主义以个人主义为本位,一方面坚持社会的唯名论立场,一方面推崇个人对于社会的价值优先性,其天然地反对国家主义、集体主义,试图确立以个体自我为中心的价值系统,但脱离群体的个体却只能沦为抽象的个体。但现代性主流话语对个体的原子式的抽象化的理解必定使"人类"的概念也随之抽象化和离散化。在资本主义制度下,社群被市场所取代,社群中温情的人际交往也变成了冷漠的市场交易。

在世俗化浪潮的推动下,自由主义自然地同物质主义相结合,主要表现为对世俗幸福的热切追求,以功利目标作为自我价值实现的方向,而科学技术的勃兴恰好为之提供了现实的物质力量。在这种情况下,感情、精神乃至智力因素的意义都要以物质胜利来衡量。科学主义、经济主义和自由主义恰是人类精神世界的认知、欲望和意志各自分化的结果。它们各自统治着人类社会生活中的不同领域:文化、经济和政治领域。但无论如何,它们又具有一个共同的价值指向:人类中心主义。

2.现代性体制

工业主义和资本主义是支撑现代性的体制在全球扩展开来的两只强大的手臂。资本的运转和技术的发展相得益彰,工业主义和资本主义相结合,使得自然得到大规模的改造,人化环境不断取代自然环境;使得经济生活日益脱离政治生活,并成为塑造整个人类世界的生活和文化的规范性力量。与此同时,世俗化的权利要求世俗国家政权的保障,军事力量和社会监控都前所未有地增强,国家的控制力的强度和广度不断增长,以保障个人自由为纲领的公共权力的膨胀却在事实上导致了私人领域的真正瓦解。现代性的价值导向是物质主义的,主流意识形态和法律政策都要有利于资本的增值。当它走向极端的时候,自治变为依附,解放变为压抑,理性变为非理性。

从某种意义上说,现代性的扩展过程也是工业化的全球化过程。资本积累和科学技术的发展为工业化的发展提供了物质基础,工业化则反过来成了现代性扩展的动力机制。直到20世纪苏俄社会主义社会形态出现,工业主义与资本主义才不再是同义语。但无论如何,一切工业社会都是利用资本的,其区别只在于用什么方式支配资本。工业化的发展，对人类社会的进步既有积极作用，也有消极影响。在工业资本主义阶段，资本家之间的相互竞争，使机器和工厂体系不断获得改进和扩充，从而引起了社会生产力和生产关系的不断革命。"现代工业从不把……生产过程的现存形式看成……最后的形式。因此，现代工业的技术基础是革命的，而所有以往的生产方式的技术基础本质上是保守的。"①但是，伴随大规模工业化而产生的日益严重的环境污染和生态破坏问题甚至危及到了人类自身的生存，这迫使各工业化大国不得不在思想上重新认识现代性的价值理念，在政策上对工业化的发展进行某种限制和改造。这也是20世纪现代性历史进入反思阶段的主要原因。

如同人的身体和灵魂一样，现代性是形神合一的，对个人主体性尤其是对普遍理性的运用和对个体自由的保障表现在经济运行的理性化、行政管理的科层化、公共领域的自律化、公共权力的民主化和契约化等社会体制层面。取得巨大成就的工业体系的所有环节似乎都严格服从理性和效益思想，而现代国家机器中的民主与自由却也因之时刻处于令人困惑的张力之中。

3. 现代性的基本价值理念的内在矛盾

按照前文对现代性的分析，我们可以对现代价值理念的基础做如下概括：主体性哲学＋资本的世界逻辑，前者是思想基础，后者是体制基础。

（1）主体性哲学的内在矛盾

现代价值理念的思想基础是主体性哲学，即以人（尤其是人的理性和自由）为价值核心的哲学。这必然涉及两个最基本的问题：

---

① 马克思：《资本论》（第1卷），人民出版社1975年版，第533页。

一是理性的限度问题,一是自由的限度问题。

在西方近代思想史上,康德最先对现代性问题给予了经典的表述,他的理性批判表明:随着人的主体意识的觉醒和内在分化,科学、道德和艺术与信仰发生分离,成为自律的文化领域。然而,主体性原则从一开始就面临着一个难以克服的困难:理性权威的非理性,一切不能容于理性的东西,如自然、人的身体、欲望、情感、梦幻、癫狂等等都遭受到以合理化为名的压制,人的存在的总体性和丰富性这一活生生的价值源泉被窒息了。正是在这种问题情境之下,黑格尔开始了他对现代性的哲学探究和批判。黑格尔企图通过对主体性原则的辩证超越克服精神与自然、感性与理性、理论理性与实践理性、我与非我、知识与信仰之间的分裂。从理性主义者黑格尔开始,经由非理性主义者尼采,一直到持相对主义和多元论态度的后现代主义者,现代性情境中的思想家们一直在试图解决传统宗教世界观的崩溃所引发的价值和意义生成的危机问题,但这一充满变异的发展并未改变初始的问题情境,即主体性原则从一开始就不可避免地带有一种极权主义的品质,它在主体与客体、普遍与特殊、精神与物质、人与自然之间确立了一种不对称关系。

再说说自由的问题。自由可以说是现代性所推崇的最重要的普遍价值。经过启蒙的转向,"个人"概念被发明了出来。在传统社会里,每个人具有独立的肉体存在,但没有自由独立的权利。每个人的行为、生活、价值观和命运都在某种程度上属于某个共同体或组织。基督教所宣扬的平等精神在理论上使得每个人都成为一个独立的个体,不再属于任何别人,而只属于上帝。上帝死了之后,个人就自然而然地被迫成了完全自主的主体。然而,从个人角度去定义,一个人的自由就是免于被强制,而可以做自己想做的事情。虽然以个人为准的自由是没有边界的,但他人的存在为这种自由竖立了界碑。或者说,他人的自由就是我的自由的边界。每个人的自由都与他人的自由相冲突,所以,必须通过制度把自由转换为权利。个人权利是个人概念最为重要的成分,因为正是个人权利保证了个人的自由。自由是个人权利的实质,而个人权利是自由的实际表现。

然而,当理性主义把人的力量集中导向对外部世界的控制时,作为人类自我控制的社会组织、经济组织、政治组织形式和国家机器也日趋严密。在技术理性控制的体制下,人本身的精神生活已经在生命整体的意义上被排除,现代人越是以自身的理性与生命意志推动现代化进程,现代化就越是使人自身的生命和自我走向知性化和欲望化,而这在很大程度上可以归咎于人对个体自由的过分的、单面的强调。康德曾指出,人有一种要使自己社会化的倾向,也具有一种强大的、要求自己单独化或孤立化的倾向。当个体化向度取代或否定了社会化向度时,个人从社会中的解放和自由就会陷入严重的悖论。

(2)资本逻辑的内在矛盾

现代价值理念的体制基础是资本的世界逻辑,即以物质财富的增长为价值核心的社会发展模式。资本的逻辑就是不断增值的冲动,这一冲动驱使人们以物质利益的得失来衡量一切,于是,人与世界的关系、人与人的关系都被物化了。人与自然的关系由技术来中介和安排,人与社会的关系由资本来中介和安排。这种物化的世界观使世界的有用性价值凌驾于人的生命价值,在整体的现代世界的价值序列中,人本身丧失了特殊的生命价值,道德也失去了表现生命价值的特性。吉登斯曾说过,"世俗化具有把道德意涵限定到即时性的感知上的功效"①。现代生活的工业化、商业化和机械化的图景正是这种以资本的逻辑为核心的世俗化价值观的表征。

人类的功利主义价值观与控制的意识形态向所有民族、所有人、所有文化提出了严峻的伦理挑战。在当代,尽管每个民族有着因文化差异而形成的不同的道德传统,但每个国家和民族都试图在经济和技术的竞争中控制更多的资源,以攫取更多的利润和物质财富,这种努力因全球竞争所带来的急迫性几乎到了不惜一切的程度,即使环境恶化已经使全球自然灾害频仍,由于这是全人类的责任,所以,没有人愿意为之承担责任,自然也只好继续问责于全人类。现代性的问题是一个真正普世性的问题,我们今天所面临的生存危机表面上是自然生态的危机,实质是人性的危机——每个人的自私自利,每个民族和国家的自私自利,因而,要解决这一危机,首先是重新检讨我们对自己的人性的认识,检讨我们的价值理念,每个人、每个民族都必须为自己的行动后果担负起为全人类的未来命运负责的伦理重担。

此外,资本的全球扩张也引发了文明的冲突。每一种文化都以自身文化去理解普遍价值,都认为自己所理解的价值是真正普遍的和更好的,而这在古代社会并不成为问题,因为古代人并不去强求其他文化同意和接受自己的价值观。导致现代社会文化冲突的是同资本主义发展相伴而行的全球化运动和进步主义的意识形态的传播。如亨廷顿所言,文化冲突是导致国家冲突的一个在物质利益之外的深刻原因。但文化冲突不能以暴力方式来解决,不论是语言暴力还是身体暴力。真正的问题不是如何消灭异己,

---

① 安东尼·吉登斯:《现代性与自我认同》,三联书店1998年版,第199页。

而是如何与异己和平共处。在解决这一问题方面,很多人主张采用兼收并蓄的中国模式。问题的答案恐怕还在于另外一些更深层次的问题,即:兼收并蓄是否会导致价值相对主义乃至价值虚无主义?是否需要一种坚实的、能够统领其他价值的核心价值?这一核心价值是否是可贯通异质文化的普遍价值?

概括而言,现代性的基本价值观念的内在矛盾表现为:在生存论层面上的人与自然的关系、人与人的关系的异化。主体支配客体意义上的价值是现代价值理念的意涵,它具有浓重的功利性和支配性,具有典型的人类中心主义倾向。也可以说,人类中心主义是主体性哲学最直接的理论后果。当我们从主体性视角看待自身与外部世界的关系时,我们已经把世界置于客体的位置、被驾驭的位置。当主客体之间的价值关系被视为世界最根本、最具决定性的关系时,我们已经把人与世界的相互关系简化成了功利的关系。因此,当我们倡导"人本"时,其实倡导的正是"物本"。当然,也有很多学者认为,新近的全球化浪潮也有助于我们改变既有的思维方式,全球化对于现代性具有超越性的意义。因为,全球化首先带来了一个以人类居住的地球或地球上居住的所有人类作为整体取向的时空概念。由于全球化,人类生活将呈现出共时而又异质、自由多元而又相互依赖的景观。它使人们逐步意识到现代性的局限性,从自我中心的心态中醒悟,看到更多可能的和可以选择的生产和生活方式。是理性的迷失造就了人类生存的迷失,而理性的自觉也同样会启迪人类生存的自觉。

三、中国的现代化与媒体的价值观传播

近代以来,围绕着"西化"与"中化"之争、改良与革命之争、三民主义与社会主义之争、"左倾"与"右倾"之争,直到计划体制与

市场体制之争,每一次主导话语权的确立都带来了巨大的社会变迁。现代媒体即是中国近现代历史巨变的见证人,又是这些巨变的参与者。不同时期传媒话语权的转移,折射出中国社会变迁的多方面动因以及社会价值观的动态变化。同时,在社会转折或转型时期,具有时代敏感性的传媒总是代表着社会变革的力量,将新时代的价值理念汇聚成穿破时空的第一声呐喊。

1. 现代媒体对中国现代化进程的推动

中国封建社会的核心价值体系是以"等级制"、"三纲五常"等为代表的儒家思想主导的价值体系,具有典型的封建政治伦理色彩。浓缩了中国传统文化精神的经史子集都是这种核心价值观的体现。鸦片战争后,中西方文化发生了正面的交锋,西方凝聚着现代精神的自由、民主、科学理性的价值观被现代媒体所引入,令中国思想界的精英耳目一新,同时也令儒家思想主导的价值体系受到严重冲击。

(1) 近代中国现代性价值理念的引入

鸦片战争后,现代报纸逐渐登上了中国的社会历史舞台。从最初外国人在中国创办的报刊到中国人自己创办的报刊,一批现代报馆与书局先后问世,如上海商务印书馆、中华书局等。宣传民主、革新的现代报刊承担着破旧立新的历史使命,不断遭到专制政府的镇压,封建专制制度与资本主义制度、中国农业文明与西方工业文明的文化价值观碰撞就在这里拉开序幕。所以,或许,我们可以把现代大众传媒的发展作为中国现代化进程的一个开端。

20世纪20年代,国内各种力量纷纷开始利用报刊粉墨登场。马克思主义以及西方各种民主思潮、社会主义思潮一起涌入中国思想界,大众报刊俨然成了各种思潮兜售其文化价值理念的集散地,当然,也成了各派力量党争的战场。在这一过程中,现代社会所倡导的民主、自由等价值理念至少在形式上战胜了原封建社会的核心价值理念,但并未真正成为核心价值观,直到新中国建立之后,马克思主义在不断中国化的过程中融合了儒家和道家思想,成为中国社会的核心价值观体系。

每一种价值理念都有自己生长的特定语境。应该说,西方的民主、自由观念很难根植于近代中国半封建半殖民地的社会语境,况且,中国固有的传统文化几千年来已经扎根到中国大众的灵魂深处,对人的主体性的漠视与对个性自由的忽略不仅外现在制度中,也深藏在整个社会的集体无意识里,短暂的思想启蒙只能造成冲击力,却没有足够的建构力。

无论如何,现代报刊理念的引入在一定程度上促进了中国社会的现代转向,比如,它在国家和私人领域之外提供了一个公共空间,这个空间为公共话语权的提升打下了基础;它推动了社会政治、经济与文化体制在运行方式上的变革,尤其是在文化方面,使整个社会文化走向世俗化、民间化、大众化的方向。此外,现代媒体也对近代中国人起到了现代性的思想文化启蒙的作用,同时,社会上出现了许多现代意义上的职业群体,如记者、编辑、自由作者、出版人等。

(2)媒体价值观传播对中国现代化进程的推动作用

经过一段时间的政权巩固和封闭性的经济发展之后,20世纪70年代末,中国再一次开启了之前未能完成的现代化进程。

新闻传播活动对一个社会的影响往往同时具有两个方向:一是协助社会控制,从而维护社会稳定;一是协助社会变革,从而促进社会进步。在中国迅速发展的年代里,大众媒体通过核心价值观的传播在国家发展层面上起到的正是这两个作用。

首先,维护社会稳定的作用体现在:第一,以"为人民服务"的价值理念为指导,搭建利益诉求和民主协商的平台。发挥对各种观念和各方利益的整合功能。改革开放之后,中国社会出现了新的群体分化和阶层分化状况,社会分化带来了多元化的不同利益诉求。大众传媒通过自上而下与自下而上的双层交流,起到了沟通协调的作用。同时,更多地关注弱势群体和边缘群体的声音,更强调公正、合理和人文关怀,对各种社会矛盾起到缓和、化解的作用。第二,以构建和谐社会的"和谐"为核心价值,组织和鼓舞民众,监督和规约社会健康运行。改革开放的全面深入促进了民主政治水平的提高,民众通过传媒保障自己的知情权、参与权、表达权和监督权。媒体作为公器作用的发挥改进了党和政府的工作,成为社会生活中不良现象的约束力量。

其次,促进社会进步的作用体现在:第一,引领社会舆论,解放思想,冲破传统理念的束缚。如1978年通过"真理问题大讨论"。随着1978年5月《实践是检验真理的唯一标准》在中央党校内部刊物《理论动态》的发表,新华社、《光明日报》、《人民日报》等中央媒体和多家省报纷纷转载,形成一场思想解放运动,也同时成为改革开放的思想先导。第二,发展先进文化,重塑中国形象。大众传媒对文化发展的意义越来越重要。国际互联网络的开通,拉近了中国与其他国家的距离,中国媒体以社会主义核心价值体系为主线,弘扬东西方的优秀文化,在多元、多样、多变的价值观中掌握话语权,达成共识,营造正确的主流舆论,为国家的伟大复兴提供良好的舆论环境、人文环境和文化生态,在与世界各国的平等交流中塑造中国新形象。

2.媒体在中国市场化进程中出现的价值错位

在中国市场化的进程中,媒体扮演着事业单位与企业组织的双重角色,时常游离于政府和市场之间,对社会价值观导向上出现了一些问题,应该说,这是媒体在参与整个社会经济体制改革过程中所出现的负效应,如不及时纠正,将腐蚀公众的价值观和精神信仰,威胁社会的健康发展。

(1)泛娱乐化趋势

大众媒体产业在市场的推动下正向泛娱乐化的方向发展。各种选秀节目、相亲节目热播,各种娱乐新闻在众多门户网站的醒目位置刷屏。然而,娱乐也有高雅与低俗之分,凡片面追逐感官欲望的满足,含有恶意炒作、色情、暴力或极力曝隐私、炒绯闻等内容和倾向的媒体作品和媒体节目都属低俗娱乐。低俗娱乐固然在短期内有望使媒体通过赚足眼球而赚足利润,但对大众文化的影响却是灾难性的。大众媒体制造的大众文化,往往以欲望取代激情,以表演取代体验,大众文化浅薄而易碎,创造性的、审美的价值和体验遭到破坏,文化的价值层面向游戏层面倒塌。

美国批评家尼尔·波兹曼在《娱乐至死》一书中警告道:"有两种方法可以让文化精神枯萎,一种是奥威尔式的——文化成为一个监狱,另一种是赫胥黎式的——文化成为一场滑稽戏。"[①]在这个科技发达的时代,造成精神毁灭的敌人更可能是"接通各种电源插头"为我们所带来的感官愉悦,不管是广播、电视、电影还是电脑、手机,各种电子设备都在尽情开发感官的极限。人们很容易在身体欲望的直接满足中抛却理性思考、抛却道义责任。况且,用娱乐的精神和方式去做娱乐节目也许不能过度指摘,但若以娱乐的精神和方式去做新闻就未免偏离了新闻专业品质的价值要求。一旦真实不再是新闻的生命,也就意味着我们的社会价值衡量体系在失衡。

---

① 尼尔·波兹曼:《娱乐至死》,章艳译,广西师范大学出版社2004年版,第201页。

（2）消费主义文化

媒体的市场化传播推动了消费文化的出现。现代大众传播技术不仅全面提升了媒体产品对大众的感官冲击力，而且在潜移默化中影响着大众的生活理念和生活方式。"借助精美的图像、虚构的符号价值、前卫的消费理念以及耀眼的明星偶像，媒体把一种消费主义的生活方式传播给了受众。"在消费社会中，物品不仅承载着使用价值，而且承载着社会化的符号意义，人们喜欢在炫耀中表征自身的价值，通过消费物品的符号意义来获得身份认同。大众传媒推动着消费文化，不停地驱动着人们的身体欲望和消费需要，消费者在虚幻的自我身份想象中被大众传媒贩卖给广告商，成为商品化社会中一员符号价值的存在，忘却了真实生活本身的价值和意义。人们生活在表面，生活在别处。

（3）伦理相对主义

我们这个时代具有快速变动和不确定性的特征。人们不再对传统的伦理和价值观念确信无疑，由此导致了伦理相对主义。而新媒体的出现似乎更加剧了这一状况。多元化的主体在信息网络平台上得以充分展现自己的个性特征，这形成了多元的文化生态，也削弱了价值判断的边界，虽然一方面，人们对异质的思维有了更多的包容，但另一方面，人们也淡化了是非善恶的价值标准的丧失，媒体传播也开始触及甚至超越社会的道德底线。这将造成整个社会价值体系的多极分化，使得人们对于价值的取向和判断陷入文化混乱。如果新闻传播表现出文化与价值分裂，社会舆论空间就更容易充斥各种极端言论，这将进一步导致整个社会文化心理陷入分裂。毕竟某些社会的基本道德规范或共同价值观念是不容触犯或不该触犯的，媒体应以主流价值观引领公众的理性判断，对核心价值体系的维护永远是社会稳定的前提。

3.引领主流价值观,建构核心价值观

主流价值观,简单地说就是政府提倡的、公众认可的、百姓期望的价值观,在当下的中国,主要表现为人性的真善美和社会的公平正义等价值理念。主流媒体是主流价值观的引领者,也是主流价值观形成的支柱。

(1)主流价值观的层次体系

按照我国学者谭诚训的观点,主流价值观包括制度性、社会性和普世性三个层次。制度性价值观是通过权力法则形成和实施的官方意识形态。它是显在的、硬性的,既有通过政治观念和法律观念来体现的明确的观念形态,又有维护观念的强制手段。我国媒体都有较强的政治观念,而法律观念相对淡薄一些;社会性价值观是指基于传统文化而形成的整个社会约定俗成的道德观念。它主要表现为社会舆论的制约。媒体既是舆论的载体,又是形成舆论的主体,所以有责任维护这种社会性价值观。普世性价值观是指全人类共同奉行的价值观。如:自由和民主是现代社会普遍的价值追求。我们常常会对这种普世价值观做民族化、传统化乃至功利化的狭隘处理。普世价值观更利于作为全球信息处理的价值尺度。

当前,我国家正努力将"和谐"的价值观向世界推广,这种"和而不同"观念适于当前多元共存的世界,主流媒体不能同主流价值观分离,意见领袖的声音不能被多元的喧嚣所掩盖,我国媒体应该大力弘扬和谐价值观,使其逐渐成为全人类共同的价值选择。[1]

(2)核心价值观的生成与传播

---

[1]谭诚训:"主流文化的传播规范及价值层次——兼论我国媒体应该向全世界推广和谐价值观",《河北大学学报》2006年第4期。

第四章 大众媒体与现代社会价值观的重塑

社会主义核心价值观是社会主义核心价值体系的内核和最高抽象,它的立足点是人类社会发展和社会和谐。党的十八大报告用 24 个字从国家、社会、公民三个层次归纳了中国当前的核心价值观,分别是在国家层面上倡导富强、民主、文明、和谐,在社会层面上倡导自由、平等、公正、法治,在公民层面上倡导爱国、敬业、诚信、友善。

"不同种类的价值观是相互对立而存在的。如果主导价值观缺位,非主流价值观就会横行,必然出现所谓的'信仰缺失'和'道德沦丧'等现象。社会主义核心价值观本身就是党和政府推行的价值观,它一直努力成为社会大众认可的主流价值观。主导价值观和主流价值观都应该体现核心价值观。官方的主导价值观通过媒体获得大众的广泛认可,并与主流价值观汇合最终成为社会主义核心价值观。"①价值观的整合实质上就是对社会关系的整合,主流媒体要发挥整合社会关系的功能就要以主流价值观的传播为导向,更好地发挥社会协调者的功能,同时坚持自己的专业品质和职业精神,而不能趋利媚俗,随波逐流。

第二节 大众媒体在现实群体分化中的价值诉求

社会群体的分化预示着政治权利的分化、经济利益的分化和社会需求的分化。当前中国社会的群体分化已经非常显著,多种

---

① 黄朝峰、石周燕:"主导价值观、主流价值观和核心价值观的辨析与融合",《重庆社会主义学院学报》2013 年第 3 期。

声音在媒体平台上呼唤着各自的诉求。在这种情况下,媒体要担负起自己的社会责任,就要在社会整体的层面上,以促进实现社会期待的最高价值诉求为己任,协调群体关系,平衡整个社会的运行。这些最高价值诉求至少包括三个:自由、民主与正义。

一、大众媒体与自由的诉求

自由问题的复杂性就在于自由可以变成一切欲望的借口,而人们的欲望却总是相互冲突的。一个社会为了维护其整体的协调稳定,必须确定什么是能够成为权利的自由,什么是不能成为权利的自由。

1. 自由与媒体自由

关于自由的理论,古典自由主义有两个主要传统,一个是从洛克开始,经休谟、卢梭到康德的契约主义传统,另一个是从边沁、密尔到西季威克的功利主义传统。后者在西方社会一直占据主导地位。[①]现代西方学者又发展出新自由主义学说,于是,自由除了有无限自由和有限自由之分以外,又有了消极自由和积极自由之分,个体自由和集体自由之分,古代自由和现代自由之分,等等。

(1)自由的本质与核心内涵

自由,简单说来就是不受任何外在力量的强制和束缚而去做想做的事情。这既需要自由的能力,又需要自由的权利。由于科学技术的进步和文化教育水平的提高,人类已经获得了极大的自由能力,越来越多地摆脱了自然对我们的束缚。但自由的能力本身并不能产生出自由的权利,它只是实现自由权利的条件,自由能力的边界也并不代表着自由权利应有的界限,因为能力是个体或

[①] 廖申白:"《正义论》对古典自由主义的修正",《中国社会科学》2003年第5期。

组织的,界限却是社会历史的。这个社会历史的界限就是权利的界定,权利无非是获得合法承认的自由。

自由权利产生于特定的社会关系中,自由权利的现实状态表征的是社会现实群体力量在相互竞争中的相互制衡,而自由权利的发展动态则表征着这些力量的分化整合与此消彼长。所以,也可以说,自由权利的问题本质上是一个社会政治问题。

无论在任何社会,只有喜欢幻想的诗人与艺术家才会希望一种超脱因果关系的无限自由,就如庄子所说的"无待的自由"。但是,倘若只要"有所待"便不是真正的自由,那真正的自由就只能存在于幻想之中。现实社会群体中的人们希望的并不是无限自由,而是能够更多地免于权力支配、免于他人强制的有限的自由。现代自由理念的核心包括两个:一是个体的自主性,二是自由的有限性。

此外,自由是一项权利,因而它总是伴随着义务。"义务的概念优先于权利的概念,后者从属于它也相关于它。一项权利并不因其自身而有效,而是因它所对应的义务;一项权利的有效实现并不缘于某人对它的拥有,而是出于其他的一些人,他们承认在某些事情上对此人有义务。当义务被确认时,义务就有效。一项义务不为任何人所承认,对其存在的丰富性也丝毫无损。而一项权利若不被任何人所承认,则将一钱不值。"[①]

(2)新闻自由的最初获取

自由永远是所有时代、所有群体中的人共同向往的最高理想,媒体人也不例外。并且,无论从逻辑上还是从历史上,西方国家的

[①]西蒙娜·薇依:《扎根:人类责任宣言》,徐卫翔译,生活·读书·新知三联书店2003年版,第16页。

新闻自由权都属于首要的基本自由权之一。"没有新闻自由权,哪还有自由可言。"①新闻自由权既是进一步争取其他自由权利的先决条件,又是其他自由权利的存在依据。

新闻自由是新闻发展的必要条件。它固然是历史发展的必然趋势,但也是历史舞台上不同势力相互博弈而达到的均衡结果。最初的新闻自由权的获取经历了一个艰难甚至是充满血腥的历史过程,我们今天所享有的特定的新闻自由形式,是各个历史时期、各个不同国家的新闻媒体人,为了新闻自由的理想,经过长期不懈的斗争而开拓出来的。

新闻自由最初的目标理念是争取不受政府控制的最基本的独立与自由的发展。这是伴随整个西方近代人权运动的发展而发展的。争取新闻自由的斗争有三个主要方面:反对新闻检查和许可证制度,当局企图通过这些手段控制新闻的发布。许多法律尽管本身通常是好的,但执法不公,反对非正义和不公平的执法方式,以抑制诽谤、丑闻、谩骂,以及煽动性报道。反对沉重的税赋。②其后,又从独立于政府的要求进一步扩展到独立于广告商、独立于公众、独立于商业主义、独立于宣传、独立于意识形态、独立于历史束缚等等,在这个过程中,媒体逐渐形成了自己的专业主义精神。

(3)几种基于不同自由观念的媒体自由观

按照自由之"所待",也就是自由权利的依据,笔者把现代的媒体自由观大体上归纳为以下几个版本:

第一,基于人性论的绝对自由观

这种自由观将自由视为人性的崇高要求和天赋权利,提出表

---

① 此为"无国界记者"协会的口号。
② 利昂·纳尔逊·弗林特:《报纸的良知》,萧严译,中国人民大学出版社 2005 年版,第 87 页。

达权和知情权神圣不可侵犯,反对外界对媒体行为的限制和干预,这也是最初的新闻自由主义理想。然而,绝对无限制的自由只能是一种或通向天堂或通向地狱的自由,没有现实存在的合法性。如赵汀阳所说,"很少有人满足于限于私人领域的个人自由,人们希望能够把自己的利益和价值观扩大到公共空间,使自己的规则变成公共规则,增加自己的自由并且压制他人的自由。假如人是理性的利益最大化者,正如现代理论通常所假定的那样,那么人类本性必定既是自由主义者又是专制主义者,这两者都非常符合利益最大化,分别用来对己对人"。所以,"自由必须放弃最大化的欲望才有可能转换成权利"。[①]随着20世纪媒体垄断趋势的显现,这种自由观渐渐失去了主导地位。

第二,基于契约论的责任自由观

这种自由观是现代西方社会主导的媒体自由观。从社会政治的角度,自由作为一种契约的结果,当权利定义了具有明确内容的有限自由,自由作为权利与义务的统一,将获得一种政治自由。媒体的责任自由观修正了之前的绝对自由观念。提出新闻自由的双重含义,即"不受……控制/约束的自由"(freedom from)和"做……的自由"(freedom for),可以称之为"消极的自由"和"积极的自由"。政府除了允许媒体行使新闻自由权之外,还应积极促进媒体为大众和社会的利益服务。当媒体未能尽到其自由权利所要求担负的社会公共责任或侵害到公民的正当权益之时,政府应该适当干预,以保障媒体责任的履行或保护公民的自由。

第三,基于法制的规范自由观

[①]赵汀阳:《被自由所误导的自由》,赵汀阳:《坏世界研究:作为第一哲学的政治哲学》,中国人民大学出版社2009年版,第243—260页。

基于法制的媒体自由观即媒体在法律范围内活动，进行法律允许的传播行为。媒体自由的边界由一定的法律制度来确定，法律以外的任何力量（无论是政府、资本和公众）都不应成为支配媒体自由的力量，这是一种从法制的角度确立起来的规范的自由，以法制制约自由、保障自由并体现自由，在保护媒体合法自由的同时防止媒体侵权或权力越界。当今世界，媒体的法制之路尚在途中，这种自由还处于形成阶段，难就难在如何建立起能够协调多方利益要求的完善的传播法律和法规。从利益相关方的角度进行媒体管理，媒体给予他们的参与感、重要感、期待感，同时也将他们的目标期待和利益诉求融入组织管理，吸收利益相关者的参与和共同治理是实现这种自由的重要条件。

2. 媒体自由与媒体责任之争

所谓的媒体自由，是基于言论自由和思想自由的精神，依法使用传播工具进行传播活动的自由。主要包括新闻出版、影视传播、展示作品等自由权利，对媒体自由而言，最具核心意义的就是新闻自由。百度百科对新闻自由的解释是："通常指政府通过宪法或相关法律条文保障本国公民言论、结社以及新闻出版界采访、报道、出版、发行等的自由权利。"这一解释表明，新闻自由是通过各种受到法律保障的自由传播权得以体现的。法律为何要保障自由传播权？因为，首先，传播自由或者说话语权，是人的自由权利的一种，是受法律保护的一项基本人权，那么，媒体作为法人组织也应具有自由传播权；其次，自由权利是社会伦理的基本诉求之一，而媒体的基本功能之一即是实现社会各种声音的自由话语权利，保障媒体自由传播权即是为了保障社会不同权利主体的自由话语权。

（1）绝对自由观带来的道德困境

当然,自由总是有限度的,在有公共生活的地方,就免不了有规则,这些规则限制着选择的可能性。放任的自由会侵蚀自由本身。绝对的话语自由权利只能存在于绝对的话语垄断权力之中,而这正是社会自由诉求的反面。正所谓真理朝前多走一步就会变成谬误。西方新闻体制最初遵循的是报刊自由主义的绝对自由观,以建立一个不受权力限制的思想自由市场为己任,寄望于仅以道德自觉来约束媒体人的传播行为,以专业主义理念来保证媒体的品质,以公民的理性纠偏来保障思想自由市场的健康。但不久之后,这一不受外界权力约束的公器开始出现被滥用的趋势,西方新闻界陷入了职业道德的困境之中。

这具体体现在:19世纪,随着商业报刊成为主流后,媒体人常因商业利益而丢掉职业精神和道德原则,"广告可以冒充新闻,新闻可以借助幻想";19世纪末,媒体业的恶性竞争使得媒体人为争夺受众关注而不顾传播影响,凶杀、色情等刺激性报道和侵犯公民个人权利的报道大量涌现,史称"黄色新闻浪潮";19世纪末20世纪初,媒体业的垄断于无形中消弭了思想的自由市场,媒体业权力的无限扩大滋生出更多的腐败现象。

(2)责任自由观对绝对自由观的反思与修正

20世纪的心理学研究表明,人类并非完全的"理性动物",人类本性也并非全然的"善良",这就摧毁了自由主义赖以确立的逻辑路径。加之现实的道德困境,绝对自由主义观念开始向责任自由主义观念漂移。这体现在社会责任论在整个20世纪逐渐获得整个媒体界的认同和各种社会力量的支持,与媒体社会责任相关的职业道德规范、行业条例、法律法规以及社会监督评议机制纷纷出台。

社会责任论在对自由主义理论反思的基础上产生,具有超越自由主义的社会思想深度。社会责任论的责任自由观对绝对自由观的修正体现在以下几个方面：

第一，责任论认同让－雅克·卢梭的"总意志"是最高美德的思想，认为社会代表了所有个人的"整体"利益，"社会公益"高于"个人利益"，公众的自由高于媒体的自由。强调媒体要"为最大多数人谋最大之福利"，媒体的责任由个体转移到社会。

第二，责任自由观强调自由所附有的义务，强调权利和责任的统一。将媒体自由解读为一种权利的同时，要把它解读为相应的责任和义务。责任自由观并不完全反对自由主义理论，而只是修正和补充了自由主义理论的伦理观，把对自由的解读从一项"自然权利"修正为一项道德权利，将新闻自由带回到对道德权利认识的起点上。

此外，责任自由观要求的是一种积极的自由，即不仅需要政府给予其自由权，而且要求政府主动去促进自由，必要时可以以公共利益为最高尺度界定媒体自由的限度或促进媒体履行社会责任。政府、大众与媒体虽然相互独立，但为了公共利益又应协同一致。从绝对自由观到责任自由观的转变，是从"单纯自由"到"自由而负责"的转变。但无论如何，其维护新闻自由的理念从未改变。

自由的新闻界不是人类社会的短暂目标，它是一个必须达成的目标。这是因为总的来看，新闻是对每一个历史瞬间经历的快速表达。新闻中的许多内容都仅仅着眼于它自己鲜活的那一天；新闻记者有时反映出他的本领是贡献即兴之作，新闻产品注定要随兴趣的转瞬即逝而消失无踪，因此不需要对它们的技艺十分留意。然而，正由于它是关于它自己的当日报道，因此它是那一天而不是其他日子的永久信息。新闻界必须是自由的，因为它的自由是保持诚实性的一个条件，而它的诚实性在于它高度信任人类精神的总体记录。①

3.自由与责任的现实冲突与可能协调

上面我们已经明确,自由需要适当规则的限定,所以,下面要思考的问题就是怎样的规则才是合理的规则——一种既能体现自由又能规范自由的规则。

规则必须足够合理、足够简明,使得任何有意愿并拥有中等才智的人都能理解,一方面是这些规则所对应的益处,另一方面是这些规则所涉及事实的必要性。它们必须源于一种权威,这权威不能被视为异在或敌对的,它应该受到爱,被看作属于它所指导的事物。它们必须足够稳固、数目尽量少、足够普遍,因而思维能够同时全部把握它们,而不必每一次与它们相遇都要做一个决断。②

(1)现代社会中自由与责任的冲突

近代以来,印刷技术和电子技术、信息技术的发展使大众传播媒体得到迅速发展,自近代的第一份报纸出现至今,传播技术的发展几乎穷尽了传播可能达到的空间范围与时间效率。然而,随着近代社会对个人主体性的确立,个人自由权利与公共领域的公权要求的冲突也越来越大。在人们的自由能力远远超出自由界限的时代背景之下,对媒体自由与媒体责任的关系特质进行思考就更加必要。

首先,新媒体技术条件下,个人电脑、手机等个性化媒介的普及使得传播的碎片化特征更加突出,社会地位和利益诉求各不相

---

① 美国新闻自由委员会:《一个自由而负责的新闻界》,展江、王征、王涛译,中国人民大学出版社2004年版,结语部分。
② 西蒙娜·薇依:《扎根:人类责任宣言》,徐卫翔译,生活·读书·新知 三联书店2003年版,第9页。

同的人同时作为广泛的传播者和广泛的受众群,传统媒体的地位和话语权力开始下降,其所维护的主流价值观也随之逐步遭到瓦解,个体价值与社会价值之间的裂隙越来越大。在这种情况下,信息的取证、分析与深度透视变得既艰难而又不被重视,真正是费力不讨好的事情,紧盯市场走向的职业传媒人已经没有时间、精力与动力去做这样的事情,专业主义的精神随之在整个行业中消退。最终,迎合人们眼球需要的简单、轻松、娱乐、实用的快餐式内容逐渐占领媒体市场,而滋养人们心灵所真正需要的深度报道则越来越零落。

其次,全球化带来新的垄断和媒体控制,这很容易造成少数人的商业利益掩盖了多元化的声音诉求的状况。如曾经发生过的某网站对"三鹿奶粉事件"的"屏蔽门事件"。传媒的人文精神被巨大的商业利益所击碎。此外,在市场化的社会中,传媒技术受商业价值所支配,工具理性得到高扬,专业传媒人也成为制造信息的特殊工具,考虑的是按照客户的需要去制造信息,而不是为公众的利益或社会的期待去传播信息,一切价值都以商品的价值去衡量,无法兑现为商品价值的价值,如真、善、美的精神,如可以代表一切又可以被一切所抹杀的社会责任,都被束之高阁。这样的媒体是迷失了价值理性和人文精神的媒体,而怎样的媒体就会塑造出怎样的社会和怎样的人。

(2)自由与责任的协调

除非我们自由,否则我们就不能对我们的行为负责。

从本质上看,媒体自由是媒体的活动空间的保障,没有这个空间,媒体也就无法发挥其社会功能,但这个空间的存在本身并不是目的,而只是手段,媒体责任才是媒体行为的最终目的。所以,自由,其实是社会给予媒体用来服务于公众利益的一柄权杖,如果得到了权杖,就意味着承诺了责任,所以千万别忘记了要拿它去做什么。

在现实群体分化的多极化舆论空间中,媒体首先要保持自由才能保障责任。这种自由是一种独立的精神品质,也就是说,媒体首先要保持专业的独立性,在非专业基础上的新闻事业,常常演变为一种单纯的商业行为,无原则、无底线地唯利是图,对社会公益造成严重威胁。独立并非中立,也就是说,媒体应听从最高道德原则和自身职业原则的召唤,排除其他一切力量的干扰,保持自己的独立性。但媒体所忠诚的最高道德原则和自身职业原则并不是中立的,而是内含着社会期待的最高价值观,所以,忠诚于自己的原则就是忠诚于社会责任。如在西方的党争中,一家独立的报纸可以自由支持任何政党,但它也不忠于任何政党,而只是忠于自己的原则理念。

即使是最小型的报纸,其参与的事务也远远超出所在社区,例如:提倡好政府、支持法律和秩序、暴露法律或某个机构的弱点并帮助其改善、推行正义、激发对公共问题的独立思考、指出世界上好的事物、打击地方主义、帮助消除阶级仇恨、为世界和平而努力、反映公众舆论、使好的市民风尚更加有吸引力。如果新闻事业能够像这样做到最好,就具备了作为一个专业所需的所有特征,而一个不能全面认识这一点的社会就是一个失败的社会。换句话说,如果世上没有新闻事业这个专业,社会的利益需要也会创造这么一个专业出来。具备了这些特征后,新闻事业离专业的正式要求还差多远呢?在报纸的所有服务功能中,被认为主要是能满足个人兴趣的功能有:减轻孤立感、拓宽信息面、解释事件意义、提供娱乐、影响行动、提供建议、引发新兴趣、唤醒责任心、支持反不公正行为、社会化、提供商业机会、提醒他为有意义的事业尽心和捐款、修正价值观和生活哲学、培养品位、教育他保持健康的财务状况、保护他不受不诚实的广告商的欺骗。报纸能为社区提供的服务包括：改善健康条件、推广教育设施、支持道德和宗教势力、鼓励公共改进措施、增加公共事务管理的透明度、统一社区思想和利益、消除宗派主义、驱散谣言、提供生意信息交换服务、"用审慎思想代替暴民思想"、引导社区正常运转、为讨论公共事务保留一个开放的论坛。[1]

二、大众媒体与民主的诉求

曾有人把新闻自由作为衡量一个国家的民主程度的标志。这或许不够全面，但如果要确保公众的知情权以及参与社会管理的权利，让权力在阳光下运行，保障信息的自由流动就是必要的。如英国学者马修·基兰所言："假如政治要对民众负责，就必须让民众知道它在做什么，假如人民要明智理性地投下选票，他们更需要知道政府在做什么。"[2]信息可以推动民主的运作，而一种成功的民主政治一定需要新闻、意见、争议和讨论的自由流动作为必要条件。所以，媒体作为信息传播的主体和载体，必定对社会民主政治的发展具有极大影响，虽然媒体本身并不能保证民主的结果，但它至少可以说是民主过程的一部分，或者是推动民主的一种途径和表现形式。

1.现代社会的民主状况与民主诉求形式

当今世界最常见的民主政治形式是代议制的间接民主，也是

---

[1] 利昂·纳尔逊·弗林特：《报纸的良知》，萧严译，中国人民大学出版社2005年版，第235页。
[2] 【英】马修·基兰编：《媒体伦理》，张培伦、郑佳瑜译，南京大学出版社2009年版，第7页。

西方主导的政治体制。然而,早有西方学者指出,选民们往往因个人利益与公共利益缺乏直接关系或选择成本高而放弃自己的政治权利。这种政治冷漠症使得民主名存实亡,最终,政治生活的官僚化和技术化趋势将把这种代议制民主在实质上演变为一种技术官僚的威权治理。

一些具有左翼倾向的学者开始忧心忡忡地探索新的民主模式,他们力倡公民参与,而反对精英主义,认为公共权威只能基于通过广泛的公民参与才能获得合法性。如于尔根·哈贝马斯提出的协商民主(deliberative democracy),强调凡涉及到重大的公共决策,应由公民在决策前通过公共领域进行自由讨论,以达到共识的民主结果。"我们努力寻求一种公平的解决办法,而这样的解决办法必须得到所有参与者(以及相关者)深思熟虑的赞同。只有在互相承认的对等条件下,通过非强调性的对话,我们才能获得这样的赞成。"[①]汉娜·阿伦特主张公民直接参与的民主。她认为,唯有通过在公共领域的公开讨论,真实的意见才能形成,公共意见是不能被代表的。当代学者本雅明·巴伯也提出扩大公众对政治的直接参与。

2012年11月,中共十八大报告提出要健全社会主义协商民主制度,"协商民主"概念正式确立。陈家刚在《协商民主与当代中国政治》一书中,结合中国的实际,概括和总结了协商民主的特点和内容,他认为:首先,公共协商是协商民主理论的核心概念。公共协商的主要目标是利用公众理性,在理性上达成共识,寻求最大限度满足所有公民愿望的政策;其次,协商过程中的参与者都

---

① 【德】于尔根·哈贝马斯著:《后民族结构》,曹卫东译,上海人民出版社2002年版,第89页。

是平等的、自由的、理性的,不存在特殊成员的利益具有超越其他任何公民利益的优先性;再次,协商民主为政治决策提供合法性,并强调公开性和责任性。公共协商能够使公民自愿接受正当的、具有约束力的决策。①事实上,我国的一些"两会"代表已经陆续有很多人开始开设博客、微博,用以加强参政议政水平,政府机关的网络行政也正在建设之中。

2. 新媒体技术对公共政治生活的可能影响

对于当今政治生活而言,新媒体是一个有力的工具,无论对于政府、政治家还是普通公众。它营造了一种新的政治生态环境,带来了一场公共领域的结构转型,为民主政治的发展创造了有利条件,为公众行使政治监督和政治参与权提供了现实的可能。要求面对面自由讨论和协商的协商民主理论将有望通过网络平台的合理搭建而获得现实意义,而通过这样的平台,公众直接参政议政也将更见成效。

(1) 重构了公共领域

"通过强化信息的延展力与渗透力,大众传播的发展必然打破公共生活与私人生活的原有边界。也就是说,私人事件可以经由大众传媒而被转化为公共事件;反过来,公共事件也可以被在私人的背景中得以体验。这对现代社会中政治权力在国家机构水平上的获取方式、实施方式以及维护方式必将产生深远影响。"②这种重构从对政治民主化具有积极意义的方面来说,公民将有更多的机会和渠道参与政治生活,知晓政治事务、发表政治主张、参与

---

① 陈家刚:"当代西方协商民主理论",《学习时报》2004-01-05。
② 陶冬风:《大众传播·民主政治·公共空间》,见《媒介哲学》,王岳川主编,河南大学出版社 2004 年版,第 130 页。

政治讨论、表达政治诉求,从而产生政治影响。

(2)搭建了平等开放的网络参与平台

"同一个太阳照着他的宫殿,也不曾避过我们的草屋。"对任何一个公民而言,民主都应该是这样一个公平照耀的太阳。民主的非常重要的维度就是公民参与的广度和深度。互联网的应用和普及显然开辟了一种新的公民政治参与途径。在网络平台上,地域、语言、文化、人数等都不再成为民主参与的制约因素。网络的开放性与匿名性提高了公众参与公共事务讨论的深度和广度,在这个意义上,公民的自由和平等权也得到了实质上的提升。并且,在参与的过程中,公民的政治积极性会更高,公共认知能力也会相应加强。或者说,民主的环境会培育具有民主能力的公民。

(3)催生了"全民记者"时代

全民记者时代首先意味着公众政治监督力量的加强。通过网络这个强大的公共话语空间,人们对公共利益的表达更为便利,也更为直接,在中国,网民已经成为最大的、虚拟而又有现实力量的"压力集团"。随着普通民众公民意识的增强和民主参与渠道拓宽,媒体与公民、专业记者与业余记者,将形成良性互动的关系,合作发挥民主监督的功能。

3.实现网络民主的前景与困难

运用信息技术促进民主还大有可为,只是,网络管理、网络立法等许多具体的规则和机制还需进一步加强和完善,如何保障民主参与的有效性是一个大问题。

(1)当前的网络环境喜忧参半

下面是摘自新华新闻的一则消息:

2013 年 06 月 26 日 08:37:33

来源:北京晨报

中国社科院昨日发布2013年新媒体蓝皮书——《中国新媒体发展报告》。报告指出,近3年以来,新媒体成为最主要的反腐倡廉事件首次曝光媒介类型,曝光数量达传统媒体的2倍。

新媒体3年首曝反腐案156件

报告称,反腐倡廉事件主要集中在违纪违规类、滥用公权类、时事政治类及伦理道德类。不论是从相对数还是从绝对数上讲,新媒体都是最为主要的反腐倡廉事件的首次曝光媒介类型。从绝对数上说,反腐倡廉舆情事件首次曝光于新媒体上的数量远大于首次曝光于传统媒体上的数量。其中,2010年至2012年,反腐案件首次曝光于新媒体上的事件数量依次为67件、58件和31件,3年合计156件,是传统媒体的2倍。

三分之一以上谣言通过微博传播

报告指出,去年网络谣言的传播是特别值得关注的社会现象。2012年,平均每天就有1.8条谣言被网络传播,平均每条谣言有7.8条相关的网上新闻。在去年出现的671条谣言中,其中有六成是与食品、政治、灾难有关的硬谣言,有超过两成是与体育、娱乐相关的软谣言,超过三分之一的谣言通过微博传播。

报告称,绝大多数受访者认为,关闭微博评论等无助于整顿谣言。报告建议,更多利用信息公开、舆论引导等"软"手段引导社会心理。

微博用户年纪轻收入低

报告指出,中国微博用户整体呈现学历低、年纪轻、收入低、集中大中城市的特征。2012年从用户的年龄统计来看,20岁至29岁的微博用户最多,为9050.8万人,占微博用户比例达到29.24%,青少年是微博的绝对主体和最活跃的用户群。微博用户整体呈现低学历特征,初中和高中学历用户数都超过1亿,高中学历以下用户占74.88%,接近3/4。

(记者 张璐)

通过这个新媒体发展报告的调研结果我们可以清楚地看到,网络平台的确极大地推动了我国民主政治的建设,但其本身也确确实实还存在着诸多问题,网络管理的道德建设和法制建设还需加强,网民本身的素质也尚待提升。

(2)加强新媒体社会责任的履行,促进中国民主化建设

首先,网络新媒体给了更多民众在公共空间中的自由发言权,信息渠道的开拓可能会让我们知道得更多,但也可能让我们更加迷惑。大多数网民仍保持着调侃、讽刺或者冷眼旁观的态度,信息的真与伪、对与错、好与坏并不做深入的理性思考。社会学者米尔斯认为,"在这个'事实的年代',社会需要的以及他们感到需要的,是一种心智的品质,这种品质可以帮助他们利用信息增进理性,从而使他们能看清世事,以及或许就发生在他们之间的事情的清晰全貌"[①]。

作为社会公众,应该摆脱情绪化或者麻木的态度,以社会主体的心态重新唤醒自己对公众事件的理性思考能力。作为媒体管理者,要努力做好把关人的角色,通过法律规则的建立减少网民在"免责"心态下的非理性参与,杜绝网络谣言的扩大传播,防止网络暴力事件的发生。作为政府部门,应努力通过网络媒体促进公

---

① C.赖特·米尔斯:《社会学的想象力》,三联书店2001年版,第3页。

民参与公共政策制定，并一定要建立相应的制度保障。如政府信息公开条例，加强政府与社会成员的互动，在此过程中应充分加强与主流网络媒体如新浪、腾讯等的合作，以建构更理想的网络民主平台。

其次，网络削弱了传统媒体的垄断话语权，网络公众舆论对主流媒体舆论起到了竞争性的改良作用，但网络上的多元意见与观点需要"意见领袖"的正确价值观来引领。所以，主流媒体一定要在网络新环境下更好地发挥社会环境监测与维护的作用，坚定履行自身的社会责任。网络媒体的社会责任内容至少应该包括以下几个方面：第一，保证新闻信息的真实、准确，防止虚假信息；第二，坚持符合整个人类文明和进步趋势的正确舆论导向；第三，网络媒体有承担揭露侵害社会公共利益的责任，有责任对社会实行监督；第四，网络媒体有责任利用一定的技术手段，为网民搭建一个理性宽松的网络互动平台（如论坛、博客、新闻评论等），使其成为理性表达民意的场所；第五，网络媒体应该追求信息传播的高品位，有责任抵制迷信、变态、色情、暴力等方面的有害信息和违法广告，净化网络传播环境；第六，向大众传递严肃文化知识和优秀社会遗产是网络媒体应承担的社会责任；第七，应充分尊重他人网络产品的知识产权，杜绝侵权行为是对网络媒体最基本的道德要求；第八，热心公益慈善，吸引广大受众参与，在提升网民公益慈善意识、向社会宣传公益理念的同时，又能很好地增强自身社会责任感和品牌形象。①

---

① 林建宗："网络媒体社会责任推进机制研究"，《科学决策》2010年第12期。

三、大众媒体与正义的诉求

正义与公正属于同一个概念范畴，是当代民主政治的一个核心概念。中国儒家思想认为"义"者，"宜"也，并以"直"、"公正"作为"义"的注脚。"义"是人区别于其他动物的根本特征。荀子说："水火有气而无生，草木有生而无知，禽兽有知而无义，人有气、有生、有知，亦有义。"这个特征在我们今天看来，也就是人的社会属性，是人能以公正的美德、公正的实践方式处理群己关系，维护理想社会秩序的体现。希腊文中的正义"dike"代表评判世间是非善恶的女神，拉丁语的"Justice"则代表正直、无私、公平、公道的女神。虽然人们对正义内涵的具体理解会因所处社会环境的不同和认知水平的差异而各不相同，但它始终都是人类共同追求的社会理想。1971年罗尔斯的《正义论》问世后，正义问题正式进入到西方学术界的主流话语之中。它之所以会成为学术研究的焦点，首先是因为它已经成为人们现实生活的焦点。

1. 正义的概念

（1）正义的基本内涵

正义首先被认为是一种美德。柏拉图在《理想国》中指出，正义不仅其本身是一种美德，而且还能够促动其他如节制、勇敢、智慧等美德的实现。罗尔斯则把正义看作是各种社会制度的首要美德。其次，它被看作是一种秩序。如亚里士多德认为，正义即"各得其所"，是由社会秩序而生的分配秩序，正义是对人类社会理想秩序的追求。最后，正义从根本上是人类的实践准则，是人与人之间、人与社会之间由之建立起合理秩序的行动原则。[①]

[①] 郎劲松、初广志编著：《传媒伦理学导论》，浙江大学出版社2007年版，第250—254页。

在现代社会,正义具体表现为机会上的公平、程序上的公正和分配上的公正。正义所要追问的问题是:"谁得到了什么?"按照米尔斯的观点,正义的功能是用来指定基本的权利和责任,决定恰当的分配份额。在一个政治社会中,无论是特定的个体、群体还是广大民众,都希望他或他们的利益和负担得到恰当的分配,而在现代社会中,人们希望通过自由权利与民主权利的高度实现,来得到正义的分配结果。毕竟,人们奋斗所争取的一切,都同他们的利益相关。

(2)正确与正义

我们不能简单地把正义理解为正确。因为正确往往是评价对错的标准,主要是一种事实标准,而正义是评价好坏的标准,主要是一种价值标准。虽然事实与价值不能二分,但也不能完全混淆。有时候群体的正义要求可能会与法律或规则的正确要求相龃龉。而有时候,人们也会以正义的名义为自己所犯的错误辩护。

无论何时何地,正义的出发点都是相同的,即:保证每个个体在群体与社会中的合法地位和平等权利。不过,不同社会、不同时代对合法的规定和对平等的理解不同,所以,我们今天所讲的正义与传统的正义在本质上又是不同的。现代社会的正义体现在以下诸多方面:劳动报酬和社会财富的公平分配;平等的竞争起点,或者说获得权利的机会均等;平等的受教育权利、文化娱乐权利;就业保障、社会生活与家庭生活的安全保障;言论自由、迁居自由和行政自由;实现个人价值、达到个人理想的权利。可概括为保障每个个体的自由权、平等权、发展权。

2. 传播中的正义

(1)传播与社会正义运动

传播与社会正义运动,是美国传播学研究领域中的一个重要分支,始于20世纪60年代,在90年代促成了美国传播学研究的转向:传播与社会正义研究,它是美国传播学界争取社会正义的研究性实践活动。依据研究实践的开展情况,迄今为止,这一运动可分为三个发展时期:20世纪60年代到70年代的开创期,传播理论开始与社会正义问题的研究建立联系,关注低层社会争取社会正义的议题;20世纪80年代到90年代的发展期,传播学中引入政治批判意识,关注一些边缘群体的政治诉求,并对这些群体的民间话语和群体内部传播给予了一定的研究性关注,在实践中力图建构一个更具包容性的公共话语空间,以帮助实现这些群体的利益诉求;20世纪90年代末至今,要求直接参与到社会实践中,走向公众,成为真正的行动者,将理论研究应用于对那些弱势群体的帮助,促进社会的公平、正义。①

这一运动促进了将正义事业变成传媒的核心事业,在此基础上产生了关注无权者和受压迫者的人道的新闻观。我们联系今天中国的社会道德状况,不能不对中国媒体投以更高的期望,期望中国媒体业与媒体人也能用行动去实践社会正义的话题。

(2)媒体如何维护社会正义

在媒体与公众、媒体与政府的所有关系中,都需要对正义有充分认识。

第一,坚持客观公正的立场,保证新闻真实性。

正义是新闻媒体行使监督社会职责的前提。社会之所以给予媒体这一使命,是因为媒体的立场本应代表公众,本应客观公正、不偏不倚。所以,媒体要维护社会正义,就要坚持客观、公正的立场,保证新闻的真实性,让人们对社会有一个公正的认知。

---

① 邵培仁等著:《媒介理论前瞻》,浙江大学出版社2012年版,第48—59页。

新闻真实性的含义,并不是纯客观的自然事实罗列,它包括新闻事实的真实准确,也包括新闻传播者对客观事实进行认识与评价的真实准确客观公正。当然,新闻真实性是有阶级性的,新闻媒体不可能超越政治而存在。什么是新闻,什么不是新闻?新闻传播的内容选择和角度选择体现的就是媒体对正义的认知与维护。具体说来,媒体传播首先要全面反映社会各个角落发出的声音,不能忽视任何一个群体,在社会发展过程中,对任何一个群体利益诉求的忽略都可能演变成严重的社会问题或引起社会群体性事件。况且,就人类对真理的追求而言,也不应该刻意掩盖任何一种声音,如约翰·斯图亚特·米尔所说:"假如全人类都意见相同,而只有一个人持有反对意见,即使在这种场合,人类也没有迫使这个人沉默的权利。……迫使意见沉默带来的弊害在于,这种做法剥夺了人类的权利,不仅是现代人的权利,而且包括他们子孙的权利。如果这种意见是正确的,那么反对的人们就会失去抛弃谬误、服从真理的机会;如果这种意见是错误的,他们则体验不到由真理和谬误的冲撞所带来的对真理的鲜明直觉和印象。"

第二,守候社会良知,正心诚意做媒体。

人们在很大程度上依赖于大众传媒来认知社会,处于转型期的中国,公众比任何时候都更需要媒体作为引路者,无论是在看不清方向的社会化市场中,还是在感觉不到温度的市场化社会中,能够震撼他们,并引发他们思考的一定是媒体的良心之作。如果媒体业与媒体人已经在新的社会环境下迷失了方向,迷失了本心,那还何谈引领整个社会的方向呢?

所以,媒体人不能只关注阅读率、收视率、点击率,也不能把自己的观点和结论,当作事实去做新闻报道,进行信息传播。根据沉默的螺旋效应①，价值和规则很多时候是通过解释而得以确立的，媒体所解释的现实将很容易成为真正的现实，媒体预测的趋势也很容易推动真实的趋势。也就是说，谁能够解释世界，谁就能够影响世界，所以，这个社会的价值取向将如何在很大程度上取决于媒体的价值取向将如何。用以批判的工具首先要自我批判，从自己本身做起，在新闻传播活动中，摆正心态，摆脱各种不良思潮的干扰和影响，切实担当起社会责任，促进社会健康发展。此外，媒体应关注全体公民的利益诉求，尤其是那些无法发出自己声音或声音孱弱的个体或群体，体现对社会弱势群体的责任和人文关怀，通过维护社会各个阶层，尤其是弱势群体的合法利益，来伸张社会正义，最大限度地维护社会公益。

3.媒体在道德争议事件报道中的责任

媒体的双刃剑作用，使传媒既可以传播道德良知，也可以漠视甚至扭曲社会良知。正如拉扎斯菲尔德在《大众传播的社会作用》一文中提出的警告："大众媒体是一种既可以为善服务、也可以为恶服务的强大工具，总的来说，如果不加适当的控制，它为恶服务的可能性更大。"这尤其体现在关于一些道德争议事件的传播影响上。

社会转型期的中国，主流的社会价值观尚在多元化的思想文化体系中处于发育阶段，各种制度和法规也还不够完善，这使得道德争议事件频发。媒体作为社会的守望者，一定要明确自己所要守护的是什么，社会的总体期望又是什么。对一些易于引起道德争议的新闻事实，既不能忽略，也不能放大，更不能借机炒作，

---

①诺尔纽曼提出"沉默的螺旋"理论，认为舆论的形成是大众传播、人际传播和人们对意见环境的认知心理三者相互作用的结果，经大众传媒强调提示的意见具有公开性和传播的广泛性，所以很容易被当做"多数"或"优势"意见所认知。

而一定要把握适当平衡的尺度,正确引导舆论,以促进社会整体道德水平的提升为己任。

(1)客观、全面、公正的报道。对于一些道德争议事件,首先要注意调查取证,这是满足公众知情权和正确引导社会舆论的前提。不能在真相尚未查证之前进行先入为主的"合理想象",误导公众舆论。其次不能片面报道,兼听则明,偏信则暗,要报道当事人各方的意见,多角度地再现事件的过程,理性平衡不同的声音,这更有利于真相的澄清。最后,切忌使用道德"标签",以简单粗暴的方式进行道德审批,把原本性质不同的事件全部定性为道德问题,这样做一方面限制了对社会问题的多角度思考,另一方面则容易过分渲染公众的道德危机感。如对路人摔倒无人扶的报道,对小悦悦事件的报道都应该注意这一点,切勿让个别的道德沦落事件因媒体的渲染而产生示范效应。西方学者曾根据实验提出"破窗效应"理论:如果建筑物的窗户玻璃碎了,又得不到及时维修,人们就可能受到暗示和诱导去打碎更多的窗户玻璃,而这些破碎的窗户会给人们造成一种混乱无序、无规则可循、麻木不仁的心理感觉,导致更混乱的局面。"破窗效应"告诉我们:某种不良行为会传递某种负面信息,负面信息蔓延开来就会形成不良环境,而这种不良环境又会反过来诱导更多人产生不良行为。[①]

(2)恰当设置议题。媒体可以通过发挥设置"议事议程"的功能来赋予各种"议题"不同程度的显著性。媒体报道要避免小题大做,不要把本来无关大局的事情炒得沸沸扬扬,无端放大其负面影响,而要把大众的目光聚焦到那些更能激发正能量的问题讨论

---

① 赵璐、韦路:"从道德监督报道看媒体社会责任缺失",《青年记者》2011年第11期下。

上，从正面唤起人们的道德追求，建构起吸引人们向善的信息环境。此外，对现实存在的一些典型的道德危机事件，媒体除了对其进行义正言辞的批判之外，还应引导公众进行深入的理性思考，分析这些事件背后的制度、环境等因素，以得出建设性的意见和建议，促进社会道德规范和相关法律制度的合理建构。

总之，媒体是社会的良心。媒体可以有一己之私，但不能因私废公，丢掉职责；媒体也可以有一时之利，但不能见利忘义，滥用职责。市场化环境下激烈的商业竞争可以作为媒体不公不义的原因，但绝不能成为媒体不公不义的借口。

第三节 大众传播与公共领域的建构

现代英国文化研究学者汤普森认为，大众传播是现代文化的一个肯定的特征和现代社会的一个中心的维度。"当今之世几乎没有什么社会不受到大众传播机构和机制所触及，因此几乎没有什么社会不向大众媒介象征形式的流通开放。"[1]大众传播的影响力之深远自不必言。在这一节中，我们主要基于西方几位重要的文化批判学者的思想，探讨一下大众传播对现代社会的公共领域发展的影响，以更深刻地理解现代媒体在现代公共领域中的角色与责任。

---

[1]【英】汤普森：《意识形态与现代文化》，高铦等译，译林出版社2005年版，第1页。

一、公共领域的形成与发展

所谓"公共领域",相对于私人领域而言,"公共领域"可以意指机构化的、向大众公开的,因而是处于前台的、可见的环境空间。在国家公共权力空间以外的公共领域形成于近代资产阶级文化圈,但20世纪之后,随着大众传媒的发展,传统的公共领域与私人领域在经大众传媒的中介化和转换之后变得纠缠不清。所以,现代有些学者(如于尔根·哈贝马斯)认为公共领域衰落了,而有些学者(如汤普森)则认为公共领域转型了。笔者更赞同后一种观点。无论如何,大众传播的确是改变了公共领域,进而改变了公众参与社会政治生活的方式和趋向。

1. 公共领域的形成与演化

根据哈贝马斯的研究,资产阶级的公共领域最初发端于17世纪末18世纪初,地点主要是巴黎和伦敦的沙龙、咖啡馆。在私人构成的聚会上,理性的、批判性的公共辩论得以自由进行,并从讨论文艺问题发展为越来越多地讨论普遍关心的社会问题、政治问题。而当时的报刊业显然为这些讨论提供了主要的议题。18世纪的报刊基本属于政治报刊,是政治辩论与政治批评的主要论坛。在宪政国家发展以后,报刊冲破各国的严密审查制度获得了自由传播权,公共领域的言论自由、集会结社自由等特征才随之一起正式体现在法律之中。

然而,这种私人构成的公共领域并未在之后的社会发展中得到充分发育。一方面,随着国家公共事业的发展与社会管理的加强,私人的公共领域不断受到挤压;另一方面,工业组织大规模增长,有组织的利益集团之间的激烈斗争使得私人之间进行公共辩论的作用黯然失色。

在哈贝马斯看来，正是大众传播的商业化在根本上改变了公共领域的性质：为增加销量，媒体把受众定位为商品消费者，媒体产品的内容倾向于非政治化、个人化和煽情化，公共传播网被分解为个体接收行为，理性批判的公开辩论领域变成为不过是另一个文化消费的领域，被文化产业所塑造和控制，是一个虚假的私秘世界。另一方面，大众媒体还在公共利益的掩护之下，发展出操纵舆论为特定利益集团服务的新技术，被用来塑造公共权威的形象和威信，从而使得公共领域重新封建化。

哈贝马斯所认可的真正的公共领域应至少包含三个要素：共享的空间、平等的参与者、面对面的交流。并认为，在今天的条件下，公共领域的重构只能通过（1）在社会领域具有主要作用的组织和利益集团（包括政党）内肯定和实施一项批判性的宣传原则；（2）约束和控制国家的官僚主义决策过程；（3）"根据人人都能承认的一项普遍利益标准"来相对地处理结构性利益冲突。①

汤普森认同哈贝马斯关于大众传媒对公共领域的决定性作用的理解，但并不认为公共领域衰落了，对大众传媒也并非抱着完全批判的态度，而是认为公共领域在大众传媒的作用下发生了转型，而重新对这种转型中的意识形态进行分析和阐释，很可能会形成一种积极的社会批判的新框架。

我以为，文化的传媒化是现代社会的一个基本构成特征，就是说，是我们今天生活于其中的社会之所以成为"现代"的特征之一。现代文化传媒化的过程与另外两种构成走向并驾齐驱：一方面是工业资本主义的发展和发展非资本主义（或国家社会主义）

---

① 【英】汤普森：《意识形态与现代文化》，高铦等译，译林出版社2005年版，第125页。

形式的工业组织的有关尝试；另一方面是现代国家的兴起以及对政治机构发挥影响和增加参与为取向的群众政治运动的相应出现。这些发展进程一起塑造了并继续塑造着现代社会的主要机构。它们一起使现代社会形成相对分立的各个实体，与此同时，把这些社会结合为一个全球化的社会体系。如果说我们今天生活的世界在经济上日益交织在一起，展现一些根据政治组织与运动的共同特征，而且日益经历传媒产业的产品与机构，那么，这是因为我们的社会已经由一套构成现代世界的过程所塑造。①

2.公众舆论的权威性认识

按照我国学者陈丹力的观点，舆论是公众关于现实社会以及社会中的各种现象、问题所表达的信念、态度、意见和情绪表现的总和。②个体的人总是具有从众心理，与公众保持一致的需要使得舆论的影响力量越来越大。

首先，公众与群众是两个不同的概念范畴，可以说，公众是由群众进化而来的群体形式，从群众到公众的变化，意味着人民自由权利和理性精神的增加，意味着个人主体性的确立，意味着个体在公共事务中的地位的上升，也意味着社会宽容精神的增加。政府与群众的关系称谓带有官与民的等级色彩，从角色意识上具有更多矛盾性，而政府与公众的关系称谓则带有平等的权利—义务关系的色彩，从角色意识上更具融合性。随着对社会事务的关注和参与范围的不同，公众具有动态变化的身份特征，一个群众中的个体可以同时从属于不同的公众群体。当然，有时公众也会

---

①【英】汤普森：《意识形态与现代文化》，高铦等译，译林出版社 2005 年版，第 355 页。

②陈力丹：《舆论学——舆论导向研究》，中国广播电视出版社 1999 年版。

向群众退化,失去公众的角色特征。舆论和公众的关系如同灵魂与肉体的关系,舆论是公众精神的表征。舆论由关注和态度两部分组成,公众关注即人们对公共事务的注意力投入,态度即个人的价值观判断与倾向。

据德国学者诺尔·诺依曼(Noelle-Neumann)考证,最早使用"公众舆论"一词的是让-雅克·卢梭,他强调公众舆论有以下几个特征:理性的表达,维护公民共同利益的目标,独立平等的运作方式。公众舆论思想的提出与当时启蒙运动的背景相关,它反映了资产阶级上升时期的民主理想。卢梭认为由大多数理性人形成的"公众意见"代表着社会公正和平等,是建立民主政治的基石。

但这种观点受到现代公众舆论研究者李普曼的批评。李普曼认为,舆论所指的环境并不是真实的环境或完整的环境,而不过是一些被了解到的意见,是一种虚拟环境:

"我们不得不从政治上去应付的这个世界,既产生于想象,也产生于见解,又产生于思想。它无可避免地要被人们探究、评说和揣测。人并不是亚里士多德哲学中的神,匆匆一瞥就能看破一切。他是进化的产物,几乎是稍纵即逝,只有片刻时间去增长见识、获取幸福。这同一个产物还发明了一些办法,去观看不用肉眼也能观看的事物,聆听不用耳朵也能聆听的声音,能计量无穷浩大和无限细小的东西,能清点并区分比他独自记忆的内容更为庞杂的内容。他会学着用他的头脑去观察他从未见过、摸过、闻过、听过、想过的大千世界。他会逐渐在他的脑海中为自己制作一幅视线所不及的那个世界的可靠图像。外部世界的这些特征,我们简略地称作公共事务。这些特征当然与他人的表现有关,只要他人的表现与我们的表现相抵触,就会受到我们的左右,或者引起我们的关注。他人脑海中的图像——关于自身、关于别人、关于他们的需求、意图和人际关系的图像,就是他们的舆论。这些对人类群体或以群体名义行事的个人产生着影响的图像,就是大写的舆论。"①

从上面这段论述,我们可以看出,李普曼认为,在现代社会中,公众意见的形成更多依赖于拟态环境,而不是依赖于对真实环境的认知。公众的判断大多出于刻板印象而不是理性的判断,大众在"公共空间"内既是舆论的制造者,又是舆论的接受者,"公众在形成舆论时置身于他人的言行网络中"②,是这个网络的参与者,也是这个网络的创造者。所以,依靠公众是无法形成理性而权威的意见的。李普曼将希望寄托在社会精英身上,设想组织政治专家建立专业的情报信息网络,为公众解释隐藏的事实。

3.媒体与公共舆论

在现代社会,大众传媒对于建构李普曼所说的拟态环境显然起着核心的作用。也就是说,对于公共舆论的形成与发展态势起着核心的作用。大众传媒、公众以及公共舆论三者之间是一种复杂的互动关系,要真正保证公众在公共领域中为维护公共利益而发挥积极的作用,就要保证三者之间形成一种良性的循环关系。这一方面要求大众要加强媒体素养,促进媒体产品格调的提升,另一方面要求媒体要提高专业品质和社会责任感。

(1)公众媒介素养的培养

媒介素养即媒介认知能力,是指"获取、分析、评价和传播各种

---

①【美】W.李普曼:《公众舆论》,阎克文、江红译,上海人民出版社2002年版,第23页。

②冯希莹:"公众舆论:理性与非理性的集合——解读卢梭与李普曼的公众舆论思想",见《中国社会学会2010年年会——"社会稳定与社会管理机制研究"论坛论文集》,2010年版。

形式的信息"①。媒介认知能力主要包括四个方面的能力:对信息的获取能力,对信息的分析能力,对信息的评价能力,对信息的传播能力。如果从认知的内容上来说,包括对媒介信息内容的认知,对媒介表达规则的认知,对媒介信息的社会政治、经济语境的认知,以及对媒介自身发展与社会进程互动关系的认知。②在媒介认知能力的培养过程中,大众将成为对媒体信息更具鉴别能力的受众,能够运用媒体工具更好地表达自己的意见和观点。这在网络时代尤为重要。

（2）媒体专业品质的提升

我们可以把公众舆论分为自发型和媒体引导型两种。自发型的舆论由于公众媒介素养高低不同而显得参差不齐,有的模糊混乱,有的明确清晰,有的偏激盲目,有的客观中肯。媒体要将粗糙的、模糊的、带有某种偏激与盲目性的自发舆论引领到真实的、理性的、全面的自为型舆论层次。并且,新闻媒体要善于甄别不同事件以及不同舆论的新闻价值,并基于社会责任的立场来选择新闻内容和舆论导向,在多元的文化洪流中保持清醒的头脑和坚定的道德原则,为形成理性健康的大众舆论环境而努力提高媒体产品的格调。

---

①该定义是1993年,美国学者召开的一次媒介认知能力全国领导会议上讨论形成的,会议上还就有关媒介的一些特征达成了共识,包括:媒介信息是被建构的;媒介信息是在一定的经济、社会、政治、历史及美学语境中生产出来的;解释性的意义生成方法涉及由读者、文本及文化之间的互动而构成的信息接受;媒介有独特的"语言"、区别不同形式的特点、类型以及传播的符号体系;媒介表征(media representations) 会对人们对社会现实的理解起作用。[参见蔡骐.论媒介认知能力的建构与发展[J].国际新闻界,2001(5)]

②蔡骐:"论媒介认知能力的建构与发展",《国际新闻界》2001年第5期。

二、媒体文化系统中的公众主体特征

在全球化和信息化的时代,交往、文化和公共性问题是人类必须关注和探讨的主题。而交往、文化和公共性领域都正在被"媒体化"。"文化的媒介化"概念是汤普森提出来的,是指现代传媒对文化生产、文化传播与文化消费的深度介入和主导。"文化的系统演变,知识和学习在现代社会变得世俗化,媒介工业兴起并日益成为符号权力的主要基础。"[①]随着新媒体的出现和飞速发展,人际交往和公共领域中更多地加入了人际传媒的因素,传统的人际交往方式和公共领域的结构都在新的媒体文化的作用下发生了本质的变化,当然,处于媒体文化系统中的主体人本身也变化巨大。

1. 现代媒体文化的特征

从文化研究的视角上看,媒体犹如一种神奇而威力巨大的催化器,催动现代文化形式的疯狂生长,它所改变的不仅仅是文化传播的方式,而且改变着文化本身。西方文化学术界的媒体文化研究大致包括三种范式:以法兰克福学派为主导的批判范式;发端于英国伯明翰学派的文化研究范式;发端于麦克卢汉,包括鲍德里亚、詹姆逊、波斯特等人的后现代研究范式。这些理论研究范式都是基于文化角度对现代性的反思或基于现代性角度对文化的反思,或乐观,或消极,都是对当今世界发展实际中所出现的现代性问题的深刻回应。现代媒体文化本质上是一种大众文化、一种流行文化,根本区别于传统的精英文化。它是从现代性土壤中生长出来的,带有现代性的种种特征。

[①] 马杰伟、陈韬文:《媒体现代:传播学与社会学的对话》,复旦大学出版社 2011 年版,第 65 页。

(1)文化现代性的反思

现代性本质上是对时间价值的表达,意味着不断"现代"的过程,所以它首先表现出来的特征就是同传统之间的断裂,而传统对文化而言却有着根基的作用。当传统的精神价值衰落,世俗物质文化兴起,社会进入到吉登斯所言的后传统社会。这个社会展现给我们的一方面是个体性价值的膨胀,另一方面是技术理性的泛滥。在这两者的双重推动下,社会分化更为剧烈,文化领域也专门化为一个一个的研究对象,脱离了文化系统的整体性,成为碎片化的存在。传统社会的精英型文化随之被现代社会的大众型的多元文化所取代。

就现代社会中的个体而言,由于技术理性的泛滥,个体被限定在社会的科层化系统之中,个体的主体性和自由被技术体制分割成了碎片。我们发觉"自己身处一种环境中,这种环境允许我们去历险,去获得权力、快乐和成长,去改变我们自己和世界。但与此同时它又威胁自由,要摧毁我们拥有的一切,摧毁我们所知的一切,摧毁我们所表现出的一切"[①]。也就是说,在现代社会,一方面,个体的自主性因技术所带来的平等而得到增强,另一方面,个体的生存体验又因技术所带来的分裂而陷入碎片化,原本个体自由的理性思考就会被社会的技术理性要求所规制。

客观地说,现代性本身对文化和文化主体都具有一种建构的张力,如能合理利用,人类文化将会获得更大的活力,个体性将会得到更高程度的解放,但若相反也可能带来另一种结果:文化的衰落和主体性的消解。

---

① 伯曼:《一切坚固的东西都烟消云散了》,徐大建等译,商务印书馆 2004 年版,第 15 页。

(2)文化工业主义生产模式的反思

英国文艺批评家 Q.D.利维斯（Q.D.Leavis）在《小说和阅读公众》一书中描述了她对文化工业主义生产模式和文学前景的担忧：

在大众文化的冲击下，文学的前景已经变得非常渺茫。诗歌和文学批评一般读者不屑光顾，戏剧就它同文学重叠的那一块来说，已经死了，独有小说在苟延残喘，但是小说看来同样已时日无多。Q.D.利维斯发现文学的传统读者们现在在电影院里消磨时光，要不翻翻报纸和流行杂志，或者就听爵士音乐。即使有意去重新培植读者的阅读兴趣，多半也是徒劳无功。故 18 和 19 两个世纪是阅读的世纪，20 世纪是阻碍阅读的世纪。电影、流行杂志、报纸、舞厅、流行音乐，这一切对人的诱惑力太大了。读书俱乐部不是在提高读者的趣味，而是将读者的趣味标准化。因为大众传媒成功地传播了固定化、标准化了的思想和情感模式。①

法兰克福学派对文化的工业主义生产模式进行了猛烈的抨击，认为梦工厂与媒体的文化商品制造是对文化艺术价值的戕害，文化商品化之后已经失去了历久弥新的价值，不再成为艺术。工业主义模式下生产出来的大众文化同义于标准文化、程式文化、重复文化和肤浅文化，是根本丧失了艺术价值而单纯包含虚假的感官愉悦的文化形式。他们把现代工业社会名之曰"机械复制时代"，市场经济的原则决定了一切商品的生产方式——标准化的、程式化的、流水线的生产方式，文化产品和物质产品已然没有真正的区别。

---

① 转引自陆扬："大众文化：批判理论及其反思"，《文艺报》，2000-06-27，第 004 版。

法兰克福学派中比较特殊的一个是本雅明,他试图通过大众文化的艺术碎片寻求新的感性希望与艺术救赎,试图在变化和废墟中发现通往整体的道路,试图突出主体的偶然性和即时性的意识性体验,以表现绝望的方式来建立希望。这引发了后现代主义追求漂泊感和无根感的文化浪潮。

2. 媒体文化对现代主体的影响

事实上,自从大众媒体产生,关于大众媒体对文化主体的负面影响的批判就没有停止过,如梅尔文·德弗勒和艾弗雷特·丹尼斯对这些批判的描述:

> 自从大众媒体出现以来,人们在责难大众媒体对人们的思想观点、态度和行为产生极大消极影响。第一批大众报纸在19世纪30年代一出现,批评家就群起而攻之。教育家、律师、牧师和其他有关人士认为,大众媒体关于犯罪的大量报道引发了犯罪。也许还有一种担心,即人们会厌倦读书,从而导致文化水准的降低。电影、无线电广播和电视问世时,也成了恐惧、蔑视和斥责的对象。19世纪20年代,有人指责电影破坏了道德价值,导致青年人犯罪。随着广播的普及,又有人说它削弱了人们对音乐的鉴赏能力。当电台广告时兴时,广播又被指责为了赚钱而无耻地腐蚀公众。后来,电视又被说成困扰社会的罪魁祸首。①

文化研究学者们都同意媒体文化已经在个体本质存在的深度上改造了现代主体。只是,对于这种改造,批判论者认为是现代主体已经被异化从而被消解,如法兰克福学派、鲍德里亚、哈贝马斯等学者的观点;而建构论者则认为媒体文化创生了一种新型的主体存在——具有更高的自由能力和理性能力的主体,如伯明翰学

---

① 周毅:《传播文化的革命》,浙江人民出版社2001年版,第168—169页。

派的学者以及麦克卢汉、波斯特等人。

(1)主体被动消解论

法兰克福学派的思想家大都认同现代文化产业的发展导致了主体人的新的异化①,这体现在对人的感性和理性的双重异化。在现代的商品化世界中,人们无法找到一个能培养他们的想象力和批判性反思的文化空间,个人的自主性湮没在对标准化商品的集体消费之中。人们已渐渐失去了独立思考的能力和欲望,转而依赖于他们极少或无法控制的社会进程。他们的观点也是对于早期的现代性批判者席勒的观点的一种继续。

席勒的《美育书简》被哈贝马斯誉为"现代性的审美批判的第一部纲领性文献"。他在书中提出了现代性对感性与理性的异化问题,认为:媒体文化致力于把人限制在片面的感性欲望范围内,结果是主体被感性的冲动所异化,感觉功能僭越了理性的领地渐趋成为主体的全部。法兰克福学派的阿道尔诺和霍克海默进一步指出媒体文化的欺骗功能,媒体文化强化了个体对社会秩序合理化观念的接受,社会的技术合理性获得了最大的合理性认同。在媒体文化的作用下,个体在社会生活中的选择和行为实际上已经被技术逻辑所控制,人丧失了自主、能动的理性因素,失去了对社会的反思批判性,被异化为实现技术合理性的工具。

人类自己所塑造的世界始终具有利害、真假、美丑、善恶等价

---

①人以其自觉的、社会的和文化的本质而与一般的动物物种相区别,他在实践活动中使自己的自然属性越来越富于文明的意义。他从单纯的物的需求中提升出来,追求一种更全面、更完善的品格,这是人向人化发展的方向。然而,人由于自身的局限性又常常会背离人化的道路而走向异化:动物的本能还在支配和摆布他;对物质享受的无限欲求使他屈服于物;个体性的局限束缚了他的社会化程度。异化的人受着由自己的不当行为所造成的异己力量的奴役,一切异化的根源都在于人本身的自我异化。

值效应上的两重性,这是人的发展过程中不可避免的问题,因为人的认识能力、评价能力、实践能力等等都必然经历一个逐步发展的过程,主体异化现象也是这个过程中的必经磨难。应该说,工业化加剧了这种异化的同时也增强了抵制这种异化的力量。所以,问题的关键是清醒地认识到我们的活动会带来怎样的正面与负面效果,最大限度地推动人化的进程,而把异化的灾难性后果降低到最小的程度。

(2)主体能动建构论

与上述观点不同,本雅明、伯明翰学派学者以及麦克卢汉、波斯特等人在媒体文化中发现的是一种能动型的现代主体的浮现。他们首先肯定了媒体文化对于人的感性层面的建构:

"如今,用手指触一下快门就使人能够不受时间限制地把一个事件固定下来。照相机赋予瞬间一种追忆的震惊。这类触觉经验联合在一起,就像报纸的广告版或大城市交通给人的感觉一样。……技术使人的感觉中枢屈从于一种复杂的训练。不知从什么时候开始,一种对刺激的新的急迫的需要发现了电影。在一部电影里,震惊作为感知的形式已被确立为一种正式的原则。"[①]

在新技术的激励下,新媒体不断创造新的文化形式,新的文化形式在作用于人的感知的过程中,重建了人的感觉方式,并在总体上改变了人的思想方式,这样的主体可以在大众文化的狂欢中获得感官的解放,更自由地进行自我表达,从而形成新的能动性的特质。总体上讲,对媒体文化或者说大众文化持建设性态度的学者,大都试图论证日常经验的、感性的媒体文化的合法地位,强

[①] 本雅明:《发达资本主义时代的抒情诗人》,张旭东译,三联书店1989年版,第146页。

调大众的能动创造性,对大众文化的前景持乐观态度,希望通过大众的力量推动现代文化形成新的价值形式。

三、批判的工具与工具的批判

文化批判是一种批判的工具,但它本身也要接受工具的批判。法兰克福学派对大众文化的批判尖锐而深刻,发人反省,但总体上缺乏批判后的建构思路。而且,它对当今媒体技术发展显然预见性不足,对当今时代的新变化缺乏理论包容的能力。随着现代大众文化表现出的强劲活力,以往的文化批判理论开始受到质疑和新的批判。

1. 对批判理论的反思

当代文化学者对法兰克福学派的批判理论的质疑集中在两个方面:一是认为其缺乏对社会和文化变革的充分了解;二是认为其仅仅表达了文化精英主义受到大众文化民主权利的威胁而产生的危机感,是站在精英主义立场上对大众文化与大众文化可能带来的大众民主的敌视与抱怨。于是,这种论争本质上就变成精英文化与大众文化或者说是高雅文化与世俗文化、知识分子趣味与大众趣味之间的较量。

倡导高雅文化的左派和右派一般都认为,大众的文化必须被支配性文化的核心知识和价值观所取代。在他们看来,伴随着把大众文化看作一种野蛮主义的观念,把人民看作一种被动的玩偶的概念,以及把文化生产和意义还原到高雅文化领地的一种启蒙观的诉求,革命性的斗争和保守性的维持两种模式似乎汇合到了一起。关键不在于把文化力量的不同组成作为对立面相互分离开来,而是应当在实践中如其所是地去抓住文化关系的复杂性。

大众文化是一个容纳不同政见和多种情感价值的场域,它表现了不同群体或个体的特殊的历史处境,从这里能够发现不同版本的民生与社会,不同类型的欲求和愉悦。它提供了异质文化共存的可能性,也提供了社会转变的可能性。这在拉里·格罗斯伯格(Larry Grossberg)的论述中得到了清晰阐释:

人们绝不会被完全操纵,也绝不会被完全整合。人们在现实的趋势和决定之下同其展开斗争,有时则是直接对抗这种趋势,他们努力占有自身的禀赋。因而,他们同特定实践和文本之间的关系复杂而又相互矛盾:他们可能在反对性别歧视的斗争中赢得某些东西,而在反对经济剥削的斗争中失去某些东西;他们可能在经济上失之东隅,收之桑榆;并且,当他们失去了意识形态的阵地,却可能会赢得一些情感力量。如果人们的生活绝不仅仅由支配性的观点所决定,并且他们的依附总是复杂和活跃的,那么,理解(大众的)文化就需要查看它们是怎样活跃于日常生活的特定场所,查看特定的表达是怎样强化和削弱其听众的权力的。[1]

当然,除了为大众文化摇旗呐喊的声音之外,也有一些学者基于对当今新媒体文化的新认识得出了较为悲观的结论。对媒体文化表面光鲜而本质贫瘠的现象以及媒体价值观缺失的现象进行了深刻批判。

现代媒体对人们生活的广泛渗透使得媒体内容直接左右了人们的思想内容,而媒体文化看似五光十色,本质上却多有雷同,文化产品只是形式上丰富了,内容并没有多样的变化,这必然导致人们的思想内容与精神价值也随之越来越贫乏。如美国学者戴安娜·克兰对此就有这样的评价:"寡头垄断模式导致了一种似非而

---

[1] 见 Lawrence Grossberg 对 Stuart Hall 的访谈,"On Postmodernism and Articulation", Journal of Communication Inquiry 10 (1986): 45—60.

是的后果,随着利润的上升,节目的多样性却降低了。因为创新被认为有风险,所以电视台更倾向于生产与过去的成功之作相似的产品。"①

梅里尔也在他的《全球新闻事业:重大议题与传媒体制》一书中给我们展示了这样一个悲观的未来图景:鼓噪之声势力日强,远远超出人们对它们的需要及其自身的价值。可信的消息难觅其踪,崇高的道德标准不再成为行事的底线,这些都埋没真正的新闻。充斥在电视、电影之中的将是越来越多的娱乐、浮光掠影的新闻以及性与暴力的露骨描述。偏向反成了传媒的家常便饭,服务公众利益的出版与广播电视将越来越少,仅剩精英报刊、精英频道勉强求生。②

从建设性的角度来看,真理属于人类,而谬误属于时代。人类具有自我批判和反思的精神,他会犯错误,然而也懂得如何不再犯类似的错误。我们需要思考的问题已不再是如何抨击媒体制造了多么缺乏新意、多么低劣的文化产品,而应该是:媒体要怎样做才能更好地促进新的文化产品产生,而不是旧瓶装新酒?媒体需要哪些条件才能生产出凝结着人类智慧与希望的文化产品?

2. 多元文化场域的建设

人创造文化,文化也创造人。人从符号传播形式的文化中获得了一种生活方式,一种思维方式,一种存在方式,获得了一个意义域,一个价值尺度。文化对人的重要意义不言而喻。那么,如何才能创造出更具思想活力的文化产品呢?思想的活力始终存在于

---

①【美】戴安娜·克兰:《文化生产:媒体与都市艺术》,赵国新译,译林出版社2001年版,第64页。
②【美】阿诺德·S.戴比尔、约翰·C.梅里尔编:《全球新闻事业:重大议题与传媒体制》,郭之恩译,华夏出版社2010年版,第18—19页。

过去和现在、个体和宇宙的对话之中。越是民族的越是世界的,同理,越是个性的越是典型的。文化的价值和力量都在于:其个体性中具有总体性,总体性中具有个体性。多元文化之间可以依靠一种平等对话式的思想方式和行为方式进行交流与沟通,在充分拓展它们自己的发展空间的基础上,促进人类文化的总体发展。在这个过程中,每一种文化都要反躬自省:哪些原则是自己一定要坚守的? 自己发展的目标和归宿到底定位在哪里?

当今,信息技术的发展和文化传播的全球化,为人类创造了一个跨文化交往的语境,在这个语境中,为促进本民族文化和世界文化的共同繁荣,我们至少要做到以下几点:第一,更多以平等、宽容、开放的姿态建立全球文化对话,从全球不同文化系统中寻找有益的思想资源。第二,在文化公共领域建立一种公认的价值标准。承认、尊重不同文化的价值观念和伦理准则,寻求全球共通的基本伦理,如人类不同文化传统中共有的自由、民主、公平、效率等观念,在这一过程中,可以通过对方的视角来审视自己的文化传统,从而找到推陈出新的文化发展路径。第三,随着全球文化交流的日趋便利与频繁,主流强势的文化与价值理念正在边缘化那些非主流的弱势文化,各种文化群体的思维方式、生活方式甚至风俗习惯都日渐趋同,这并不利于文化生态的维护。每种文化都应该尊重其他文化的多样性和独立性,在尊重的基础上聆听各个民族文化的观念和立场。应该说,求同存异既是人类文化发展的出发点,也是人类文化发展的目标。

人类作为行为的主体,必须对自己的行为及其后果有一个正确的评估,必须具有自觉的调控意识,这样才能理性地、人道地、有效地使用自己的行为力量。所以,人应该塑造一个和谐世界的理想,确立一个系统的新的观念世界,培养时代意识、危机意识、全球意识,最核心的就是人道主义的意识,它"是从人的总体性和最终性上来看待人,从生活的连续性上来看待生活,我们的一切问题的根源,我们的一切兴趣和关心事项的对象,一切东西的始末,我们一切希望的基础,是人"。①

---

① 佩切伊:《人的素质》,1977年版,第131页。

第五章　风险社会中的媒体责任

> 贫困是等级制的,化学烟雾是民主的。随着现代化风险的扩张——自然、健康、营养等等的危机——社会分化和界限相对化了。由此不断出现判若云泥的结果。然而,客观地说,风险在其范围内以及它所影响的那些人中间,表现为平等的影响。其非同寻常的政治力量恰恰就在于此。在这种意义上,风险社会确实不是阶级社会;其风险地位或者冲突不能理解为阶级地位或冲突。
>
> ——乌尔里希·贝克[①]

生活在现代社会,我们心理上的安全感正渐渐消失。我们会担心很多事情,有些离我们很近,有些离我们很远,但不管多近或多远,一旦发生我们都无处可逃,而偏偏我们又只能这样担心着,很难预测也无力影响它的发生与否。近者譬如:今天吃下的东西中是否含有致癌物?明天的室外活动是否会遇上 PM 值太高?后天的油价是否会上涨?远者譬如:自己的工作会不会受到哪一国金融危机的影响?某种新的病毒会不会传染到自己身边?核污染会

[①]【德】乌尔里希·贝克:《风险社会》,何博闻译,译林出版社 2004 年版,第 38 页。

不会扩散？世界大战会不会在未来的某一天爆发？可无论怎样担心，除了冒险，我们又别无选择。这就是风险社会中的生存状态——被危机感和不确定性所笼罩的日常生活。"换一种方式说，在风险社会中，不明的和无法预料的后果成为历史和社会的主宰力量。"①个体层面上的无力感恰恰说明了集体层面上的责任问题——有组织的不负责任，这是国家社会管理的失败。从这个意义上说，风险社会呼求责任文化，也孕育着责任文化。

第一节　风险社会的责任伦理问题

从 20 世纪下半期开始，整个人类世界都进入到从传统工业社会向后工业社会的社会转型过程之中。这一转型的空间推动力是信息媒体技术，结构推动力是工业资本主义的垄断趋势，直接后果就是经济、政治、文化以致风险的全球化。很多国家都在这一全球化的过程中经历了自己本身的社会转型，或主动、或被动地卷入了这场全球社会资源的权力争夺与技术争夺之中。在这种情况下，传统社会科学的思维方式和概念框架对于解释现实已经力不从心。1986 年，德国社会学家乌尔里希·贝克出版了《风险社会》一书，并在其中首次提出"风险社会"的概念，试图为"后工业社会"的"后现实"做以具体的注解。它恰好契合了充满危机的社会现实和充满危机感的大众心理，于是，"风险社会"的概念此后就成为

---

①【德】乌尔里希·贝克：《风险社会》，何博闻译，译林出版社 2004 年版，第 20 页。

对全球深层的社会矛盾和严重的生态危机的主要概念描述,风险社会理论也成为理论界关切的热门话题。

一、风险社会理论概述

风险社会并非突然降临,人们的风险意识也并非突然出现。从20世纪中期开始,人类社会结构的变化已经愈益显著。学者们用不同的术语表达了这种变化,如:后工业社会,晚期资本主义社会,后现代社会等等,当然还有风险社会。风险社会理论是对现代性所产生的风险症候的一种诊断,这种病症已经超出了现代性最初所预设的制度标准的自我免疫能力,所以,必须要开辟通向现代性的新道路。意识到风险就要努力设法摆脱风险或将其控制在一定程度、一定范围之内,不能任凭不可控的风险随意摆布我们的日常生活与未来命运。因此,必须要对我们所处的这个风险社会进行深度解析,只有了解现代社会的运行机理与发展趋向才可能找到风险的根源,对症下药。风险社会理论的最主要的理论奠基者包括德国学者乌尔里希·贝克、英国学者安东尼·吉登斯、斯科特·拉什、玛丽·道格拉斯、威斯维尔德等人。风险观又包括实在论的风险观和建构论的风险观,前者从社会制度的视角强调风险的客观实在性,后者从社会文化的视角强调风险的主观建构性。

1. 两种貌离神合的风险观

(1)实在论风险观

贝克与吉登斯都是实在论风险观的理论代表。在贝克看来,"风险"(risk)概念起始于自然和传统终结的地方。风险不同于灾难,它不是自然力量造成的,而是工业社会的后果,是人类自身的行为引发的。吉登斯对风险的定义是:"在一定条件下某种自然现象、生理现象或社会现象是否发生、及其对人类的社会财富和生命安全是否造成损失和损失程度的客观不确定性。"①他后来还具体归纳过七种不同类型的风险:包括高强度意义上的、突发事件不断增长意义上的、来自人化环境的、制度化环境的四种客观分布不同的风险,以及风险意识本身作为风险、分布趋于均匀的风险意识、对专业知识局限性的意识三种对风险的意识经验改变上体现出的风险。②贝克和吉登斯都同意,风险具有以下三个特征:第一,客观性,即风险的存在不以人的意志为转移;第二,不可控性,即风险不在我们现有的知识和理性的掌握之中,对风险进行认知和预测都是非常困难的;第三,风险理论与风险意识产生于风险实践和风险处境,而不是相反。总之,风险无时不在,无处不有,我们已经进入了"全球风险社会"。风险已经成为现代社会最重要的特征之一。

那么,我们何以会从传统的"安全社会"进入现在的风险社会呢?吉登斯给出的解释是:现代性的制度失范。如现代工业生产的制度失范引发了全球生态体系的破坏;全球财富分配的不均导致风险承担的不公;军事冲突与核战争的风险;政治压迫造成的自由与意义的丧失等。既然风险出在制度上,对风险的规制就要通过建立合理有效的社会规范和制度体系来规制风险,甚至有必要建立应对全球风险的国际制度。

(2)建构论风险观

斯科特·拉什、玛丽·道格拉斯、威斯维尔德都是建构论风险观的代表。从文化的角度,他们认为,作为一种客观事实的风险并不具有社会普遍性,具有社会普遍性的只能是对于风险事实的感

---

① 安东尼·吉登斯:《现代性的后果》,田禾译,译林出版社2000年版,第109页。
② 安东尼·吉登斯:《现代性——吉登斯访谈》,尹宏毅译,新华出版社2000年版。

知。风险本质上是主体建构出来的,是主体对社会事实的反思性结果。玛丽·道格拉斯反对以制度层面分析风险社会的根源,要求从认知层面出发,把风险感知与风险心理等风险文化因素作为思考的角度。玛丽·道格拉斯和威斯维尔德在《风险与文化》一书中认为:"在当代社会,风险实际上并没有增多也没有加剧,相反,仅仅是被察觉、被意识到的风险增多和加剧了。"拉什认为,以风险文化概念来透视风险社会更有普遍性,也更有益于建构风险社会的预警机制。①

玛丽·道格拉斯和威尔德韦斯合著的《风险与文化》一书,从文化的角度对社会政治风险、经济风险和自然风险进行了解读,认为社会结构之所以会走向混乱的无组织状态,是因为等级制度主义文化、市场个人主义文化和社会群体边缘文化三种文化类型的交互作用,使社会进一步分化。建构论者认为,思想文化的问题还要由思想文化来解决,应对风险应主要依靠彻底的反思性,依赖于具有象征意义的文化符号和社会信念,而不是精确的数字计算和严密的逻辑推理来进行。反思性的现代性本质上只是一种文化形态。

(3)两种理论倾向的共同启示

实在论风险观和建构论风险观之间的差异有如哲学上的唯物主义和唯心主义之间的古老争论,一个认为物质决定精神,以物质为基础去解释世界,一个认为精神决定物质,以精神为基础去解释世界,但这种差异只是表象上的,究其实质,它们有着共同的理论依据和共同的理论内涵。

---

①【英】斯科特·拉什:"风险社会与风险文化",王武龙译,《马克思主义与现实》2002年第4期,第52页。

首先,它们同样基于对现代性的反思,认为风险是一个时代性的课题,是现代性自身的逻辑发展所导致的困境,因而,风险研究都要立足于对现代性的理论研究之上。其次,它们都强调风险对人类生存与人类社会秩序的巨大威胁,不管是客观实在的还是文化建构的,风险已成为现代人不可回避也没有人能够回避的处境,这种威胁本身是实质性的,而不是想象性的,风险生存是所有现代人的存在方式。最后,它们同样追求的是面对风险时人类知识的有效性,都强调要依靠主体自身的建构性力量来应对风险,通过分析主体对于风险的感知、识别、选取和评价等行为来建构风险问题研究的框架,强调主体对现代性的反思、批判与重构,理论目标都是重新规范现代性,引导现代社会走上合理化的道路。总之,风险社会理论描述的是这样一种社会景象:

传统工业社会的"财富分配的逻辑"为新的"风险分配的逻辑"所取代;未来的不确定性与全球化趋势结合在一起;社会舞台的中心角色是现代化所带来的风险与后果;从个体感观、家庭生活、社会角色、民族认同到民主政治,都无不被"风险化"了。①

2.风险社会的特征

(1)风险社会的风险特征

传统社会也存在风险,但传统社会的风险不同于风险社会的风险。

首先,工业化时期以前,人类活动的影响范围还很小,所谓风险主要都是指各种"天灾",一般能够通过预先的理性预测、适当躲避或技术控制的手段加以化解。而现代社会中的风险却更多地是"人祸",包括生态风险、战争风险、健康风险等,一方面是个体

---

①潘斌:"风险社会与责任伦理",《伦理学研究》2006 年第 5 期。

的个人主义到整体的人类中心主义的文化价值观膨胀所致,一方面是社会制度与社会管理失衡所致。已经不是单纯凭借理性和技术手段所能控制的了。

其次,传统社会的风险一般都有特定的时空影响范围,扩散的速度和范围不大,可避性与可控性较强,而现代社会的风险强度、爆发的速度以及传播的范围都是惊人的,随着全球化过程的展开和加速,风险完全无视我们人为界定的时空界限,往往一发而不可收拾,如找不到适当的途径来化解,往往能在短时间内引发全社会甚至全球性的灾难。所以,我们今天所说的风险社会概念的概念维度已经扩展到全球风险社会。

最后,现代社会的风险是人类社会历史发展的产物,与人类文明进程息息相关,具有更强烈的社会建构特征和历史文化特征,这样的风险对现代社会具有特定的社会、文化和政治功能。所以,现代风险社会的风险研究,需要把风险的产生、发展和防控研究都放在现代化发展的大背景下,综合文化的、社会的、政治的、历史的多方面因素进行思考,而不是如传统一样单纯依靠技术理性来解答。现代风险研究主要包括以下几方面的内容:风险源、风险的概念化、风险责任、风险管理、风险意识的群体差异、风险与社会发展趋势的关联、风险的文化象征等等,已经突破了传统上单纯的技术思考。

贝克对风险社会的风险特征做了如下概括:"第一,既非毁灭亦非信任,而是一种真实的虚拟;第二,是一种有威胁性的未来,(仍然)与事实相反,成为影响当前行动的参数;第三,既是事实陈述,也是价值陈述,它在数字化道德中得以结合;第四,控制与失控,正如在人为制造的不确定性中所表现的那样;第五,在认识(再认识)冲突中所意识到的知识和无意识;第六,全球和本土被同时重组为风险的'全球性';第七,知识、潜在影响和症候后果之间的区别;第八,一个人造的、失去了自然与文化二元论的混合世界。"①

(2)风险社会的社会结构特征和文化心理特征

处于当今世界中的社会是风险社会,也是个体化的社会。

按照社会学家齐格蒙特·鲍曼的观点,现代社会的特征之一就是把社会成员铸造成个体②,而具有这种个体性的社会成员又通过他们在社会交往网络中的理性化、策略性行动,造就了社会,这种社会结构形态可称之为"个体化社会"。个体化"所承载的是个体的解放,即从归属于自己、通过遗传获得、与生俱来的社会属性等的确定性中解放出来。这种变化被正确地看作现代的境况中最明显和最有潜势的特征"③。

首先,个体化社会中的个体脱离了传统的社会结构体系的束缚,"在文化生活中不再有什么集体良知或社会参照单位作为补偿",自由得一无所托。他们表面上似乎获得了解放,可以自由地以自己的努力去赋予生活以意义和目标。然而,个体实际上只是从传统的牢笼中解脱后被放逐到了市场环境下,作为市场中的谋

---

①【英】芭芭拉·亚当,【德】乌尔里希·贝克,【英】约斯特·房龙:《风险社会及其超越:社会理论的关键议题》,赵延东、马缨等译,北京出版社2005年版,第335页。

②这个过程即个体化的过程。按照贝克的理解,个体化的实质是制度性动力推动的结果。当代许多社会制度的设计都在迫使人类采取个体化的生活形式。个体从阶级、阶层、性别角色等传统的结构束缚力量中相对解放出来,但这并不意味着个人获得越来越多的选择自由或者是个性独特性。个体化包括三重维度,一是个体解放,摆脱传统社会结构体系的束缚;二是个体稳定性的丧失;三是个体社会角色的重新整合(参见王力平:《风险与安全:个体化社会的社会学想象》;乌尔里希·贝克:《风险社会》,何博闻译,南京:译林出版社,2004年,第156页—160页。)

③齐格蒙特·鲍曼:《个体化社会》,范祥涛译,上海三联书店2002年版,第181页。

生者,按照市场原则不断刷新自己的角色和定位,市场依赖延伸到生活的各个角落,包括市场、货币、法律、流动和教育等。个体日益分化成社会标准化程序所塑造的单个零件,"它们不再仅仅是私人境况,而且总是制度性的。它们拥有矛盾的两面性——依赖制度的个体境况。制度的外表成为个体生涯的内在品质"[①]。

其次,"对于个人成就和能力的强调使得各种社会不平等更为正当化和合法化"。当许多社会问题直接体现为个体问题之后,人们便习惯于直接把个体作为问题思考的基础,而忘记了反思社会制度,到社会领域中去寻找它们的根源。当个体境况出现问题时,个体却往往因为我们在上文中所说的制度依赖性而根本无力自行解决,"当人们找不到可靠的安全保障和长久的精神支持,个体在面对社会时感到孤独无助,遭受各种风险袭击的可能性不断加码,风险危机和不安全感时时相伴并困扰着生活中的每个个体[②]。"个体对风险无法独立抗衡,而却不得不成为风险后果的最终承担者。而对现实中的风险后果的焦虑又会产生心理上的伤害:"社会问题逐渐以心理学的方式被感知:个人机能不全、负罪感、焦虑、冲突和紧张。"[③]

二、风险社会对责任伦理的冲击

现代社会在其追求以技术理性进行全面社会控制的现代化过程中,引发了种种反理性的、难以控制的巨大社会风险,随着对这些风险的责任根源的求索,传统的伦理理论研究因其过时的理论

[①]【德】乌尔里希·贝克:《风险社会》,何博闻译,译林出版社 2004 年版,第 159 页。
[②] 文军:"个体化社会的来临与包容性社会政策的建构",《社会科学》2012 年第 1 期。
[③]【德】乌尔里希·贝克:《风险社会》,何博闻译,译林出版社 2004 年版,第 123 页。

框架而陷入巨大的困惑之中。为应对和规避这些风险,我们首先要超越传统伦理理论的视角,从风险文化、风险社会、风险政治等不同角度重新思考责任主体、责任对象与责任内容原则的构成,在社会组织的层面上建立更具风险敏感性和可操作性的责任履行机制和责任监督机制。

1. 风险社会中的责任伦理困境

(1)责任伦理迷失

传统的责任伦理大体上是以行为动机和实际效果来确认责任的,然而在风险社会,很多风险都是事前无法预知其后果的,尤其是那些以科学-技术为主导的人类行为,很多都是从根本上改变了事物存在的自然属性的行为,如转基因的后果、克隆人的后果等,行为动机本是善意的,但我们并不清楚这种善意的动机是否一定能带来善良的结果,因为很多后果都需要跨越一段漫长的时空之后才能具体显现出来。也就是说,我们的行为结果具有很大的不确定性,我们无法预先确知自己行为的影响。无法确知影响,当然也就无法确定责任,无法确定责任,也就无法建立相应的责任约束机制来限定那些明知是很大风险却又无法定义的风险。在这种情况下,我们既迷失了责任的主题,也无法做出责任的评价。

从人类的角度来说,我们总以为自己也可以成为上帝,并努力做出了许多以上帝的权能才有资格做的事情,做完之后却发现,自己并非全知全能。从特定个体或特定群体的角度来说,随着社会分工与个人主义的膨胀,人们的利益分化也日趋严重,他们追求自由、追求发展、追求成就、追求利益最大化,但特定时空与社会资源的限制势必造成这些不同主体间利益的分裂,以致每个人都希望财富个人化而成本社会化,个体利益与社会利益的冲突,结果就是每个人都不想负责任或一心只想转嫁责任,造成主体的社会责任缺失。

（2）责任理论困惑

虽然伦理理论同其他理论相比更具有相对稳定性，但风险社会这种新兴的社会形态从根本上改变了传统社会的社会结构和人们的文化心理，用传统的伦理态度和伦理原则来规范当代的社会关系已然难以胜任。

比如，功利论的伦理学虽然提倡实现"最大多数人的最大幸福"，但其以行为的实际效用为道德评判标准，如前所述，风险社会中的风险往往很难事前预测，而事后又通常已无法补救，所以对于建立具有风险防范功能的责任机制没有什么意义；义务论伦理学以行为动机是否正当作为道德评判标准。其代表罗尔斯强调正义与公平，提出了正义两原则："第一个原则是平等自由的原则，第二个原则是机会的公正平等和差别原则。"然而，风险社会中的风险往往不是恶的行为动机所带来的，而是人类理智的有限性所造成的无知所带来的；德性论伦理学从自律的角度出发，以行为主体本身的德性作为道德评判标准，认为善的品质将带来善的行为。但风险社会中的风险波及面之广使得其单靠个体自律是不够的。

总体上说，传统伦理学应对风险社会之社会风险的缺陷在于：首先，站在人类中心主义视角，缺乏人与自然关系的空间维度；其次，站在当下的视角，缺乏当下与未来关系的时间维度；再次，站在个体伦理视角，缺乏社会整体维度；最后，伦理理念上局限于"平等、公平、正义"等范畴，缺乏"责任"维度。风险社会要求一门以"责任"范畴为基本原则的伦理学。①

---

① 潘斌：" 风险社会与责任伦理"，《伦理学研究》2006 年第 3 期。

2. 风险社会中的责任伦理建构难题

要进行责任伦理建构,首先要明确责任主体、责任对象,并在此基础上建立适当的责任内容与原则、责任评价和责任监督机制。然而在风险社会中,以上这些事项本身都是问题。

(1)责任主体的难题

在传统社会中,我们很容易直接确定与行为后果相对应的行为主体,也很容易在稳定的社会关系中理清行为主体应该承担的责任和义务。而这在风险社会中却变成了一个相当大的难题。

有关责任主体的难题主要表现为四种情况:第一,因风险的诱因太多,扩散的时空范围太大而无法找到主体;第二,能找到主体但因主体与社会体制、社会公正问题的纠结而无法衡量其责任;第三,能找到主体也能衡量责任,但因主体作为责任者与受害者的双重身份而无法追究责任;第四,面对作为全人类发展后果的生态危机,人人有责却无法定责。

具体而言,首先,各种全球性风险都是由多种因素综合形成的,不同类型、不同层次的行为主体都在风险形成与风险传播的过程中多多少少起到了推波助澜的作用。而这些行为主体的行为往往并非是个体的自由行为,在现代化的高度专业化和系统化的社会体制之下,每个自由个体的社会活动往往都只是现代社会链条上的一环,个体行为与社会行为纠结在一起,每一个人都可以说是风险的制造者,又都可以说不是风险的制造者,要想找到一个直接具体的责任主体几乎不可能。其次,一些全球性的风险往往能够跨越时空的限制而深度扩展,而我们一般无法跨越行政地域限制去追究责任主体,更无法回到过去问责已然不在的责任主体。最后,对于那些由人类总体发展造成的全球风险,对每个人的存在都造成了严重威胁,如生态问题,每个人都有责任,但任何单个主体的行动又都不足以引起这样的风险后果。如鲍曼所言:"有罪过,但无犯过者;有犯罪,但无罪犯;有罪状,但无认罪者。"①

(2)责任对象的难题

传统伦理学的责任对象多是具体的人或组织,责任通常是主体与主体之间的权利—义务的双向关系的表达。在风险社会中,人类伦理所规制的传统的范围和限度遭到冲击。如前所述,人与自然的关系、当代人与未来时代人们的关系都应纳入责任考虑范围之内,所以,责任伦理的责任对象发生了很大变化。但在这样一些扩展的责任关系中,行为所引发的灾难性后果很难以理性来计算,所以无法确定到底要对多大范围内的对象担负多大程度的责任。另外,作为责任对象的自然或未来时代的人们显然属于"弱势群体",他们不会积极主动地去提出自己的要求,维护自己的权利,也不会向不负责任的个体或组织进行问责或监督,所以,这种责任的履行只能靠人类自身对他们的权利的认可程度与对自己行为的自律程度来实现。

(3)责任监督与评价的难题

由于我们对风险的起因、风险的后果、风险起因与后果之间的传递关系都缺乏充分的认识,而且,随着科学技术的发展与利益格局的变化,人们对风险的认识会不断变化,风险对不同政治组织的影响也不断变化,具有判断风险权力的专家和政治组织会不断修正风险评判的标准。所以,风险社会中的责任监督与责任评价经常处于无的放矢的境地。

首先,风险社会中的风险发生并不遵循简单的因果对称关系,

---

① 转引自赵素锦:"面向文明风险的责任伦理省思",《华中科技大学学报(社会科学版)》2009 年第 4 期。

而往往是复杂的、非线性的、不确定性的,这直接导源于现代社会中人类行为的复杂性和系统性的增强。我们依靠现有的理性认知能力很难有针对性地建立完善的风险责任监督机制和评价机制。其次,风险社会中的风险往往是整个现代化和全球化的结果,责任被更大限度地社会化,利益是可以独占的,成本却是要均摊的,个体或组织为追求利益最大化责任意识越发淡漠,而责任监督往往沦为不同利益主体、不同利益集团之间的利益竞争手段。最后,风险社会中的责任主体包括国家、跨国企业集团等,经常为了自己的利益要求而转嫁风险、逃避责任,对这样的主体又很难以法律制度手段来对其进行有效的责任监督。所以,在这种情况下,无论是内在的道德信念还是外在的制度力量都严重受挫。

三、风险社会的责任伦理建构

风险社会所呼唤的责任伦理显然需要我们从根本上超越传统社会的伦理范式,德国学者汉斯·约纳斯(Hans Jonas)针对技术风险所建立的责任伦理观为我们的研究开了先河。他提出"为了人类的自律、尊严,为了我们自己能够支配我们自己,而不让机器支配我们,我们必须行动起来应对技术时代的风险"[①]。

1. 确立更具普遍性的责任伦理原则

(1)责任的全人类性

在风险社会中,我们对责任的思考应该从个体性思维转向整体性思维,这是一个全民责任的时代。每个人的行为都联系着人类整体,所以要把人定位为具有社会公共性的伦理存在,个体责

[①]【德】汉斯·约纳斯:《技术、医学与伦理学——责任伦理的实践》,张荣译,上海世纪出版股份有限公司译文出版社2008年版,第7页。

任源于个体与整体的伦理统一关系。这要求我们超越个体利益之间、群体利益之间、个体与整体利益之间的分裂与对立，从公共利益与人类整体利益的角度培育主体的责任意识。应该让所有人类行为都接受整体伦理的检验，因为全人类整体的责任，对每个个体、每个组织而言都应该是绝对的、无条件的。

（2）责任的超时空性

约纳斯的责任律令是，"决不可拿自然和人类的未来去冒险，要对自然和未来的人类承担责任"[①]，这是责任思考从当下转向长远、从人类中心主义转向万物一体的责任视野的拓展。作为共同利益之所系，自然应该成为我们责任观照的对象，作为种族延续之维系，未来人也应该成为我们责任观照的对象。这是一种自然的、非对称性的责任，并非权利与义务的等价交换，很难以对象的利益回报作为责任激励方法，它要求我们以组织化的行动将"生态环境保护"嵌入社会政治、社会经济发展的制度设计与管理体制之中，嵌入社会价值理念的传播与培育之中，要使得人类的行为后果符合真正的人类永恒的利益。

总之，我们要确立的责任伦理是一种未来的伦理学、整体的伦理学、前瞻的伦理学、行动的伦理学。

2. 坚持以风险预防为主的理念

责任的承担可分为先行担责和事后担责两种类型，即"前瞻性的责任"与"追溯性的责任"。前瞻性的责任以风险预防为主，追溯性的责任以风险补救为主，风险社会的风险一旦爆发往往无可

[①]Hans Jonas. The Imperative of Responsibility: In Search of an Ethics for the Technological Age [M]. Chicago: University of Chicago Press, 1984: 11。转引自杨薇、崔伟奇. 约纳斯责任伦理风险观内涵研究 [A]，《第十五届中国科协年会第 23 分会场：转型与可持续发展研讨会论文集》，2013。

补救,所以,我们所要建构的责任主要是先行担责的前瞻性责任,它要求我们在风险发生前就要采取积极的理性预测,要以自发的、强烈的责任感来规范自己的行为。

约纳斯提出了"优先预凶"的原则,"只有我们知道事物处于危险之中,我们才能认识到危险之中的事物"。[①]也就是通过对风险后果的最坏可能的估计自觉修正自己的行为,以期把行为可能引发的未来灾难尽可能降低。这要求我们要对风险后果有忧患意识和理性预期,充分研究风险制造的因果条件,培养对风险刺激的敏感度和强烈的危机感,建构应对风险的新机制。

这种以预防为主的责任机制首先要求组织行为有更高的透明性、开放性,社会的透明度越大,社会风险与社会成本应该越小。

3. 加强组织的社会责任建设

由于风险社会中的风险大部分同制度化的组织决策和组织行为相关,所以,防范风险必须要不断进行制度革新,加强组织的社会责任建设,降低"制度化风险"。"制度化的风险"即贝克所说的"有组织地不负责任","风险社会的特征是愈来愈多的环境退化的矛盾——被感知到的和可能的——伴随着关于环境的法律和法规的扩张。然而同时,没有一个人或一个机构似乎明确地为任何事负责"。[②]

(1)加强企业组织的社会责任建设

逐利是资本的本性,在全球的市场经济环境下,现代企业为了自身生存和利益最大化的目标经常会置社会责任于不顾,对企业

---

①转引自杨薇、崔伟奇:《约纳斯责任伦理风险观内涵研究》,《第十五届中国科协年会第 23 分会场:转型与可持续发展研讨会论文集》,2013 年版。

②【德】乌尔里希·贝克:《世界风险社会》,吴英姿译,南京大学出版社 2004 年版,第 191 页。

行为造成的社会公害视而不见,如食品安全问题、工业污染问题。这是现代社会风险与公共危机事件的重要发生源,并且,通常越是资本雄厚、垄断市场的大企业带来的风险越大。所以,对于风险社会的责任伦理建构,加强企业组织的社会责任建设首当其冲。企业在开发高新技术产品时应首先考虑可能的危害,公开信息,加强与利益相关方的对话,以防范风险,保障公共安全为前提自觉调整企业决策与组织行为。

"组织社会责任强调组织的整合功能,强调组织内部的协商与合作、组织外部的协商与合作以及组织外部环境的和谐,强调组织正式结构与非正式结构的结合、强制与自愿的结合。"①

(2)加强政府与非政府组织的社会责任建设

在风险社会中,一个道德和政治的空间在政府治理的层面上展开,政府可能是最大的风险制造组织,也可能是最大的风险受害组织,而我们热切地盼望它成为最有力的风险防范武器。一方面,政府治理的环境在风险社会变得更为复杂多变,各种危机和动荡潜伏在不平衡的社会运转机制之下,挑战政府的日常管理能力和紧急应变能力。另一方面,政府如能充分发挥其思想引导与制度规范的作用,按照社会责任的要求,有力地调节和规制不同个体及包括其自身在内的所有社会组织的实践活动,那它就会成为人类美好未来的守护者。

政府必须把社会责任管理作为首要任务,具体表现为促进社会民主、社会法治、社会自由,维护人权、维护社会公正、保障公共利益等方面的责任履行。在公共政策的制定、评估过程中,要以人为本,以和谐为要,以全面、协调、可持续的发展观为指导,担负起

---

① 王辉霞:"组织的社会责任研究",《当代法学》2012 年第 4 期。

对当下世界、未来生命以及整个生物圈的责任守护功能。①

第二节 风险社会中的媒体安全

风险的存在是客观的,但却并非是实体性的,因而,风险无法自我呈现,它需要特定的媒介来呈现,风险意识也需要特定的媒介来建构。现代社会是一个媒介化的社会②,媒介化的生存状态使得我们浸润在媒介符号所映射的现实之中,大众传媒成为风险表征与风险建构的主要途径。所以,现代社会的风险总是呈现为一种媒介化的风险。大众传媒不只是信息的通道或单纯的技术性工具,它在风险社会中经常被描述为风险的定义者、风险的呈现者、风险的发生源、风险的助推器等互相矛盾的角色,风险社会俨然变成了由大众传媒主持和表演的戏剧舞台。无论传媒在风险社会中所起的作用性质到底如何,有一点是可以肯定的,那就是"风险社会"的风险集中表现在风险的传播性方面,所以,传媒理论与传播伦理研究必然要引进一个新的维度:风险社会中的媒体安全问题。

一、风险社会与媒体传播的关系

关于风险社会与传媒的关系问题,贝克曾经指出:"知识的社

---

①刘婧:"风险社会与责任伦理",《道德与文明》2004年第6期。
②"所谓媒介化社会,是一个全部社会生活、社会事件和社会关系可以在媒介上展露的社会。媒介化社会的重要特征,是媒介影响力对于社会的全方位渗透。"(马凌.媒介化社会与风险社会[A].中国传媒报告[M].2008:41)

会和经济重要性也在增长,那些控制掌握构筑风险知识的媒介(科学和技术)以及传播风险知识的媒介(大众传媒)的权力也在增长。在这个意义上,风险社会同样也是科学、传媒和信息社会。"① 也就是说,在现代社会中,媒体对知识和信息的传播和构筑功能已经成为其本身的权力资源,并且随着全球化与信息化程度的提高,这种权力已经开始成为借助信息和知识重新塑造社会结构的力量。

1.新传播技术本身的社会风险

风险社会从技术的角度来命名就是信息化的社会。数字技术、网络技术与现代通信技术成就了媒体传播的新特征。具体而言,在信息传播的空间特征上,体现为网络化的全球互动性传播,不同群体间以媒体为中介的相互交往、相互涉入的程度不断加深(如麦克卢汉所言的"地球村");在信息传播的时间特征上,体现为同步化的全球瞬时传播("天涯共此时",并且时间体系标准化,各种群体、群体中的个体的活动和习惯在这种时间体系中达到同步和协调),势以时间来消灭空间;在信息传播的模式特征上,体现为交互式的、裂变式的个体化传播。总之,这是一个全球性、虚拟性、开放性的信息网络世界,在这样的世界中,信息不仅是宝贵的财富,而且已经取代物质成为人们赖以生存的基础,人们也都开始主动地意识到追逐信息的重要性。毫无疑问,信息共享可以更有利于人们在决策之前衡量与预估风险,从而做出更加合理的决策。只是这个基础本身却总是包含着巨大的不确定性。

(1)信息过载的社会风险

---

① Ulrich Beck. Risk Society[M].SAGE Publication,1992:46.转引自彭彪.传播新技术的是风险及其治理[D].武汉大学博士学位论文,2009:40。

未来学家、信息社会概念的缔造者阿尔温·托夫勒认为,信息过载将成为一种"未来冲击"。因为,随着信息技术的发展,人类将不得不被淹没在信息海洋之中,信息的获取不再成为问题,成问题的是信息的识别和处理。人的生物特性决定了其处理信息的能力总是有限的,求知的需要可能会被过量的信息所压倒,"我们在加速社会中变化的普遍速度。我们在迫使人们接受新的社会步调,在更短的间歇中去面对新的形势和掌握它们。我们在迫使他们在快速增值的选择中做出抉择。换句话说,我们是在迫使人们以一种远远超过缓慢演变的社会所必需的快速来处理信息。我们正使他们中至少某些人认识上过度兴奋,这是很少怀疑的"①。

这是一个信息富足的时代,同时也是一个信息贫穷时代,富足仅指数量,贫穷直指价值含量。我们除了被信息的数量压倒,还会被信息所表达的多元倾向所压倒,在信息过载的情形下,过多的信息反而增加了我们对自己选择的不确定性和不安全感。我们可能会得到一个为自己做出正确决断的更广泛的意见基础,但这种情况并不多见,更经常出现的情况是我们被浅薄的花边新闻吸引而忘记了思考,或者是被各种极端的、非理性的见解冲昏头脑,陷入更大的困惑之中。所以,除了信息处理能力特别强的少数人之外,信息过载的结果,可能造成大多数人失去信息识别和选择的能力,而把信息的解释权和选择权交给以偶像、专家和权威的话语形式出现的媒体,同时,也把自己的信息安全交托了出去。

(2)网络全球化的社会风险

网络技术的兴起是高风险社会结构形成的重要因素。一方面,在网络化空间中,对社会现实的认知已经被符码所中介,人们通

---

① 【美】阿尔温·托夫勒:《第三次浪潮》,朱志等译,三联书店 1983 年版,第 304 页。

过虚拟的世界去建构社会的真实,究竟能在多大程度上认识到社会的真实呢？另一方面,信息传播的无界性也会引发巨大的社会风险。对世界各国而言,全球化已经成为一个避无可避的现实。地球上的人类在全球网络中真正休戚与共,没有哪个事件能完全被隔离,风险事件更是如此。无论是金融危机还是生态危机,虽然被波及的程度不同,但总免不了人人有份。全球化的根本驱动力是工业资本主义的扩张要求,工业主义就起源于计算理性在生产秩序上的应用,工业资本主义的拓展则是利益最大化的理性计算的结果。所以,全球化的核心是经济全球化,全球化的逻辑是市场逻辑,全球化的模式是工业资本主义模式。当然,信息技术的发展也是全球化的主要驱动力之一。

地球村的出现改变了现实社会中人们的生活方式。在全球化背景下,人们对媒体信息的依赖程度空前增强,而媒体对风险的预警功能和对风险的放大功能也同样被增强,但媒体信息的准确度却并未因此增强,因为媒体运营也同样遵循着市场逻辑和工业资本主义模式,它们更多的不是在按照客观事实传播信息,而是在按照特定需要制造信息。这种信息商品的第一要义就是要吸引眼球,而对风险的渲染显然能很好地起到这种作用。信息传播的全球化同时意味着风险传播的全球化,风险的范围与后果都会在传播的过程中扩大。

总体上说,包括信息技术在内的所有现代科学技术都具有创新性、功能潜在性和效果不确定性的特征,一种复杂的、不确定性的技术的普及利用,将进一步把这种复杂和不确定扩散到社会结构之中。吉登斯认为："我们所面对的最令人不安的威胁是那种'人造风险',它们来源于科学与技术不受限制的推进。科学理应使世界的可预测性增强,但与此同时,科学已造成新的不确定性——

其中许多具有全球性,对这些捉摸不定的因素,我们基本上无法用以往的经验来消除。"①出于理性认知的有限性和社会实践的复杂性,人类对自己所创造出来的东西既不能充分了解也不能完全驾驭。在市场与商业逻辑的推动下,未经充分检验的技术创新产品迫不及待地要实现它的商品价值,高科技产业正在把整个社会变成一个实验室。

2. 新媒介的新传播模式引发的社会风险

按照麦克卢汉的观点,一种新媒介的产生与应用将会直接影响人类社会活动的形式、规模与进展速度,并引发社会生活与社会结构的新变化。他的著名论断"媒介即讯息"、"媒介是人体的延伸"分别体现了他对媒介本身重要性的认识和媒介对人与人类社会重要性的认识,虽然有传播技术决定论的倾向,但确是对传播的社会影响研究起到了很大的推动作用。

(1)裂变式传播的巨大传播力

当前应用范围最广的新媒体就是社会化媒体,包括手机、微博等个人终端和各种网络社交平台。社会化媒体本质上是个体化的传播工具,传播模式是交互式的、裂变式的,从"一对多"的传播变为"多对多"的传播。这种传播模式在传播空间、传播速度和传播效果方面都极大地提高了媒介主体的传播能力。社会化媒体能在短时间内迅速造成万众瞩目的舆论效果,因此,对于公共事件的传播影响巨大。如下例中的微博传播:

"金庸被去世"事件

"金庸,1924年3月10日出生,因中脑炎合并胼胝体积水于

---

① 【英】安东尼·吉登斯:《现代性的后果》,田禾译,译林出版社2000年版,第115页。

2010年12月6日19点07分,在香港尖沙咀圣玛利亚医院去世。"2010年12月6日8点左右,这样一条消息在微博上炸开了锅,信誓旦旦者有之,质疑假新闻者有之,求证者有之,一时间金大师生死难辨。这条微博在短短半小时内就被数千网友转发,大家在四处打听消息真实性的同时,也有网友开始怀念对一代武侠大师金庸的不舍之情。这次微博盛传的金庸"被去世"之所以会在短时间内迅速被转发传播,也是因为中国新闻周刊的官方微博转发了这条消息,让不少网友对消息信以为真。而此次金庸从遭遇"被去世"到"被澄清",速度之快、传播范围之大,让很多网友感慨微博力量之大。

(2)网络交互式传播的民主冲击力

交互式的传播模式强调"内容的充分享用、主体的彻底融合、渠道的共同占有、过程的全程参与"[①],充分促进了传播的民主精神,打破了信息垄断。这种精神渗透到社会现实之中,也引起了社会体制的民主化震荡。它冲破了传统社会的信息垄断,导致社会的权威结构和权力分布的变化,它的平面化、网状的运作模式冲击了垂直的、等级化的社会管理体制,导致社会组织结构的平行变革。但是,短期内,新技术与对旧体制的冲撞会诱发更多的不稳定因素。而另一方面,社会对技术的不审慎利用也会带来社会的安全隐患。这时,这种技术就会变成社会风险的助力。由于社会信息系统的高度复杂化,个体在网络信息空间的传播行为和交往行为很难控制,很容易出现信息失控,如由网民的非制度性、非理性化参与行为而引发的网络谣言、网络暴力等现象,个体行为的偏

---

① 刘立刚,段豪杰:"共享传播:社会化媒体的权力与权利重构",《河北大学学报(哲学社会科学版)》2013年第2期。

离很可能蔓延开来,造成整个社会系统的风险。这种风险又会通过新信息技术平台的广泛传播而强化公众的风险认知,风险将被不断放大。

(2)个体化传播的碎片影响

"网络传媒的碎片化加剧了个体化的程度。在个体化社会中,社会对于个体来说已经是分崩离析、支离破碎、不易辨识、难以捉摸的。"[1]人们陷入自己所织的技术之网中不能自拔,通过支离破碎的信息符码来认知世界,思维随着与时俱进的关键词不断跳跃,碎片化的语言、碎片化的阅读、碎片化的思维,我们所能建构出来的也往往只能是一个支离破碎的世界。我们的人生经验不断被外在事件频繁地打断,散乱而缺乏焦点的时空感觉造成了破碎的存在感。整个人类个体之间的关系更多地变成一种偶然的、不经意的关系。非理性的、偶然的、荒谬的世界景象冲击着人们整体的理性思考和价值判断,冲击着人们的社会认同。我们只能寄望于并不那么可信的专家系统来为我们梳理对这个社会的整体认知。

此外,在网络上,自律、理性、固定不变的主体遭到解构,个体更多时候变成了宣泄孤独、无聊、恐惧、焦虑甚或愤懑的情绪型主体,他们表达自己破碎的存在状态,却缺乏理性的自我反思和社会反思,而自我整合和社会整合都是需要以理性反思为基础的。个体化传播造成了社会成员在心理上的无序感,这种无序感构成了风险文化的心理基础。"风险文化中的社会成员宁可要平等意义上的混乱和无序状态,也不要等级森严的定式和秩序。风险文化中的不确定的准社会成员可能是一盘散沙式的集合体,并且他们是不太关心自身的实际利益的,他们只是对美好的生活抱有幻

---

[1] 齐格蒙特·鲍曼:《个体化社会》,范祥涛译,上海三联书店2002年版,第181页。

想和期望。"①

风险社会中的个体化趋势对整个社会发展而言有弊亦有利，因为，个体可以是风险的制造者，也能成为风险的化解者，只是需要有好的制度来让他们发挥好的作用。

二、风险媒体化与风险传播的悖论

当代社会是一个高度媒介化的社会，当代社会中的风险传播是媒体化的传播。公众、媒体与风险形成相互之间的循环建构关系，有时很难分得清到底谁是因，谁是果。同时，这种错综复杂的关系也造成了风险传播的基本悖论。

1. 风险媒体化

媒体组织成为风险的内化机制，这就是风险媒体化。风险的媒体化主要包括媒体对风险的定义、对风险的揭示、对风险的传播、对风险的主体意识的塑造。在现代风险社会中，我们既会经常会因媒体没有预警风险而责怪媒体隐匿风险，又会经常因媒体过度预警风险而责怪媒体炒作风险，无论如何，如果风险演化成灾难性后果，媒体总是有错的那一个，因为，人们总是要依靠媒体来评估风险的，而风险也总是要依靠媒体来传播的。

首先让我们看一下贝克对"风险"的认识，这将有助于我们更好地理解风险的媒体化，更好地认识风险传播的机制，避免错误地纵容媒体对风险的扩散和扩大化行为：

（1）风险既不等于毁灭也不等于安全或信任，而是对现实的一种虚拟；（2）风险指充满危险的未来，与事实相对，成为影响当前

---

① 【英】斯科特·拉什："风险社会与风险文化"，王武龙译，《马克思主义与现实》2002年第4期，第52页。

行为的一个参数;(3)风险既是对事实也是对价值的陈述,它是二者在数字化道德中的结合;(4)风险可以看作是人为不确定因素中的控制与缺乏控制;(5)风险是在认识(再认识)中领会到的知识与无知;(6)风险具有全球性,因而它得以在全球与本土同时重组;(7)风险是指知识、潜在冲击和症状之间的差异;(8)一个人为的混合世界,失去自然与文化之间的两重性。①

由上文所引的贝克关于风险的描述可以看出,贝克认为,"风险就是知识中的风险",风险具有很强的知识依赖性,风险离不开人们的风险意识对风险的评估。随着人们所接受的知识信息的变化,风险可以被改变、被扩大、被转化,也可以被削弱、被隐匿以致被消弭于无形。"通过利用潜在的冲突和知识之间的缺口,事实可能会被隐藏、否认或歪曲,而流行的可能是相反的观点。"②也就是说,媒体作为风险知识与风险经验的建构者,风险的主要排解渠道是媒体传播,风险的主要传播渠道也是媒体传播。

另一方面,风险时代既是一个知识与信息获得高度积累与传播的时代,又是一个知识与信息表现出高度不确定性的时代。这种不确定性既源于知识与信息在数量上的庞大,又源于它们令人应接不暇的更新频率。人们不断用新的信息消除原有信息的不确定性,而新的信息又接着带来新的不确定性。一句话:风险传播的过程就是"知识不确定性"与"知识依赖性"的纠结过程。

2.风险传播的作用机制

在风险传播中,公众对风险传播的理解非常重要。一般而言,

---

① 【德】乌尔里希·贝克:"从工业社会到风险社会",《马克思主义与现实》2003年第3期。

② 【德】乌尔里奇·贝克:"'风险社会'再思考",《马克思主义与现实》2002年第4期,第47—51页。

理解受假定、文化期待、需要、情绪和态度影响。这些力量影响着人们对传媒消息的反应。在理解过程中,如果信息不充分,一种现实的刺激会在主体经验的基础上被归入特定的类别。所以,对于风险传播而言,风险信息的传播方式与对主体风险经验的培育同样重要。

(1)媒体的风险传播方式与风险事件对公众的心理影响。

对于社会风险的评估,大多数人依靠的是直觉判断,即根据自己以往的经验与对现实情况的了解综合而得出的感知。但对于当今世界上引人瞩目的事件,大多数人都没有对事件的直接经验,对那些超出经验范围的事件,我们只能凭借媒体提供的信息而在自己的脑子里重新建构事件。所以,媒体并非在简单地传递着关于什么是风险、什么不是风险的定义,媒体的传播行为本身同时就是一种构建行为,媒体对风险的解说已经构成了风险制造模式中的一个部分。媒体处理风险传播的方式将直接影响到风险是会被放大还是会得到更好的防范。例如,是及时公开风险事件还是秘而不宣?要在多大范围、多大程度、多高频率上进行报道才不致引起风险放大?此外,为使公众获得必要的风险知识,使自己报道的信息具有专业性,媒体有必要依赖专家,听取专家意见,成为专家向公众传递风险观点的传声筒。这时媒体、公众与专家还有专家背后的利益集团之间又会形成一种基于利益指向和信任程度的微妙的互动关系。毕竟现代高风险社会中的科技知识也是带有不确定性的,而专家也是有自己的利益视角的。

无论如何,要尽量避免媒体传播行为对风险的放大,我们至少需要注意以下几个方面:

第一,风险信息报道的强度。这种强度体现在报道的数量、报道显示的重要性上。不论信息本身准确与否,大量高强度的报道都容易聚焦公众的注意力,可能会无谓地激发公众对某些事件的危险想象而形成一定的恐慌心理。谎言重复一千遍也会起到真实的作用。此外,也可能如社会学家默顿的告诫:"有关社会风险的预言往往因为人们麻木的态度而成为自我实现的预言。"

第二,信息的可信度。媒体要扩大自身的影响就要提高公信力,提高公信力首先意味着让公众确信它所报道的信息的真实性,即提高信息的可信度。提高可信度的重要方法之一就是请专家或权威机构代言。很多媒体处理危机事件报道时,采取邀请多方专家学者就危机议题进行争论的方式来进行,这虽然有利于平衡报道角度,但也会强化公众对风险的疑虑和不确定感,同样会加深恐慌。

第三,信息的戏剧化呈现。为了吸引更多人的关注,媒体会采用戏剧化的手段进行报道,包括从总体现实中选择那些有戏剧性的事件来呈现,披露那些有戏剧性的细节来突出效果,造成特定的问题框架和视角对事件进行解读。这样做往往能起到煽情的效果,但并不利于公众对事件的全面、客观的把握,如果是风险事件,就势必会影响公众的风险感知和判断。然而媒体的戏剧化效果又似乎不可避免。

"通过演讲、口号、戏剧、电影、漫画、小说、雕塑或者绘画把公共事务广而告之的时候,要想让它们引起一个人的兴趣,首先就需要对原型进行抽象,然后使这些被抽象出来的东西产生刺激作用。对于那些不是亲眼所见的事情,我们不可能有太多的兴趣,也不可能受到太大的触动。我们每个人看到的公共事务都是那么不足挂齿,因而在某人经过艺术加工把它们变成电影之前,它们总是那么单调乏味。所以,抽象乃是一种补充,它迫使我们完全在自己的视角和偏见范围内去认识现实。我们既非无所不知,也非无所不能,我们不得不想、不得不说的东西大都是我们不得而见的。我们都是血肉之躯,并非以词语、名称和灰色的理论为生。我们都是那种根据抽象观念去作画、演剧、拍卡通片的艺术家。"①

(2)媒体对风险事件的报道与主体风险意识的养成。

公众主体的风险意识会受到很多环境因素和个体心理因素的影响。碎片化生存的公众对于社会总体的风险很难具有自己的行为判断能力,而那些专家和各种公共机构又经常给出一些自相矛盾的意见,公众就像无所适从的木偶。未知的东西总会给人带来更大的恐惧,于是生活总是笼罩在对可能发生的风险的想象之中,而风险想象显然更加剧了对风险的恐惧心理。当媒体将"碎片化"的风险知识密集地发布给公众时,公众的恐惧感和不信任感会同时上升,并沿着信息网络空间迅速扩散,造成大面积的心理恐慌,以致引发更大的社会危机。这里我们要注意风险由多重牵连性而导致的扩散性特征:"某一风险的爆发可能导致'多米诺骨牌效应'。这种牵连性主要表现在三个方面:同质牵连,是指与该风险具有相同和类似品质的人、事或者产品受到牵连;因果牵连,是指某一种风险导致相关风险的爆发;扩散牵连,是指由于风险造成的心理恐慌使得人们把风险人为扩大到那些根本不存在风险的领域。"②

所以,媒体传播应致力于培养主体适度的风险经验和风险意识。

在现代社会,只有公共领域才能充分培养主体的风险经验。而

---

① 【美】沃尔特·李普曼著:《公众舆论》,阎克文、江红译,上海人民出版社2002年版,第130—131页。
② 郭小平、秦志希:"风险传播的悖论论'风险社会'视域下的新闻报道",《江淮论坛》2006年第2期。

在现代信息化社会,只有借助媒体才能形成公共领域。这一公共领域为公众应对社会风险提供了主要条件,包括风险相关的科技知识的获取、专家与权威组织意见的获取、对专家的权威与可信度的获取、对风险信息的获取、危机意识的获取等等。媒体如果要正向发挥其风险传播的功能,则既要完成培育风险社会所需要的社会主体的任务,又要完成风险的适当告知、传达、解释与指导的组织功能,而这些功能又是以其监视环境、协调社会关系、传播知识等最基本的社会功能的履行为基础的。

三、风险传播中的媒体社会责任

当今时代,信息技术革命与资本主义的重新构建使得社会的不稳定性进一步加剧。一方面,来自社会各个领域的不确定性与个体对未知风险的恐惧与无力感,已经摧毁了传统的安全机制和安全信念,不仅自然灾害、传染病、恐怖主义、族群冲突等会造成严重的安全危害,道德失范、信任危机、高新技术、全球化等同样会演化为潜在的安全危害因素。在这个社会中,我们能罗列出数不清的不安全,却很难说出具体如何才是安全,因为根本不存在绝对的安全。另一方面,媒体的社会地位与社会角色更加重要,也更加复杂。媒体、公众、利益集团、政治组织、专家体系等各种社会力量相互纠结在一起,于是,媒体在个体层面、组织层面与社会层面的功能发挥也相互缠绕,时而相得益彰,时而剑拔弩张。在这种情况下,对于媒体,我们又应该、又能够赋予它何种社会使命呢?

1.个体安全、社会安全与媒体安全

(1)个体安全

从社会学的意义上说,安全意指一种"有保证或有保障状态",体现于特定的社会行为主体的生存与发展过程之中。社会安全包括社会结构和制度维度上的安全和主体的认知和感受维度上的安全。①其中,生存安全是个体安全的底线,发展安全是个体安全的更高要求。按照马斯洛的需要层次理论,安全需要是人的基本需要,人们需要一种"本体性的安全"来获得心灵上的支撑。个体不安全的根源在于外界存在的危险和风险。在高风险的社会,我们尤为渴望安全,包括个体生涯的安全(占有社会空间的稳定性),也包括个体心理上的安全(社会价值观念的恒常性所带来的安全感)。当个体普遍缺乏安全感和安全保障,社会也将面临严重的安全危机。

(2)社会安全

在风险社会中,各种风险不仅直接威胁到个体安全,而且威胁到社会的良性运行。从系统论的角度来说,社会系统的良性运转,首先要求构成社会系统的各要素之间保持一种平衡、稳定的状态,社会系统与它周围的环境也要保持一种平衡、稳定的状态。或者说,社会安全需要保持社会系统内、外的生态平衡。如在政府、企业、公众、社会环境、国际环境、外部生态环境等各种相关因素中,只要有任一种因素力量突然增强或突然衰弱,就会出现控制失衡,而偏离正常状态。新闻活动就会过分向另外的两个或一个因素倾料,从而极有可能处于偏离新闻本体的不正常状态。在风险社会,媒体的存在本身就成为各种力量制衡的砝码,如果这个砝码加错了位置,势必导致社会系统更大的失衡以致危机发生。

(3)媒体安全

媒体功能中极其重要的一项就是协助社会控制,维护社会秩

---

① 杨敏:"'个体安全'研究:回顾与展望——现代性的迷局与社会学理论的更新",《创新》2009 年第 11 期。

序,尤其在社会不稳定性因素较多的转型期。媒体控制、维护与协调功能的发挥将为社会在稳定中求得发展和进步保驾护航。这具体表现为媒体可以传达公众呼声,平衡公众心理,使整个社会的社会心理大体维持在一个安全阈限内;建立社会与传媒之间的良性互动关系,把各种不同作用力量的相互冲突以社会沟通协调的方式化解,推动整个社会按照社会最高价值目标规范各自的实践活动。总之,媒体安全是现代社会大众媒体的重要职能。我们可以通过以下危机事件的过程处理与媒体点评来进一步理解危机事件中各方力量的相互关系以及媒体在其中的作用发挥。

2. 媒体安全的层次与保障

按照我国学者杨丽萍等人的概括,媒体安全包括国家安全、公共安全和群体安全。"媒体安全需要大众传播能够将现实环境中的危机、危险客观、及时、全面地传播给受众。"在媒体的风险传播过程中,可能出现三种传播效果:"第一种,大众传媒在传播的过程中把现实的风险扩大了,于是造成了公众不必要的恐慌;第二种,大众传媒没有及时、客观、全面地把风险或潜在的风险传播给受众,使受众错过了规避风险的最佳时机,即传媒失语;第三种,媒体如实地反映了现实中的各种变化,将现实中的风险如实转换为媒介中所显示的风险,这就是媒体安全。"简单地说,就是媒体恐慌、媒体失语和媒体安全三种情况。①媒体安全研究从反面的意义上说也就是如何避免媒体恐慌和媒体失语的研究。

(1) 主要的媒体安全理论

虚拟安全论

传播研究学者李普曼(Walter Lippmann)最早探讨过安全与舆

---

①邵培仁等著:《媒介理论前瞻》,浙江大学出版社2012年版,第17页。

论的关系,他提出了"拟态环境"理论,指出:由于我们直接面对的现实环境太过庞杂而多变,受时间、精力与活动范围的制约,公众只能通过传播媒介去认知直接经验以外的事物。这在今天的全球化现实环境与网络化拟态环境的关系上可能表现得更为突出。公众越发依赖于传媒来获得自己对现实的感观,但"拟态环境"是传播媒介对信息进行选择与加工得到的现实社会的缩影,只是为公众提供了相对简化的认知框架,公众就此而形成的意见已不再是对客观现实的反应,而是对媒体所提供的拟态环境的反应,既不能保证理性,也不能保证客观。"人们酷爱推测,这一事实便足以证明,他们的虚拟环境,世界在他们内心形成的图像,是他们思想、感情和行为中的决定性因素。"[①]正因如此,媒体安全对公众安全越发重要。

灾难传播学

传播研究学者威廉·安德森(William Anderson)在1969年撰写的论文《灾难预警和两个社区的传播进程》中最早提出了媒体的灾难传播与安全的问题,强调指出了灾难预警以及媒体在预警信息传播中的重要性。进入21世纪,随着全球灾难与危机事件的频发,灾难传播和危机传播研究得到了更广泛的重视。传播学者们纷纷对现实灾难发生中媒体传播的经验教训进行分析与总结,在反思与批判中进一步思考媒体在这些公共灾难或危机事件中应该扮演的角色与能够履行的社会责任。这些研究对于媒体应对风险,提高风险传播的正面效应具有积极的现实意义。

[①]【美】沃尔特·李普曼著:《公众舆论》,阎克文、江红译,上海人民出版社2002年版,第21页。

媒体恐慌制造

美国著名传播学者大卫·阿什德(David L. Altheide)对媒体恐慌问题的研究把媒体安全研究推进到了一个新的高度。他主要研究了恐慌如何在公众生活中扩散与延展的问题,基本观点是大众媒体建构了恐慌。他试图揭示"恐慌是如何被社会化建构、包装,并通过大众传媒展现的,恐慌被政客们和决策者们用以保护我们的名义,从而对我们的生活和文化进行更多的控制"。"我的基本观点是,恐慌作为娱乐信息的一部分,是大众文化和新闻的产物,制造利润,并使政治决策者能够通过舆论控制受众。这个过程就可以被称为恐慌政治。"[1]显然,他认为制造恐慌是政客的一种媒体政治手段,也是媒体的一种谋取利润的手段,对媒体政治与媒体商业化行为进行了深刻的揭露与抨击。

(2)媒体安全的传播要求

媒体失语和媒体恐慌是威胁媒体安全的两个主要因素。而这两者不仅牵连着媒体内部运营管理的问题,而且牵涉到媒体外部的社会政治、经济、文化等多方面的因素,所以,媒体安全绝不是一种能够孤立存在的安全。那么,在错综复杂的内外环境交互之下,媒体如何才能发出更安全的信息声音呢?平衡报道应该是根本原则。

媒体的"平衡报道"原则是西方新闻界提出的基本报道原则之一。这一原则也被美国报业发行人协会作为评价"具有特殊成就的报纸"的一项标准。平衡报道意味着三个方面的要求:第一,报道中的不同意见与观点的平衡;第二,信息获取来源与途径的平

---

[1] 转引自邵培仁等著:《媒介理论前瞻》,浙江大学出版社2012年版,第29页。

衡;第三,平衡是一种技术尺度,也是一种道德尺度。此外,平衡报道的达成与所报道问题的性质有深刻联系,因为根据问题性质的不同,公众与政府各自对信息投入关注的态度也有很大的差异。

平衡报道的反面就是失衡报道。失衡就是在某些层面上过量报道而导致媒体的风险放大以致制造媒体恐慌,在某些层面上又报道不足或不加报道而陷入失语。过量、偏向、简单化是失衡报道的主要特征。这将导致公众严重的认知偏向,如果媒体因利益、竞争或政治压力的驱使而报道失衡并造成公众因此而陷入困境,公众与媒体之间因信任而达成的和谐关系就会遭到破坏,公众会对社会以及媒体产生强烈的不信任感,正常的社会舆论引导与社会管理会面临更高的难度挑战。

受众要么丧失对媒体的信任而自行寻求信息以求做出判断决策;要么不加以思考地偏听偏信;要么将信将疑无所适从。贝克把这种社会心态的"慌乱无措"归结为风险社会又一特征。在传媒不完整的风险叙事面前,他们焦躁、脆弱、恐惧、冲动,如惊弓之鸟,易于轻信和盲目行动。其最终结果不是有助于化解风险,而是扩大和再生产风险。最后发生从众性感染,助长普遍性的社会情绪,推动非理性集体行为的发生,导致行为失范。①

3.风险视角下的传播伦理构想

在风险社会,人们安全感的普遍丧失与人际间信任的崩溃成为伦理学研究的主要课题。而网络化的社会关系特征使得风险转化为传播和沟通的问题,对风险的认知、信念与伦理规范支配着风险的走向。这种情况把我们引向了一种广义的传播伦理思

---

①杜建华:"风险传播悖论与平衡报道追求——基于媒介生态视角的考察",《传媒观察》2012年第1期。

考——以风险为视角,以传播为框架,或者我们可以称之为风险传播伦理学。如贝克所言:"对风险的界定是伦理学,以及还有哲学、文化和政治在现代化中心——商业、自然科学和技术学科——内部的复活。"①据此,许多研究者提出了自己的构想。

(1)主要理论资源

贝克作为风险理论的奠基者曾经大力强调过责任伦理:"每一个个体、团体、政府、组织都应该为它们的所作所为承担相应的后果。有鉴于此,责任就更需要成为普遍性的伦理原则。因为,它已是人类这一生物种类得以生存繁衍的仅存'可能性条件'之一。在'责任原则'之下,没有人能够逃避彼此休戚与共的责任要求。"②他把对风险的忧患反省意识也视为一种风险伦理。当然,他并没有把自己的关注点从倡导"开放的政治"转移到建构风险伦理或传播伦理上。其后,在贝克等人所提供的风险社会理论的视角下,很多学者纷纷从不同的学科领域与不同的文化传统中寻找构建新的传播伦理的理论资源。比较具有代表性的是源自古希腊辩证法精神的对话伦理和源自中国古老传统的万物一体的和谐思想。

哈贝马斯、阿佩尔、巴赫金等人以交往和对话为核心,试图建构一套对话伦理体系。主要探讨了交往和对话的基本有效性条件。如:阿佩尔改变了责任的讨论方式,希望通过对集体责任的对话性组织来实现反思性的制度,把专家知识融入公共讨论、立法审议等公共领域和实践框架中。此外,麦克(Mike,2004)站在东方思维的传统上归纳了传播学研究的五大基本理念:"第一,传播是

---

① 【德】乌尔里希·贝克:《风险社会》,何博闻译,译林出版社2004年版,第28页。
② 薛晓源、刘国良:"全球风险世界:希·贝克教授访谈录",《马克思主义与现实》2005年第1期。

提醒我们宇宙万物都互相依存,互相联系的过程。第二,传播是让我们减少自私心理与自我中心主义的过程。第三,传播是我们对万物生灵的欢乐与痛苦加以体验的过程。第四,传播是我们与万物生灵进行受恩与回报的过程。第五,传播是我们将宇宙道德化、和谐化的过程。"①

(2)原则构想

我们所要建构的风险传播伦理学,首先是一种一般伦理学或者说是元伦理学,为各种应用伦理提供共同的精神价值。它主要思考的是一种交往与沟通的道德,一种人类需要共同遵循的交往原则,一种能实现沟通中的信任、理解和责任分担的交往伦理,"这是一种弹性、宽容并能够接纳异议的道德探询机制,以期打破传播(传媒)的技术风险或者传播权力的控制性力量";它是一种伦理话语,也是一种政治诉求,需要政治制度、法律规范等现实化的路径才能得以实现;它最终要建立的不是一个伦理体系,而是"朝向一种风险共存机制"的道德生活。"鉴于风险实际上的不可知、不可预测和不可能彻底消除,学会和看不见摸不着的风险共同生活是人们无法拒绝的命运,这样不仅仅是自我改变或者道德进步的问题,而且是如何让生活继续,能够生活下去,并值得去生活的问题。"②概而言之,风险传播伦理学主要研究交往。它需要政治法律制度的配套体系;它要求在全球体系的跨文化的交往实践中孕育出一种适于应对风险社会处境的道德生活和社会规范。

具体来说,风险传播伦理的建构,要求我们当下要做的主要有三点:第一,确立全球文化对话所要遵循的共同原则,比如平等、

---

① 转引自邱戈:"风险背景下的传播伦理研究",《浙江社会科学》2011年第7期。
② 同上。

宽容、有效。要通过广泛的参与来获得普遍的认同;第二,加强全球文化对话,进一步寻找和挖掘具有普适性的价值观念和伦理准则,"逐步就共有的、有约束力的价值观、不可取消的标准等达成共识"。如加拿大伦理学家查尔斯·泰勒(Charles Taylor)所说的三种"轴心式"道德:"尊重他人和对他人的义务、理解生命的意义和人的自我尊严。"第三,全球伦理的建构以尊重各种不同民族、不同群体的文化伦理观为前提,求同存异,"全球伦理作为人类普遍的伦理规范,是通过不同的民族伦理呈现出来——伦理的首要特征就是民族性"。①

第三节 转型中国的社会风险与新媒体作用的发挥

关于当代中国在社会转型过程中所面临的风险,贝克曾说过:"当代中国社会因巨大的社会变迁正步入风险社会,甚至将可能进入高风险社会。从西方社会发展的趋势来看,目前中国可能正处于泛城市化发展阶段,表现在城市容纳问题、不均衡发展和社会阶层分裂以及城乡对比度的持续增高,所有这些都集中表现在安全风险问题上。"②事实上,中国社会近几年来相关于自然灾害、生产事故、公共卫生、社会安全等方面的公共危机事件频发,正常的社会秩序和社会运行机制受到了很大冲击,这正是贝克所言的

---

①孙英春、孙春霞:"跨文化传播的伦理空间",《浙江学刊》2011年第4期。
②薛晓源、刘国良:"全球风险世界:希·贝克教授访谈录",《马克思主义与现实》2005年第1期。

"高风险"的表现(我们大体上可以把公共危机看作是社会风险动态演化的结果)。除去自然灾害之外,其他几种公共危机的高风险演化都同中国当前的社会转型密切相关。

一、转型中国的社会风险与社会责任工程

中国的社会转型是伴随着全球社会转型同步进行的。全球化风险与转型的风险交叠在一起,使得中国社会的风险指数更高。在这样一种高风险的社会现实下,中国公众的社会心理和文化意识正经受着在断裂中重建的痛苦,而中国媒体自身同样面临着从传统媒体向新媒体技术应用的转型。于是,转型社会中的转型媒体,面对转型社会中正处于心理转型的公众,中国媒体到底要以怎样的方式协助社会与公众安全度过这场转型的考验呢?传播新技术又能在哪些方面发挥什么样的影响呢?这是我们以下要探讨的问题。

1.转型中国的社会风险特征[①]

(1)社会转型的含义

所谓社会转型,是指社会结构和社会运行机制从一种形式向另一种形式转换的过程。转型社会则是指在这一转换过程中的一种特殊社会运行状态。[②]转型意味着断裂,以及断裂之后的重组与更新。

社会转型的整体过程一般都要包含物质层面、制度层面和社会心理与文化价值层面的转型。但社会意识经常会滞后于社会存

[①]彭彪:"传播新技术的社会风险及其治理",武汉大学博士学位论文2009年版,第18—21页。
[②]郑杭生:《中国社会转型中的社会问题》,中国人民大学出版社1996年版,第1页。

在,所以,社会心理与文化价值层面的转型是最缓慢的,也通常会因此而与另外两个层面的转型发生冲突,并产生大量社会问题,如特定社会历史时期的社会核心价值的失落、道德感的沦丧、社会心理失衡等等。

(2)转型中国的社会风险特征

20世纪80年代以来,中国社会由高度集中的计划经济体制向社会主义市场经济体制转轨,接着又由初级工业化向全面现代化转型。在中国的社会转型过程中,前现代、现代和后现代这些不同社会阶段的表现特征同时并存,相互激荡,使原本应该历时性出现的矛盾共时性地挤压到一起,长期积蓄之后,一旦找到爆发的突破口就很容易从风险演化为巨大的社会危机。从外部动力上说,全球化和信息化对中国社会的转型起到了加速推动的作用,这种加速推动造成了更大、更急剧的社会体制断裂与社会心理断裂。

对特定的某几代人而言,原有的束缚瞬间不在,原有的依靠也瞬间崩塌,我们还没有充分获得自由民主的意识与能力就被抛入了自由的漩涡;社会各部分机制还没来得及充分消化自身转型带来的角色意识混乱,就被迫面对外部的风险与挑战。前现代还没过去,现代还没完成,后现代又到来了。旧有的秩序已然打破,新的秩序还未建成,社会系统的动态平衡在这个时候最易被打乱。贫富分化、各种社会不平等在新旧体制的转换之间放大,这也是政府提出构建社会主义和谐社会目标的现实根源。当前我国社会的风险尤其表现为以下三种[①]:由各种社会资源加速流动而带来

---

① 韩盟:"转型期中国社会发展的风险问题研究",《延安大学学报(社会科学版)》2013年第8期。

社会流动性风险;多种不同触发类型的风险因素共存的共生性风险;同社会发展的快节奏相关的突发性的风险。这些风险在经济、政治、文化、社会和生态领域都有所体现,以结构性的风险和体制性的风险居多,并且很容易在各种因素的交互作用下衍化出更多的次生风险和衍生风险。

2. 传媒与社会责任工程

所谓工程,"既是一种包含决策、规划、施工、监管、验收等各个环节在内的技术活动,也是一种包含经济、管理、社会、生态等诸多非技术因素在内的复杂系统。"工程中渗透着伦理因素,这种伦理包括工程中所使用的技术手段的伦理问题,也包括工程中所体现与承担的社会责任的伦理问题。"其中,一以贯之的是技术、利益与责任问题,技术伦理、利益伦理和责任伦理构成工程伦理研究的三个基本维度。"①从广义上说,社会转型也是一项工程,一项同样寻求技术、利益与责任协调的巨大的社会系统工程。在这项工程中,媒体是工程的监护人,也是工程的参与者。

就一项工程而言,首先要确定工程的总体目标与实施要点。中国社会转型的总体目标就是顺利完成现代化,建构起一个社会主义的和谐社会。而这项工程的实施要点与必须解决的主要难题有两个:如何搭建稳定的社会结构;如何稳定地黏合碎片化的个体。

(1)不稳定的社会结构与媒体维稳功能的发挥

中国社会进入转型期之后,社会矛盾迅速凸显,社会发展结构失衡。"新旧制度之间、城乡之间、贫富之间、不同阶层不同观念之

---

① 朱海林:"技术伦理、利益伦理与责任伦理——工程伦理的三个基本维度",《科学技术哲学》2010年第6期。

间的矛盾冲突加剧"①。具体表现在：第一，经济上的片面发展造成人与自然的失衡、现代化程度的地区落差、各群体发展条件的不等。而这一时期政府的管理职能又开始弱化，很难协调这些矛盾关系；第二，社会分配的不合理使得社会结构失衡。利益主体分化，贫富差距扩大。"资源财富多、政治地位高的少数精英成为转型变革的受益者；而广大农民工、失业群体等在体制改革中成为利益受损者。"这一部分在分配关系中利益被损害的群体以及社会底层的公众就成为转型期的社会弱势群体。若弱势群体的合法权利长期得不到申诉和有效保护，就会由对社会的不满而变成社会不稳定的因子。

在这一背景下，由于政府在很多公共事务管理上的有意识放权或暂时缺位，加之社会化个体对公共事务参与程度的提高，公众对政府的信息依赖性转移到媒体身上，媒体在公共领域中的地位大幅提升。并开始从以政府喉舌为主的政治角色向服务受众为主的市场角色转换，双重角色同时起作用。而媒体通过新技术和新体制赋予了受众更多的表达权、知情权与批判监督权。并在新闻报道中更多地关注弱势群体，为弱势群体的发声提供了新渠道。当然，今天如何顺应时势要求，理顺政治喉舌与市场主体以及社会公器等多重角色的关系，把握均衡的尺度，促进社会和谐发展，仍然是媒体人和媒体研究者所要继续研讨的课题。

（2）碎片化的个体与媒体黏合作用的发挥

在中国社会转型过程中，"个体由传统社会中的未分化的整体碎片化为零散体"。个体的碎片化主要有三个表现：个体的社会疏

---

① 王力平：" 风险与安全——个体化社会的社会学想象"，《新疆社会科学》2013年第2期。

离,个体的自我疏离(主要体现为个体自我认同的破碎和个体自我协调机制的破碎),个体趋向片面化(它是个体的社会疏离和自我疏离的必然结果)[1]。碎片化的个体更易受到社会风险的伤害,而这种伤害又会引发更大的社会风险以致危机。另一方面,个体碎片化的程度同时也代表着社会凝聚力下降的程度,公众意见难以形成,公众行动也难以步调一致,这会直接导致整个社会防范与应对风险或危机事件的实际能力的弱化。此外,个体的碎片化既导致了风险的个体化,也导致了安全的个体化。并且安全的个体化呈现出社会资本化的不平等趋势。

在这种情况下,只有加强社会管理,提高社会公众的凝聚力才能更有效地防范个体风险与社会风险。对政府而言,要更多地出台有利于个体整合的更具包容性的社会决策。对媒体而言,要建构一个更具生命活力的公共领域,疏通各种社会信息交流渠道,引导公众通过自由、民主、开放式的讨论机制,形成理性的舆论,进而为政府提供合理的决策依据,为个体提供客观的行动参照。在这个过程中,媒体的合理作为将使得公共领域成为政府和公众规避风险的有力武器。这就要求媒体在风险事件或潜在风险事件面前,要把握自身的社会责任准则和专业报道原则,用自身的公信力来保障风险传播的正面效果,不能为了一己之私或一党之私而置广大的公众或者是弱势的公众的利益于不顾,因私害公。

总体上说,在高风险的转型中国,媒体既要从理念层面帮助公众树立风险意识与责任观念,又要从规范层面帮助政府加强预警体系与责任伦理的建设,促进个体与个体、个体与社会以及不同社会群体之间的有机整合。

---

[1] 张星、孙志丽:"个体风险的社会管理",《江海学刊》2011年第3期。

二、公共危机管理中的新媒体角色

我国幅员辽阔、人口众多的自然条件,加上社会从前现代到现代转型的社会状况,全球化转型的外部影响,信息化与高科技化的形塑力量,这一切相互作用决定了我国当前公共危机事件的频发。这些事件成为影响中国当前社会稳定的主要因素,所以,我们有必要探讨一下:媒体,尤其是新媒体,在这样的事件中到底如何才能协助政府提高公共危机处理的成效。

1. 公共危机与公共危机事件的媒体参与要求

(1)公共危机概念

1989 年,罗森塔尔出版了《危机应对:灾害、骚乱和恐怖主义的管理》(Coping with Crises:The Management of Disasters, Riots and Terrorism)一书,用"危机"(crisis)概念整合了此前关于灾害、骚乱、恐怖主义的离散研究,并指出不确定性(uncertainty)和时间压力(time pressure)是公共危机的根本特征。"危机是对一个社会系统的基本价值和行为准则架构产生的严重威胁,在这种情况下,时间压力和不确定性极高,必须对其做出关键决策。"[1]根据这个定义,危机事件主要表现出以下特征:突发性、紧迫性、潜在危险性、影响不确定性。[2]

公共危机的概念同风险的概念有所不同,但又密切相关。相较而言,风险的视角更为广阔,与现代性、全球化、网络化等总体文明发展的特征相契合。而危机不涉及对基本制度的反思与批判,更多以公共管理者的视角来看待风险,所以看到的更多是自身固

---

[1] 转引自童星、张海波:"群体性突发事件及其治理——社会风险与公共危机综合分析框架下的再考量",《学术界》2008 年第 2 期。

[2] 史安斌:"危机传播与新闻发布",南方日报出版社 2004 年版,第 1—2 页。

有价值体系受到冲击所产生的危机。风险社会理论中的风险概念是用以呈现现实风险的非计算性、非线性特征的新工具,从解释力上表现得会更强大一些。我们这里要谈的只是针对政府管理的公共危机问题,并按照我国学者童星、张海波的观点,把公共危机看作是一个从社会风险到公共危机的动态过程。①

(2)公共危机事件的媒体参与要求

中国政府的公共危机管理模式正从行政管理向公共管理转变,要求更多的社会组织和公众参与到公共管理体系之中发挥积极的作用。危机处理过程要求相关部门积极承担责任、与利益相关者进行真诚沟通、最大限度争取时间、迅速组织应急系统运行,并通过权威声音来平复公众的恐慌心态。而这一切显然都离不开媒体组织的积极配合和有力支持。尤其是当前新媒体在公众中得到了广泛普及,政府希望通过新媒体平台更及时、更广泛地传达政府的公共意志,以便让公众正确认识危机,更好地协调公众行动,形成有利于危机解决的社会氛围,从而转危为机。而公众也希望通过新媒体平台更迅速、更准确地获得其所需要的信息,做出更适当的行为决断,趋利避害。媒体作为公共危机事件的重要参与者,介于政府和公众之间,是政府与公众实现双向信息交流与互动的主渠道。在现时代,媒体作用的发挥是包括政府在内的所有公共管理主体能否有效地减震降压、防止危机、减轻危机损害和迅速平复危机的关键所在。

(3)正确的媒体传播策略

美国学者费姆·邦茨将公共危机传播定义为"在公共危机事件

---

①童星、张海波:"群体性突发事件及其治理——社会风险与公共危机综合分析框架下的再考量",《学术界》2008年第2期。

发生之前、之中以及之后,介于组织和其公众之间的传播"。①

要充分发挥媒体的危机管理作用首先要正确认识一般危机事件不同生命周期的特点及其对媒体功能的需要。按照史蒂文·芬克(Steven Fink)的阶段分析理论,危机的生命周期可以分为危机潜伏期、危机的爆发期、危机的蔓延期和危机的恢复期。

首先,在危机潜伏期,监测社会环境,对可能出现的危机进行预警是媒体的主要社会责任。媒体的监测和预警可以提醒公众提前采取适当的防护措施,可以帮助和督促政府提前做出危机应对准备,从而起到防患于未然和未雨绸缪的作用。这会大大降低危机治理的公共成本。

其次,在危机爆发和蔓延期,媒体的信息传递功能、沟通疏导功能和协调动员功能都需要充分发挥。危机爆发期,无论是对于政府而言还是对于公众而言,都是最艰难的时期。媒体传播在这一时期要抓住主要矛盾,客观全面地报道危机进展,聚集权威的声音科学地阐释危机,使公众得到对危机的正确认识,消除因未知造成的恐慌心理。同时,又要防止其他次要矛盾的转化和升级,保证信息沟通渠道的畅通和各方面信息传递的及时,维护整体社会秩序的相对稳定。

最后,在危机恢复期,媒体应该更好地发挥舆论引导功能和批判反思功能,传递信息的正能量。危机平复需要多方社会力量的参与,而媒体就是多方力量的引导者和动员者。媒体首先应该把公众舆论从对危机的传播引导到有利于危机解决的建设性讨论上来,提高政府决策的行动力,并消除危机在广大公众中产生的

---

① 梅琼林、连水兴:"公共危机中的信息传播'失衡'现象及其应对策略",《社会科学研究》2008年第5期,第114页。

负面效应,恢复政府形象,恢复社会秩序。此外,当危机事件完全平复后,媒体对整个事件的批判性反思也很重要,通过反思找到危机背后隐藏的问题,促进社会环境的深层净化。

2.中国新媒体的崛起与新媒体作用的两面性

(1)中国新媒体的崛起

2013年5月,新华社新媒体中心发布了《中国新兴媒体发展报告(2012-2013)》,摘要如下:

中国拥有世界上最大的新兴媒体市场。

根据中国互联网络信息中心(CNNIC)统计,截至2012年12月31日,中国互联网应用用户数量超过2亿的网络应用就有十几个之多。我国拥有4.67亿即时通信用户,4.51亿搜索引擎用户,4.35亿网络音乐用户,3.73亿博客用户,3.72亿网络视频用户,3.36亿网络游戏用户,3.09亿微博用户,2.75亿社交网络用户,2.51亿电子邮件用户,2.42亿网络购物用户,2.33亿网络文学用户,2.21亿网上银行用户,2.21亿网上支付用户,1.50亿网络论坛用户等。

顺应新兴媒体发展大势,基于宽带和移动网络与终端的新媒体应用发展很快。例如,在移动互联网的促推下,网络第一大应用——即时通信应用——持续快速增长,其中腾讯公司的微信推出仅2年就达到近3亿注册用户。此外,宽带的发展和三网融合极大地带动了网络音乐、网络视频、网络游戏等娱乐应用的增长。百花齐放的新兴媒体应用,不仅极大地满足了中国公民日益高涨的信息获取、游戏娱乐、交流沟通、购物消费等方面的需求,也进一步推动新兴媒体成为中国的社会化、信息化平台,并形成了极具中国特色的传播生态。

新兴媒体已经成为促进中国社会发展的强力引擎。

《报告》指出,2012年,日益呈现网络化、全球化、全民化、移动化、融合化、社会化发展的新兴媒体已经成为人类有史以来最强势的媒体,并深深"植入"中国政治、经济、文化和社会领域。

在政治领域,新兴媒体极大拓宽了党和政府与人民群众的联系渠道,网民表达、建议、批评、监督的方式日益多样,网络问政、微博反腐成为热点,党和政府也主动运用新兴媒体提高执政和服务社会的能力,积极开设微博、推行网络政务公开,新兴媒体深刻地改变着政党的执政方式和人民大众的参政议政形式。在经济领域,新兴媒体产业极为活跃,中国新媒体经济不断迈上新台阶。据工信部数据,2012年中国电子产品进出口总额达到11868亿美元。中国物联网产业市场初具规模,移动数据和互联网业务发展迅猛。网络广告在所有媒体广告中增长速度最高。预计"十二五"期间,中国互联网服务业收入年均增长将超过25%。在社会文化方面,新媒体带来了崭新的生活方式和文化平台,给人们的社会生活带来了方便,不断催生出新的网络文化。在新闻舆论传播领域,移动化的新兴媒体,在传播理念、传播方式、传播内容上具有崭新的特征,在发展规模、传播功能等方面后来居上,呈现出融合和超越传统媒体之势。

技术创新促使中国迈向世界新兴媒体强国。

《报告》指出,2012年,中国新兴媒体不仅在数量上表现出强劲的发展态势,在质量上也取得了突破性进展,尤其是技术自主创新能力的提升,为中国起步走向新兴媒体强国提供了动力保障。

2012年,中国具有自主知识产权的TD-LTE-Advanced通过国际电信联盟正式审议成为4G国际标准,中国已经站在了4G发展的前沿。随着北斗第16颗卫星成功发射,中国自行研制的全球卫星定位与通信系统将于2013年正式投入商用。北斗卫星导航系统将衍生出惊人的卫星定位产业,中国将彻底摆脱对美国GPS的依赖。以4G和卫星导航系统为代表的技术进展,体现了近年来我国在新一代信息技术领域的自主创新能力和标准主导能力的提高。2013年1月22日,科技部、银监会和浪潮集团在京联合宣布:中国第一台基于自主核心技术的关键应用主机产品浪潮天梭K1系统研制成功并正式上市。这标志着中国成为美、日之后第三个掌握该技术的国家,中国信息化建设自主可控战略完成了关键布局,打破了信息网络核心装备受制于人的局面。近年来,中国高度重视新一代信息技术领域的技术创新,已在千万亿次高效能计算机、高端容错计算机、网络计算平台软件技术、PB级海量存储系统与数据处理技术等方面积累了一批技术成果。

《报告》指出,从总体发展态势来看,2012年以来,中国新兴媒体发展开始呈现全面崛起之势,不仅表现在用户和基础设施的数量上快速增长,还在技术自主创新与标准制定方面有了质的飞跃,诸多新技术和应用走向实践,新兴媒体形态丰富多样、百花齐放,产业格局开放活跃、竞争有序,新兴媒体市场呈现勃勃生机,相关产业链已初步形成,新兴媒体的社会政治参与度和文化娱乐功能进一步提升。

中国新兴媒体企业正在走向世界。

《报告》说,2012年以来,随着新兴媒体的普及,尤其是移动互联网和智能手机的大众化,中国新兴媒体在产业格局方面不断拓展。首先,从互联网行业到通信业,从硬件业、软件业到信息服务业,从终端、通信设备到内容提供,整个行业布局日趋优化。其次,新兴媒体产业在向社会其他领域快速延伸,带动了很多其他行业的发展。例如,网络购物的迅猛增长促进了快递业的飞速发展。再次,新兴媒体产业准入门槛低,在大企业之外,许多中小企业蓬勃发展,中国企业竞争环境相对开放而活跃。

新兴媒体产业领域的中国民族品牌,如中国移动、华为等正加快全球布局。华为公司宣布2012年实现销售收入超过350亿美元,净利润24亿美元左右,同比均有超过10%的增长。中国新兴媒体在全球格局中开放而活跃,崛起态势明显。在国家发展战略的大力支持下,中国新兴媒体在技术和基础设施方面的自主研发与创新能力进一步提升,互联网和手机用户数量持续增长,云计算、大数据等新技术日益步入实践,微博、微信以及基于移动互联网的诸多新应用不断涌现,新媒体的产业格局和市场运营日益向纵深推进,新媒体产业经济规模不断壮大。在全球格局中,中国正在开拓具有中国特色、符合本国国情的新兴媒体发展道路。[1]

从以上报告我们可以看出中国新媒体技术之新和应用之兴。新兴媒体对中国社会的影响已经全面深入到各个领域、各个层次、各个角落。也正因如此,政府和主流媒体组织应该顺应这一发展势头,在新闻传播领域积极利用新兴媒体的新传播理念、新传播方式、新传播内容等方面的崭新特征,加强政府机构同媒体组织的合作,建设新媒体应用平台,提高公信力,延伸舆论引导能力。在这方面,央媒微博已经开了很好的先河:

2012年微博"国家队"异军突起,新华社、人民日报、中央电视

---

[1] 宋南:"新兴媒体成为推动中国社会成长的新力量",《新华每日电讯》2013-5-16,第007版。

台等央媒齐发力,在微博舆论场尝试主导"微话语权",有效打通两个舆论场。新华社开通的@新华视点、@新华社中国网事、@新华欧洲等账号形成了微博矩阵,以重大新闻的第一时效和焦点事件的权威评论为特点,积极引导舆论;人民日报法人微博账号@人民日报在北京暴雨等事件报道中不回避敏感话题,评论犀利,文风清新;@央视新闻、@中国之声等也都在微博舆论场中发挥了积极作用。央媒微博的崛起,改变了主流媒体应对网络热点迟钝和失语的状态,贴近性、灵敏度和说服力大大增强,赢得了公众的认同,延伸了舆论引导能力。①

3. 新媒体应对公共危机的两面性

技术是一柄双刃剑。新媒体技术这柄剑在公共危机管理中如果运用得当就会如虎添翼,破危机于无形,而如果运用不当就会雪上加霜,让危机更加势不可当。

(1) 新媒体与传统主流媒体的信息竞争带来的两面性影响

各种社会化与个体化同步的新媒体通讯工具的普及,实际上使得每个新媒体使用者都变成了媒介本身,并构成了全时空的瞬时信息发布链条,这在突发事件报道方面给传统意义上的主流媒体造成了巨大压力。而政府更多地仍然依靠主流媒体作为风险信息上传下达的主渠道,新媒体势必与传统的主流媒体形成信息竞争,这虽然便于公众得到更广泛的信息来源,但也对传统主流媒体的公信力造成冲击,可能最终导致公众对所有媒体内容可信度的质疑。由于信息的真实性难以保障,公众的信息选择与判断的负担就会增加,而信息选择与判断的过程延误会直接降低危机管

---

① 摘自新华社新闻研究所. 中国新兴媒体发展报告(2012—2013)[M]. 网络媒体,2013(8),何慧媛摘编。

理的时间效率。

(2)新媒体的受众分化效果和传受一体效果带来的两面性影响

在公共危机事件中,受众对于危机信息的诉求具有高度复杂性。由于利益相关的程度与在危机中扮演的角色不同,需求的信息和希求的舆论导向也会有所不同甚至有所冲突。新媒体点对点的传播方式能比传统媒体更有效地满足不同类型受众的信息要求。但是,个别媒体或媒体使用者可能会为了提升其影响力或获取自身利益,而把舆论引向不利于整体危机解决的方向上去。比如,有些媒体可能会为了抢夺第一时间报道的先机而报道一些未经严格甄别的不准确信息,误导公众,也有些媒体出于商业利益或其他压力,以知情不报或转换报道角度故意失衡报道的方式,刻意隐瞒危机或转嫁危机,从而成为不同受众之间进行利益博弈的武器。此外,新媒体的传播者和受众再也没有明确的区分,人人都是记者,人人都是编辑,人人都是发言人,这使得媒体总体的专业品质和职业道德都有下降的趋势。新媒体在信息传播中的随意性、匿名性根本上不利于其社会责任的承担,而在危机报道中如果媒体不以社会责任为最高标尺,最终就会严重损害以弱势群体为代表的公众的利益,也可能会导致危机进一步扩大。

(3)新媒体对公众社会认知影响的两面性

新媒体在中国的崛起和广泛应用,正从观念和技术层面重新塑造中国公众的新身份和新品质。传统社会未充分分化的个体性得到了充分的社会分化,同时,"网民"身份的普及使得社会个体的认知和行为模式越发多样化,这既带来了社会发展的新契机,也带来了社会发展的新风险。

新媒体造就了一个新的公共空间,或者说是一个虚拟的公共领域。一方面,它为公众提供了一个不用再依赖社会精英而进行自由讨论的空间,它的开放性使得社会个体得到了平等对话的权利,有利于培养公民的民主精神和理性思考精神,改变了传统公众话语的内容和意义,并重新塑造着社会的文化精神和价值观念。这些都有利于社会产生进步性的变革。但另一方面,这种公共空间也很容易成为个体喧嚣非理性情感和欲望的场所,并容易以这种"情感"主导的方式聚集起一部分在现实中遭受共同压力的人群,发展为网络极化群体,非理性的情绪被不断强化,就可能引发网络公共危机。

三、公共危机的网络治理

1. 加强对网络的日常宏观治理

当前我国的网络新媒体之所以在应对公共危机时表现出不稳定的两面性,究其原因,主要是网络媒体的公共性建构不足。这表现在网络参与主体表现出更多的非理性化和泛娱乐化倾向,社会责任意识淡薄;网络参与主体比较分散而且网络空间秩序混乱。这使得互联网这一原本充满希望的"民主之翼"偏离了促进主体发展的方向。要把它引导回正确的方向,我们至少要在以下几个方向上努力:

(1) 培养网络意见领袖

为引导网络公共空间真正成为公共理性运思的空间,应培养主流媒体及具有专家资质的媒体人担当起"意见领袖"的角色,当公共危机事件发生时,为公众提供更信赖的消息源和更科学、更理性的舆论指导。"意见领袖"存在将在相当长的一段时间内影响受众的思维和判断,这也是媒体传播的深层次效果。"意见领袖"作为网络社会具有社会公信力的信源,能更集中更有力地传播公共意志,也能从更深远的意义上启发民智,促进网络空间主流价值观的形成,并引导公众进入理性思考的正轨。

(2)加强网络法律规范建设

加强网络法律规范建设的提法已是老生常谈,但却不得不谈。因为网络新事物变化的速度总是超前于社会法规的建设,总是有一些生存在制度夹缝中的不良现象存在。尤其是对于网络空间而言,人们的自律的确是更重要的。但在网络主体的道德意识和自律意识远未达到杜绝社会丑恶现象大量出现的要求时,就必须先加强制度建设,以他律的手段强迫达到自律的效果。政府相关管理部门必须在互联网的监督管理和法制规范方面发挥主导作用,也只有这样才能更好地保障国家安全和社会稳定。同时有效地利用传媒技术来实现公共领域的重要制度保障,减少社会治理成本。

(3)加强公民网络素质教育

中国社会民众从群众到公众的角色转换速度太快,以至于公众主体的公民素质参差不齐。分散化的个体意志虽然也有对民主和理性的强烈诉求,他们的声音却常常因为社会内在矛盾的张力而被湮没。网络新媒体的普及扩大了人们的话语权,但很多人却并不知道如何善用这种权利,不仅不能更好地维护自己的权益,促进自己的发展,还经常沦为他人实现利益的工具。所以,加强公民的网络素质教育是从根本上改善网络公共环境的基本要求。这包括知识技术层面上的教育、道德规范层面上的教育、法制层面上的教育、自由与民主精神价值的启蒙。

2.加强危机传播过程中对网络的微观整合

(1)整合网络信息资源

在网络化环境下,危机信息的来源众多,这就要求政府管理部门和主流媒体建立多渠道的信息收集机制,迅速进行信息处理,将多个渠道收集来的信息及时进行整合,"以便对事件进行综合分析,做出正确的危机应对策略和信息发布方案,并在政府有效引导和控制下,保持信息发布的统一口径,最终在恰当的时机、恰当的地点,以恰当的形式向公众传播恰当的信息——统一而强有力的声音,达到信息传播的最佳效果——满足公众知情权,减少谣言传播空间和危机损害,提高政府部门的预警预测能力、危机决策能力等"。这样就能避免各个不同的公共组织部门之间发布互相矛盾的信息,从而提高公众对信息的信度。同时,为最大限度降低危机损害的可能,还要加强整合危机的预测预警资源。增加各种公共设施的危机警报功能,确保向公众及时发布各类危机警报。

(2)整合传统媒体和新媒体的功能

应该说,就公共危机传播而言,传统媒体和新媒体各有优势,我们应该依托现代媒体技术,加强各种媒体组织和媒体工具的合作,整合传统媒体和新兴媒体的特色与优势,建立一个全媒体的传播平台,"实现多层次、宽频率、全方位的立体式传播",使危机信息传播更加及时、全面、透明,加快事件的处置进程。

此外,整合传统媒体和新媒体的功能,更有利于满足不同受众的信息需求,保持社会平衡,但要注意整合是有核心的整合,在主流价值观凝聚力之下的整合,以维护和保障公众利益为整合的最高目标。在这个过程中,媒体表达自身的关注点的同时,注意既要传达"公共组织想说的",又要反映"群众关心的"。要高度重视危机核心利益相关者的利益,积极引导边缘的利益相关者协助危机解决,并要安抚和照顾好弱势利益相关者的利益。[1]

---

[1] 张娟:"论公共危机的网络治理模式",《云梦学刊》2013 年第 3 期;沙勇忠、刘红芹:"公共危机的利益相关者分析模型",《科学·经济·社会》2009 年第 1 期。

3.案例分析

酒鬼酒塑化剂风波

案例主角：

酒鬼酒股份有限公司前身为始建于1956年的吉首酒厂,1997年7月上市,公司股票上市地为深圳证券交易所。酒鬼酒为"中国驰名商标",公司曾先后荣获"全国酒文化优秀企业"、全国"五一劳动奖状"、"全国轻工业系统先进集体"、"全国先进集体"等荣誉。

案例回放：

2012年11月19日,21世纪网刊登了名为《致命危机:酒鬼酒塑化剂超标260%》的文章,酒鬼酒随即陷入塑化剂风波。

案例点评：

承担责任原则（SHOULDER THE MATTER）

从11月19日危机爆发起,酒鬼酒始终没有正视问题,一开始质疑媒体送检的酒存在问题,还质疑作出检测的上海天祥质量技术服务有限公司是一家商业检测机构,其检测标准、检测手段不具权威性。然而,质检总局质检结果出来后又拿国家没有强制性标准作为挡箭牌,步步推卸责任,忽略了公众对健康的诉求,导致危机逐渐蔓延,违背了承担责任原则。

项目分数:40分 评分:0分

真诚沟通原则（SINCERITY）

整个事件中,酒鬼酒没有与各部门、消费者、网民、经销商等进行有效沟通,缺乏沟通的诚意,对公众最关心的健康问题也是在后期才做出回应。导致媒体的报道逐渐走向深入,各种流言蜚语也开始在网上流传,网民关注度持续升温,最终危机变得不可控。

项目分数:20分 评分:0分

速度第一原则(SPEED)

面对危机,首先站出来澄清事件的不是酒鬼酒公司,而是中国酒业协会等相关部门纷纷发声之后,酒鬼酒方面才做出回应。处处表现得"病急乱投医",严重违背速度第一原则。

项目分数:20分评分:0分

系统运行原则(SYSTEM)

从酒鬼酒应对危机的方式方法来看,酒鬼酒的危机处理总是随着新的危机产生才"出招",公司的高管总是迟迟不露面,总是等真相大白之后才肯认错。这些显然违背了危机处理的系统运行原则,由于没有对危机的发生、蔓延、高潮、消亡进行系统的分析,缺乏对危机进行系统的应对,"碎片式"的危机处理方式也导致庞大的舆论声讨和网民质疑。

项目分数:10分评分:0分

权威证实原则(STANDARD)

危机发生一开始,酒鬼酒公司就显示出危机公关的失败。行业机构和专家的证言不仅未能消除公众的顾虑,相反各种自相矛盾的论点和论据,反而导致媒体更强烈的质疑。可以说,权威证实原则的运用失败直接导致事件的扩散,并进而引发整个白酒行业旷日持久的危机。

项目分数:10分评分:0分

案例评分:总分100分,实际总评分0分 228

风险社会的消费者,不但需要大量的信息,也需要大量的知识来保障自身权益。同样,风险社会的经营者,不但需要运用媒体来塑造自身的形象,也需要通过媒体来诠释自身的责任。

媒体在风险与危机传播的过程中为公众界定了什么是风险,什么是危机,所以,媒体一定要为这种界定负责。媒体的职责应该是为风险社会更好地打造一个理性的基础。媒体除了要提高危机信息的传播效果、传播效率，还要注意实现危机传播的说服教育功能，实现传播价值最大化。此外，媒体既要注重客观的品质，又要体现人文化的关怀，让被风险和危机包围的人们感觉到的不只是冷漠的现实，还有现实中的人性光辉。

在现代社会，传播活动同时存在于技术空间、商业空间与社会文化空间。大多数活动都难以完全脱离商业空间，传播的商业价值并未同其人文和民主价值保持平衡。大多数活动都倾向于与它们的最终目的保持一定距离，成为工具性、手段性的活动。责任已不再仅仅是个人的德行问题，而是他作为社会存在的一个基本特质。

参考文献

[1]马克思恩格斯论新闻[M].新华出版社,1985

[2]马克思.资本论(第1卷)[M].人民出版社,1975

[3]【美】韦尔伯·斯拉姆等.报刊的四种理论[M].中国人民大学新闻系译.新华出版社,1980

[4]利昂·纳尔逊·弗林特.报纸的良知[M].萧严译.北京:中国人民大学出版社,2005

[5]【美】J.赫伯特·阿特休尔.权力的媒介[M].黄煜,裘志康译.北京:华夏出版社,1989

[6]戴维·申克.信息烟尘[M].黄锫坚译.江西教育出版社,2002

[7]奈斯比特.大趋势——改变我们生活的十个新趋向[M].孙道章等译.新华出版社,1984

[8]马歇尔·麦克卢汉.理解媒介——论人的延伸[M].何道宽译.商务印书馆,2000

[9]【美】曼纽尔·卡斯特.网络社会的崛起[M].夏铸九等译.社会科学文献出版社,2006

[10]莱斯莉·塞文.被贿赂的心灵[M].转引自乔尔·鲁蒂诺,安东尼·格雷博什.媒体与信息伦理学[M].霍政欣等译.北京大

学出版社,2009

[11]波德里亚.消费社会[M].刘成富,全志刚译.南京大学出版社,2000

[12]【德】乌尔里希·贝克.风险社会[M].何博闻译.南京:译林出版社,2004

[13]【德】哈贝马斯.公共领域的结构转型[M].曹卫东等译.上海:学林出版社,1999

[14]乌尔里希·贝克.世界风险社会[M].吴英姿译.南京大学出版社,2004

a)James Boyle,Shamans,Software, and Spleens(1996).Laws and the construction of the information society.Cambridge, MA: Harvard university press, pp.ix-ff.

[15]【美】阿尔温·托夫勒.第三次浪潮[M].朱志焱等译.北京:新华出版社,1996

[16]【英】安东尼·吉登斯.现代性的后果[M].田禾译.南京:译林出版社,2000

[17] 安东尼·吉登斯.现代性与自我认同 [M].三联书店,1998

[18]新闻自由委员会.一个自由而负责的新闻界[M].展江译.北京:中国人民大学出版社,2004

[19]【美】赫伯特·阿特休尔.从弥尔顿到麦克卢汉[M].纽约霍普金斯大学出版社,1990

[20]【美】韦尔伯·斯拉姆等.报刊的四种理论[M].中国人民大学新闻系译.新华出版社,1980

[21]威尔伯·施拉姆,威廉·波特.传播学概论[M].李启,周立方译.新华出版社,1984

[22]威尔伯·施拉姆.大众传播媒介与社会发展[M].金燕宁等译.华夏出版社,1990

[23]【加】哈罗德·英尼斯.帝国与传播[M].何道宽译.中国人民大学出版社,2003

[24]【英】詹姆斯·库兰著.大众媒介与社会[M].杨击译.北京:华夏出版社,2006

[25]【英】杰弗里·巴勒克拉夫主编.泰晤士世界历史地图集.北京:三联书店,1982

[26]【法】埃米尔.涂尔干.社会分工论[M].渠东译.北京:三联书店,2000

[27]【美】戴安娜·克兰.文化生产:媒体与都市艺术[M].赵国新译.译林出版社,2001

[28]【美】阿诺德·S.戴比尔,约翰·梅里尔编.全球新闻事业:重大议题与传媒体制[M].郭之恩译.华夏出版社,2010

[29]【英】芭芭拉·亚当,【德】乌尔里希·贝克,【英】约斯特·房龙.风险社会及其超越:社会理论的关键议题[M].赵延东,马缨等译.北京:北京出版社,2005

[30]【德】乌尔里希·贝克.风险社会[M].何博闻译,南京:译林出版社,2004

[31]安东尼·吉登斯.现代性——吉登斯访谈[M].尹宏毅译.新华出版社,2000

[32]齐格蒙特·鲍曼.个体化社会[M].范祥涛译,上海:上海三联书店,2002

[33]【美】沃尔特·李普曼著.公众舆论[M].阎克文,江红译,世纪出版集团 上海人民出版社,2002

[34]赫尔嘉·诺沃特尼.时间:现代与后现代经验[M].金梦

兰,张网成译.北京师范大学出版社,2011

[35]凯斯·桑斯坦.网络共和国——网络社会中的民主问题[M].上海:上海人民出版社,2003

[36]刘易斯·芒福德.技术与文明[M].陈允明等译.中国建筑工业出版社,2009

[37]古斯塔夫·勒庞.乌合之众——大众心理研究[M].冯克利译.中央编译出版社,2011

[38]【美】丹尼·埃利奥特编.负责的新闻业[M].台湾贤明出版社,1986

[39]【美】迈克尔·埃默里.美国新闻史[M].展江译.新华出版社,2001

[40]【美】罗伯特·W.麦克切斯尼.富媒体穷民主[M].谢岳译.新华出版社,2004

[41]弗里曼.战略管理——利益相关者方法[M].王彦华,梁豪译,上海:上海译文出版社,2006

[42]全球治理委员会.我们的全球伙伴关系[M].牛津大学出版社,1995

[43]西蒙娜·薇依.扎根:人类责任宣言[M].徐卫翔译,北京:生活·读书·新知三联书店,2003

[44]【美】克利福·G.克里斯蒂安等著.媒体伦理学[M].北京:华夏出版社,2000

[45]【英】马修·基兰编.媒体伦理[M].张培伦,郑佳瑜译,南京大学出版社,2009

[46]【德】尤尔根·哈贝马斯著.后民族结构[M].曹卫东译.上海:上海人民出版社,2002

[47]伯曼.一切坚固的东西都烟消云散了[M].徐大建等译.

商务印书馆,2004

[48]本雅明.发达资本主义时代的抒情诗人[M].张旭东译,北京:三联书店,1989

[49]【美】W.李普曼.公众舆论[M].阎克文,江红译,上海:上海人民出版社,2002

[50]【英】汤普森.意识形态与现代文化[M].高铦等译,南京:译林出版社,2005

[51]C.赖特·米尔斯.社会学的想象力[M].北京:三联书店,2001

[52]【德】汉斯·约纳斯.技术、医学与伦理学——责任伦理的实践[M].张荣译.上海世纪出版股份有限公司译文出版社,2008

[53]齐格蒙特·鲍曼.个体化社会[M].范祥涛译,上海:上海三联书店,2002:181

[54]【英】斯科特·拉什.风险社会与风险文化[J].王武龙编译.马克思主义与现实,2002(4)

[55]【德】乌尔里希·贝克.从工业社会到风险社会[J].马克思主义与现实,2003(3)

[56]【德】乌尔里奇·贝克."风险社会"再思考[J].马克思主义与现实,2002(4)

[57]【英】斯科特·拉什.风险社会与风险文化[J].王武龙编译.马克思主义与现实,2002(4)

[58]徐宝璜.徐宝璜新闻学论集[C].北京大学出版社,2008

[59]郑保卫.中国共产党新闻思想[M].福州:福建人民出版社,2004:288

[60]转引自于淼.社会转型期新闻媒体角色的分化与整合[J].新闻大学,2011(3)

[61]李瞻.新闻学[M].中国台北:三民书局,1973

[62]郎劲松,初广志编著.传媒伦理学导论[M].浙江大学出版社,2007

[63]邵培仁等著.媒介理论前瞻[M].浙江大学出版社,2012:48-59

[64]邵培仁等著.媒介理论前瞻[M].浙江大学出版社,2012

[65]周毅.传播文化的革命[M].杭州:浙江人民出版社,2001

[66]陈力丹.舆论学——舆论导向研究[M].北京:中国广播电视出版社,1999

[67]马杰伟,陈韬文.媒体现代:传播学与社会学的对话[M].上海:复旦大学出版社,2011

[68]史安斌.危机传播与新闻发布[M].广州:南方日报出版社,2004

[69]郎劲松,初广志编著.传媒伦理学导论[M].浙江大学出版社,2007

[70]赵汀阳.坏世界研究:作为第一哲学的政治哲学[M].中国人民大学出版社,2009

[71]王岳川主编.媒介哲学[M].河南大学出版社,2004

[72]张隆栋.大众传播学总论[M].中国人民大学出版社,1998

[73]郭可.国际传播学导论[M].上海:复旦大学出版社,2004

[74]郑杭生.社会学概论新修[M].北京:中国人民大学出版社,2003

[75]周晓红主编.现代西方社会心理学流派[M].南京大学出版社,1990

[76]杜维明,卢风著.现代性与物欲的释放——杜维明先生访谈录[M].中国人民大学出版社,2009

[77]杨瑞龙,周业安.企业的利益相关者理论及其应用[M].经济科学出版社,2000

[78]汪晖.死火重温[M].人民文学出版社,2000

[79]黄建新.传媒:自由与责任[M].上海交通大学出版社,2010

[80]陈汝东.传播伦理学[M].北京大学出版社,2006

[81]甘绍平.应用伦理学前沿问题研究[M].南昌:江西人民出版社,2002

[82]郑杭生.中国社会转型中的社会问题[M].北京:中国人民大学出版社,1996

[83]罗以澄,詹绪武.新闻传媒在构建和谐社会中的基本责任[R].中国媒体发展专题研究报告,2005

[84]中国互联网络信息中心(CNNIC).中国互联网实验《中国新媒体发展研究报告》[R].2011、2012、2013

[85]第33次中国互联网络发展状况统计报告 http://news.xinhuanet.com /tech/2012-01/17

[86]新华社新闻研究所.中国新兴媒体发展报告(2012-2013)

[87]《中国新闻出版产业分析报告》[EB/OL]. http://wenku.baidu.com/view/cfe60e255901020207409c29.html,012-07-23/2013-2-28

[88]中国社会科学院经济学部企业社会责任研究中心编著.企业社会责任蓝皮书(2011)[R].社会科学文献出版社,2011

[89]Hans Jonas .The Imperative of Responsibility: In Search of an Ethics for the Technological Age [M]. Chicago: University of Chicago Press,1984

[90]Ulrich Beck. Risk Society [M].SAGE Publication,1992

文章：

[1]李晶.浅析传媒社会责任的理想与现实[J].新闻传播，2012（3）

[2]吉卫华,杜丽婷.从微博看自媒体时代信息把关的变化[J].东南传播,2010（12）

[3]詹新惠,刘耕.微博中媒体与媒体人的责任[J].青年记者,2011（3）下。

[4]罗鑫.什么是全媒体.http://news.163.com/10/0322/15/62CVG07V000146BC.html.

[5]陆地.浅论新媒体发展的新趋势[J].中国广播,2011（12）

[6]参见胡潇.媒介研究的认识论呼唤[J].哲学动态,2011（12）

[7]石义彬,熊慧.媒介仪式,空间与文化认同:符号权力的批判型关照与诠释[J].湖北社会科学,2008（2）

[8]王卫军.从媒体理论的变迁分析教育媒体的发展[J].现代教育技术,2012（3）

[9]陈慧颖.全球化进程中的传媒角色分析[J].理论界,2007（9）

[10]刘晶.媒介伦理研究的源流、理论与视角[J].广角镜，2013（4）

[11]周治伟.公信力的概念辨析[J].攀登,2007（1）

[12]江波.媒体社会责任的体现及约束[J].新闻导刊,2006（3）

[13]陈心安.媒体公信力的要素构成[J].新闻前哨,2004（5）

[14]温艳华.媒体公信力缺失成因探析[J].辽宁工业大学学报（社会科学版）,2012（6）

[15]严晓青.媒介社会责任研究:现状、困境与展望[J].当代

传播,2010(2)

[16]黄彩,夏虹.国内外企业社会责任研究回顾[J].东华理工大学学报(社会科学版),2012(9)

[17]陈伟昌.企业社会责任相关国际标准的影响[J].行政与法,2011(6)

[18]王笑笑,高峰.企业社会责任观的演进与发展[J].唐山职业技术学院学报,2009(2)

[19]周勇.论责任、企业责任与企业社会责任[J].武汉科技大学学报(社会科学版),2003(12)

[20]卢勇.ISO26000——开创社会责任新纪元[J].现代商业,2011(2)

[21]殷格非.ISO26000:全球社会责任发展的新时代[J].WTO经济导刊,2010(10)

[22]李伟阳.ISO26000所回答的五大问题[J].经济导刊,2010(12)

[23]陈昕.企业社会责任表现的结构维度层次及其差异[J].暨南学报(哲学社会科学版),2013(2)

[24]刘建花.我国企业社会责任的缺失与推进路径研究[J].济南大学学报(社会科学版),2013(1)

[25]詹略.责任进化:底线的挑战[J].中国新闻周刊,2013-2-4

[26]张宏莹.浅析西方媒介问责机制[J].新闻界,2012(12)

[27]阚京华.社会责任及社会责任标准发展趋势[J].国际商务财会,2011(6)

[28]郭金鸿.面向ISO26000标准的企业社会责任建设[A].第19次中韩伦理学国际学术研讨会暨第五次全国经济伦理学学

术研讨会论文集[C],2011

[29]王身余.从"影响"、"参与"到"共同治理"——利益相关者理论发展的历史跨越及其启示[J].湘潭大学学报,2008(11)

[30]朱卫东,杨春清.利益相关者理论及其最新研究进展[J].中国会计学会高等工科院校分会第十八届学术年会（2011）论文集,2011

[31]任海云.利益相关者理论研究现状综述[J].商业研究,2007(2)

[32]王勉,谭金琼.共生视角的企业社会责任内涵与共享价值创造途径[J].重庆交通大学学报(社科版),2013(2)

[33]刘利,干胜道.利益相关者理论在我国的研究进展[J].云南财经大学学报,2009(2)

[34]张卓林.基于利益相关者理论的合作治理机制探析——以太湖水污染防治政策为例[D].青岛大学硕士学位论文,2012

[35]张康之.走向合作治理的历史进程[J].湖南社会科学,2006(4)

[36]梁建增.略论新闻媒体的社会责任[J].新闻战线,2007(11)

[37]李德智,梁艳.对公司社会责任几个问题的理解[J].科学发展与社会责任（B卷）——第五届沈阳科学学术年会文集,2008-10-13

[38]刘立刚,段豪杰.共享传播:社会化媒体的权力与权利重构[J].河北大学学报(哲学社会科学版),2013(2)

[39]詹新惠,刘耕.微博中媒体与媒体人的责任[J].青年记者,2011(3)下

[40]逯改.传媒社会责任的伦理审视[J].兰州学刊,2007(9)

[41]王传宝,刘鹏越.媒体责任的泛化及矫正[J].青年记者,

2012(8)上

[42]王亮.媒体应该对谁负责——媒体利益相关者的界定和分类研究[J].新闻调查,2012(12)

[43]谭诚训.主流文化的传播规范及价值层次——兼论我国媒体应该向全世界推广和谐价值观[J].河北大学学报,2006(4)

[44]黄朝峰,石周燕.主导价值观、主流价值观和核心价值观的辨析与融合[J].重庆社会主义学院学报,2013(3)

[45]廖申白.《正义论》对古典自由主义的修正[J].中国社会科学,2003(5)

[46]陈家刚.当代西方协商民主理论[N].学习时报,2004-01-05

[47]林建宗.网络媒体社会责任推进机制研究[J].科学决策,2010(12)

[48]赵璐,韦路.从道德监督报道看媒体社会责任缺失[J].青年记者,2011(11)下

[49]冯希莹.公众舆论:理性与非理性的集合——解读卢梭与李普曼的公众舆论思想.中国社会学会2010年年会——"社会稳定与社会管理机制研究"论坛论文集,2010

[50]蔡骐.论媒介认知能力的建构与发展[J].国际新闻界,2001(5)

[51]韩盟.转型期中国社会发展的风险问题研究[J].延安大学学报(社会科学版),2013(8)

[52]朱海林.技术伦理、利益伦理与责任伦理——工程伦理的三个基本维度[J].科学技术哲学,2010(6)

[53]王力平.风险与安全——个体化社会的社会学想象[J].新疆社会科学,2013(2)

[54]张星,孙志丽.个体风险的社会管理[J].江海学刊,2011(3)

[55]童星,张海波.群体性突发事件及其治理——社会风险与公共危机综合分析框架下的再考量[J].学术界,2008(2)

[56]梅琼林,连水兴.公共危机中的信息传播"失衡"现象及其应对策略[J].社会科学研究,2008

[57]潘斌.风险社会与责任伦理[J].伦理学研究,2006(5)

[58]文军.个体化社会的来临与包容性社会政策的建构[J].社会科学,2012(1)

[59]赵素锦.面向文明风险的责任伦理省思[J].华中科技大学学报(社会科学版),2009(4)

[60]刘立刚,段豪杰.共享传播:社会化媒体的权力与权利重构[J].河北大学学报(哲学社会科学版),2013(2)

[61]郭小平,秦志希.风险传播的悖论论"风险社会"视域下的新闻报道[J].江淮论坛,2006(2)

[62]杨敏."个体安全"研究:回顾与展望——现代性的迷局与社会学理论的更新[J].创新,2009(11)

[63]杜建华.风险传播悖论与平衡报道追求——基于媒介生态视角的考察[J].传媒观察,2012(1)

[64]薛晓源,刘国良.全球风险世界:现在与未来——德国著名社会学家、风险社会理论创始人乌尔里希·贝克教授访谈录[J].马克思主义与现实,2005(1)

[65]邱戈.风险背景下的传播伦理研究[J].浙江社会科学,2011(7)

[66]孙英春,孙春霞.跨文化传播的伦理空间[J].浙江学刊,2011(4)

[67]杨薇,崔伟奇.约纳斯责任伦理风险观内涵研究[A],第十五届中国科协年会第 23 分会场：转型与可持续发展研讨会论文集,2013

[68]王辉霞.组织的社会责任研究[J].当代法学,2012(4)

[69]刘婧.风险社会与责任伦理[J].道德与文明,2004(6)

[70]张娟.论公共危机的网络治理模式[J].云梦学刊,2013(3);沙勇忠，刘红芹.公共危机的利益相关者分析模型[J].科学·经济·社会,2009(1)

[71]2012 年度十大危机点评(节选)[J].国际公关,2013(1)

[72]李宏,张桂珍.大众传媒与中国社会变迁[J]."当代世界社会主义的理论与实践——民族、民生、民主"中国科学社会主义学会当代世界社会主义专业委员会 2012 年会及学术研讨会论文集,2012

[73]李怀涛,陈治国.贝克风险社会理论评析[J].贵州社会科学,2010(11)

[74]叶浩生.责任内涵的跨文化比较及其整合[J].南京师大学报(社会科学版),2009(6)

[75]侯睿之,蔡沁铭.纸版《新闻周刊》蜕变.[EB/OL]. http://www.qikan.org/Article/8352.html,2013-1-14/2013-2-28

[76]林毅夫.企业承担社会责任的经济学分析[N].中华工商时报,2006-8-7

[77]肖红军.如何将社会责任融入组织的运营[N].中国工业报，2011-3-23,第 A02 版

[78]黄品嘉,赵继伦.大众媒介权力主体的社会责任[N].光明日报,2012-10-31,第 016 版

[79]陆扬.大众文化:批判理论及其反思[N].文艺报/2000

年/06月/27日/第004版/世界文坛

[80]宋南.新兴媒体成为推动中国社会成长的新力量[N].新华每日电讯/2013年/5月/16日/第007综合新闻

[81]马凌.媒介化社会与风险社会[A].中国传媒报告[M].2008

[82]燕道成.传媒责任伦理研究[D].中南大学,2010

[83]彭彪.传播新技术的社会风险及其治理[D].武汉大学博士学位论文,2009

[84]程焱.新形势下媒体的社会责任研究[D].安徽医科大学,2012

[85]胡贵毅.企业社会责任理论的基本问题研究[D].上海交通大学博士学位论文,2010

[86]肖利花.媒体社会责任概念维度的归纳性分析[D].中南大学硕士学位论文,2011

[87]戴薇薇.媒介公信力与媒介形象[D].南京师范大学硕士学位论文,2008

[88]周雅莎.市场化进程中传媒角色偏离问题研究[D].暨南大学硕士学位论文,2008

[89]吕杨.西方媒介社会责任观念及其流变探析[D].南京大学硕士研究生毕业论文,2013

[90]Lawrence Grossberg对Stuart Hall的访谈,"On Postmodernism and Articulation", Journal of Communication Inquiry 10(1986)

[91]Freeman, R. E.&Evan. W. M. Corporate Governance: A Stakeholder of Behavioral Economics Interpretation .Journal. 1990